西安市2022年度社会科学规划基金项目
"新时代陕北秧歌对外传播机制研究"（22ZL08）

# 民族传统体育文化的
# 国际传播研究

李治 著

中国社会科学出版社

**图书在版编目（CIP）数据**

民族传统体育文化的国际传播研究/李治著. —北京：中国社会
科学出版社，2023.5
ISBN 978－7－5227－1614－5

Ⅰ.①民…　Ⅱ.①李…　Ⅲ.①民族形式体育—体育文化—文化
传播—研究—中国　Ⅳ.①G852.9

中国国家版本馆 CIP 数据核字（2023）第 047966 号

| | | |
|---|---|---|
| 出 版 人 | 赵剑英 | |
| 责任编辑 | 陈肖静 | |
| 责任校对 | 杨　林 | |
| 责任印制 | 戴　宽 | |

| | | |
|---|---|---|
| 出　　版 | 中国社会科学出版社 | |
| 社　　址 | 北京鼓楼西大街甲 158 号 | |
| 邮　　编 | 100720 | |
| 网　　址 | http://www.csspw.cn | |
| 发 行 部 | 010－84083685 | |
| 门 市 部 | 010－84029450 | |
| 经　　销 | 新华书店及其他书店 | |

| | | |
|---|---|---|
| 印　　刷 | 北京明恒达印务有限公司 | |
| 装　　订 | 廊坊市广阳区广增装订厂 | |
| 版　　次 | 2023 年 5 月第 1 版 | |
| 印　　次 | 2023 年 5 月第 1 次印刷 | |

| | | |
|---|---|---|
| 开　　本 | 710×1000　1/16 | |
| 印　　张 | 15.75 | |
| 插　　页 | 2 | |
| 字　　数 | 219 千字 | |
| 定　　价 | 86.00 元 | |

# 目　录

# 第一章 导论

## 第一节 研究背景

### 一 西方现代体育的全球化

当现代体育于 19 世纪在英国出现，并迅速在欧洲、美洲、非洲和亚洲地区传播开来的时候，"体育"成为一个在世界范围内被广泛接受的全球概念，并被视为人类文明演进的产品和社会发展的动力；而当体育成为英国王室殖民统治工具的时候，"体育全球化"便在英国殖民政策中觉醒；随着美国的独立，早期传入美洲地区的英国体育被美国人以"文化例外"赋予新的形式和理念而成功转变为美国体育，典型的例子如 19 世纪中后期英式橄榄球和板球到美式橄榄球和棒球的蜕变。与英国一样，美国也开始在其亚洲、太平洋和加勒比地区的殖民地推广普及美国体育，以促进美国的文化和价值理念对外传播而施行一种文化上的统治，进而达到政治、经济目的；此外，于 19 世纪末，由美国基督教青年会的教师发明的新的篮球和排球游戏也很快获得了一批全球范围内的追随者。尽管是英国发动了体育的全球传播，但大部分学者都认为美国对全球体育文化有着最大的影响。随着全球媒体集团、财团与体育文化结合，体育产业创造出的巨大利润又将现代体育推上了加速全球化的道路；各国之间的政治交往也成为现代体育全球化的动力。原本对现代体育几近陌生的中东部落国家，近几十年在政治、经济的吸引和推动下，也开始运用石油方面的雄厚实力大力投资现代体育在本国的发展。

可以说，现代体育已经像水一般流淌在了世界各个地区，既有河流与溪水的滋润之效，也有洪水泛滥般的灾难。现代体育的全球化或许导致了传统体育文化的消亡，但是它也提高了世界各地的体育参与度；它虽然挑战着全球关系和地方群体，但是它对个人生活也有着积极的影响；现代体育在国际奥委会的推动下已经获得了世界范围内更广泛的认同，例如它缓解了伊斯兰国家在体育运动参与方面的性别限制。

## 二 民族传统体育发展危机

民族传统体育作为一种重要的历史与社会文化现象，置身于传统和现代之间，是通往过去与未来的桥梁。作为世界非物质文化遗产的一部分，联合国教科文组织议定传统的体育与游戏是人类社会文化多样性的象征，从而在 2003 年制定，2005 年修订了相应的保护与发展制度及方法。世界范围内普遍且持久的保护语境，显示出人们对民族传统体育传承、传播价值的认同，同时也表达出民族传统体育发展面临着危机。

联合国教科文组织颁布的相关文件和文书对此种危机进行了本质意义上的阐释。《保护非物质文化遗产公约》表明：非物质文化遗产是以人为本的活态文化遗产，它强调的是以人为核心的技艺、经验与精神，其特点是活态流变；世界上的各个群体随着他们与自然界的相互关系、所处环境和历史条件的变化，不断使这种代代相传的非物质文化遗产得到创新，同时使他们自己具有一种认同感和历史感，从而促进文化多样性和激发人类的创造力。此外，《世界文化多样性宣言》指出："文化多样性"是交流、革新与创作的源泉，对人类来讲，就像生物多样性对维持生物平衡一样必不可少，它是人类的共同遗产，应当从当代人和子孙后代的利益考虑予以承认和肯定。由此可见，保护非物质文化遗产、捍卫文化多样性，实质上是要保护人们的创造能力与得以让人们进行创作实践的文化遗产。因为人们并不是随心所欲地在他们自己选定的条件下创造自己的历史，而是在既定的、直接遇到的、从过去继承下来的条件下进行创造（马克思《路易·波拿巴的雾月十八日》）①。因此，民族传统体育当前发展面临的危机在本质上是相关实践主体的创造力不能延续的危机。主要表现为：一、由于创造力匮乏而表现出对西方现代体育的形式和理念进行引进、学习与模仿的偏执，并因此产生异化；二、现阶段的民族传统体育非遗保护与传承，很少进行创新，而且排斥创新，使很多优秀项目陷入濒危境地。比如，当下武术传承面临的最大问题就是创新问题。

　　除此之外，随着西方现代体育全球化发展逐步深化，民族传统体育还面临着文化安全问题，表现为民族传统体育的政治、经济、文化、教育等社会身份已经或正在被西方现代体育取代，因此，民族传统体育当前的发展亦面临身份危机，具体而言是"社会身份建构"与"社会身份认同"危机。在历史唯物主义看来，社会历史如果离开了人和人的实践活动，一切都将无从谈起。所以，民族传统体育的身份危机仍然可以归为相关实践主体的能力危机。此外，无论从任何视角看，人们的社会实践活动都是基于追寻某种价值、基于满足自身某种需要而有目的地进行的，因此，综上所述，民族传统体育当前发展面临的危机是人们运用民族传统体育达成目标的能力的发展危机。通俗而言，是人们在当前运用民族传统体育达成目标的能力亟须解放、有待提高。

　　"健康中国2030"规划纲要的提出，标志着中国进入全面建设小康社会的决胜阶段，人民群众现在不仅仅只满足于物质生活的需求，

---

① 卢兵：《中华民族传统体育文化导论》，民族出版社2005年版，第5页。

而追求更高层次的生活质量，健康的话题走入了寻常百姓家。因此中共中央、国务院印发了《"健康中国2030"规划纲要》，并发出通知，各地各部门应切合实际认真落实。"全民健身"话题自2009年以来再一次被提上日程，各地政府部门纷纷落实政策，大力开展当地的体育项目，为农村及城市群众体育提供了场所和器材，满足了人民群众的客观需求。民族传统体育作为众多体育项目的一种同样引起了人们的关注，为民族传统体育行业的发展提供了群众基础，更加有利于民族传统体育的传承与保护。近阶段民族传统体育进校园倡议也得到了实施，各地方学校根据地方民族传统体育特色进行民族传统体育知识的普及，贯穿小学、中学、高中、大学整个学生时代，做到了民族传统体育走进学生生活。

顺应时代的进步和健康的需求，传统观念的民族传统体育教学已经不能满足当代社会的发展现状，民族传统体育发展模式要取得进一步的突破，必须寻求创新和改革。依托"一带一路"的契机，中国民族传统体育走出国门，代表着中国形象向世界宣传中国文明，如何让中国民族传统体育文化把握时代命脉，紧跟社会潮流，在国际上依然保持熠熠生辉，这类思考应引起人们的关注。

## 三 新时代实现中华民族伟大复兴的中国梦

### （一）新时代中华民族优秀传统文化的复兴使命

2017年10月18日召开的党的十九大上，习近平指出："文化兴国运兴，文化强民族强"，"没有高度的文化自信，没有文化的繁荣兴盛，就没有中华民族伟大复兴"，民族传统体育是我国优秀传统文化的重要组成部分，有着深厚的民族文化底蕴。民族传统体育文化是中华民族历代先人智慧的结晶，同时也是民族精神的集中体现。中国民族传统体育的传承和发展的实质就是继承我国优秀的民族文化，传递历代劳动人民的精神，保护我国历史文化精髓不被遗弃，同时传播民族传统体育文化也是一种对民族文化自觉与自尊的反映，为中国构建和谐社会、和谐体育、建立文化自信和民族自信提供了重要文化保障。"实现中华民族伟大复兴是近代以来中华民族最伟大的梦想"，文化是民族的象征、人们精神的家园和民族赓续的血脉。近代以来，文化复兴是广大仁人志士在探索中华民族独立和复兴过程中始终关切的历史命题。在探索民族复兴道路时，孙中山曾自豪地向世界宣告中华文化是"承五千年之文化，为世界所未有，千百年前已成为世界之雄矣"的优秀文化，并指出："要恢复民族的地位，便先要恢复民族的精神"的民族复兴观。复兴优秀民族传统文化是中国共产党在民族独立道路上始终肩负的历史责任。李大钊提出了"我们如能使新的文化、新的血液日日灌输注入于我们的民族，那就是真正新机复活的时候"的文化复兴观。毛泽东提出了"我们中华民族……有在自力更生的基础上光复旧物的决心，有自立于世界民族之林的能力"和"我们将以一个具有高度文化的民族出现于世界"的民族复兴观及文化复兴观。邓小平针对民族复兴则强调物质文明和精神文明"两手抓，两手都要硬"的民族文化复兴观。新时代，习近平总书记则明确提出了"只有坚持从历史走向未来，从延续民族文化血脉中开拓前进，我们才能做好今天的事业"的民族文化复兴观①。

新时代，在实现中华民族伟大复兴的中国梦进程中，诚如习近平总书记所言，要有"功成不必在我，功成必定有我"的历史之责。而全面复兴中华民族优秀传统体育文化既是国家优秀传统文化复兴战略的重要组成部分，也是解决人们日益增长的健身需求与有效供给不足矛盾的有效路径，还是助力健康中国、体育强国和伟大民族复兴中国梦的有益力量。但中华民族优秀传统体育的复兴，"绝不是轻轻松松、敲锣打鼓就能实现的，……必须付出更为艰巨、更为艰苦的努力"，一定需要与时俱进和不断地改革创新，以适应新时代中华民族伟大复兴、中

---

① 张文鹏：《新时代中华民族传统体育的机遇、挑战及政策建议》，《武汉体育学院学报》2020 年第 7 期。

华民族优秀文化全面复兴和满足人们对其提出的新要求和新责任，才会在中华民族伟大复兴和中华民族优秀传统文化全面复兴中找准方向、站好位置和贡献力量。研究认为，以武术、太极拳为代表的中华民族传统体育的复兴，是怀持文化自信、立足文化自觉及实现文化自强的历史之责，也是新时代中华民族伟大复兴的中国梦进程中文化赓续、文化自信及文化自强的内在进路，还是培养民族精神、凝聚民族力量、加强中国文化软实力建设、提升人们幸福感的有益举措。

可见，实现中华民族伟大复兴的中国梦不可能一蹴而就，而是一个长期的历史使命。新时代必然赋予新使命和有所新作为，新时代"没有文明的继承和发展，没有文化的弘扬和繁荣，就没有中国梦的实现"和中华民族伟大复兴需要以中华文化发展繁荣为条件，因此，民族复兴、国家振兴，首先是中华民族优秀传统文化的继承和发展，这是中国梦实现的根基和灵魂所在。2017年，党中央国务院为繁荣和振兴中华民族优秀传统文化颁布了《关于实施中华优秀传统文化传承发展工程的意见》指出："文化是民族的血脉和人民的精神家园，实施优秀传统文化传承工程是实现中华民族伟大复兴更基本、更深层、更持久的力量"，并将中华民族优秀传统文化传承与复兴正式上升为国家战略①。可见，加快实施和推进包括中华民族传统体育文化在内的中华民族优秀传统文化的复兴，是新时代中华民族优秀传统文化复兴工程的题中应有之义和历史使命。研究认为，中华民族传统体育在新时代，对内承担着形塑"文化自信"、彰显"文化自觉"与实现"中华民族伟大复兴必先复兴优秀传统文化"的使命担当，对外以武术、太极等为代表的中华民族优秀传统体育承担着形塑"国家兼容并包"、彰显"国家文化和国家自信"与实现"国家崛起必先文化崛起"的中华民族优秀传统文化走出去的使命担当，如武术、太极拳等通过海外孔子学院得到了推广。

---

① 张文鹏：《新时代中华民族传统体育的机遇、挑战及政策建议》，《武汉体育学院学报》2020年第7期。

（二）"文化强国"战略的文化需求

"十三五"时期是全面建成小康社会的决胜阶段，发展当代体育，努力建设体育强国，实现中华民族的伟大复兴。党中央、国务院高度重视体育工作，特别是党的十八大以来，习近平总书记对体育工作多次发表重要讲话。体育大国向体育强国的迈进，实施传统体育文化走出去，不断提升我国体育文化软实力的建设是实现体育强国的必由之路；世界体育文化多样性并存的时代呼唤，各国各区域内的各种文化的并存，才是世界体育文化繁荣多样的最佳景象；中华民族传统体育文化也难逃全球化的浪潮，应抓住机遇对外传播我国优秀的民族传统体育文化，为世界体育文化繁荣多样作出积极的贡献；文化差异性的存在，导致文化冲突与碰撞而使其传播受阻。2008 年举办北京奥运会以来，武术项目进入奥运会的话题热度一直居高不下，武术能否成功入驻奥运会比赛项目的关键问题是国际社会对民族传统体育文化的认可和普及。不论是彰显优秀的民族传统文化还是促进奥运会项目的顺利加入，大力开展民族传统体育文化国际推广势在必行。

新时代民族传统体育作为传统文化的优秀代表，自我发展意识有待提高，"一个民族的传统文化是其和世界其他民族间相区别的重要标志，是一种整合和凝聚民族精神的根本力量"。透过民族传统文化不仅可以窥视到一个民族和国家曾经的绚丽文化和辉煌文明，还能观察到其可持续发展的文化基因的未来走向。在五千年的发展过程中，从未间断。在这片土地上，孕育而成的中华文化，积淀着中华民族最深沉的精神追求，代表着中华民族独特的精神标识，是中华民族生生不息、发展壮大的丰厚滋养，是中国特色社会主义发展的文化沃土，是当代中国发展的突出优势，对延续和发展中华文明、促进人类文明进步，发挥着重要作用。其所包含的智慧理念、传统美德、人文精神极大地增强了中华民族的文化自觉和文化自信。

随着我国经济社会的不断发展、国际交流的日益扩大、网络技术和新媒体时代的到来，世界各国文化思想交流与交锋更加频繁，这使得我们迫切需要深化对中华优秀传统文化重要性的认识，进一步增强文化自觉和文化自信。通过深入挖掘中华优秀传统文化的价值内涵，激发中华优秀传统文化的生机与活力，构建中华优秀传统文化传承发展体系，实施中华优秀传统文化传承发展工程，是建设社会主义文化强国的重大战略任务，对于传承中华文脉、全面提升人民群众文化素养、维护国家文化安全、增强国家文化软实力、推进国家治理体系和治理能力现代化具有重要意义。因而党的十九大报告中提出"文化自信是一个国家、一个民族发展中更基本、更深沉、更持久的力量。推动中华优秀传统文化创造性转化、创新性发展，继承革命文化，发展社会主义先进文化，不忘本来、吸收外来、面向未来，更好地构筑中国精神、中国价值、中国力量，为人民提供精神指引"①。由此可见民族传统文化对民族和国家发展的重要性及建立文化自信的迫切性，因此我们应该积极发展传统文化，为建立文化自信提供力量。

## 四  民族传统体育文化国际传播的重要契机

### （一）人类命运共同体的发展理念

习近平总书记早在 2003 年就发表了关于"人类命运共同体"的重要讲话和深入阐述。近年来，在日内瓦会议、博鳌亚洲论坛、访问东南亚、周边外交工作会议等重要场合，习近平总书记再次提出并深化了"命运共同体"的和平发展构想，其中坚持交流互鉴、建设一个开放包容的世界"命运共同体"就是要突出强调"你中有我、我中有你"的和平发展理念。"文化共同体"的构建是"人类命运共同体"构建的首要内容，各国文化的复杂多样且多元格局，是各国文化之间交流与融合的重大阻碍条件，作为世界通用的"体育文化"语言对外传播与交流也受其文化差异性的必然影响。因此，就中华传统体育文

---

① 习近平：《决胜全面建成小康社会　夺取新时代中国特色社会主义伟大胜利——在中国共产党第十九次全国代表大会上的报告》，《人民日报》2017 年 10 月 28 日第 1 版。

化的跨文化传播而言，"他者文化"与"自我文化"之间的差异，为"人类命运共同体"的构建恰巧奠定了文化差异性中多样性存在的必然条件，"人类命运共同体"的构建中也强调"文化圈"和"文化共同体"的构建，人类命运共同体突出强调的"你中有我、我中有你"的和平发展理念，为世界各国异质文化之间进行交流与融合提供了重要的理念指引，也为中华民族传统体育文化的跨文化传播奠定了坚实的理论基础。因此，在新时代习近平中国特色社会主义思想的总体指引下，积极寻求其传统体育文化的跨文化传播的相关研究和理论探讨，于我国民族传统体育文化而言，将是新时代获得发展与繁荣的重要契机。

（二）一带一路的合作倡议

在世界处于多极化、文化多元化的全球化时代，国家主席习近平于2013年9月和10月分别在访问哈萨克斯坦和印度尼西亚时提出了共同建设"丝绸之路经济带"和共建"21世纪海上丝绸之路"的倡议，即"一带一路"。时至今日"一带一路"沿线共65个参与国，分别分布在南亚、东南亚、中亚、西亚以及中东欧等地区。近五年来"一带一路"倡议取得了较大的成果。而中国将继续大力推动加快"一带一路"建设，达到经济、政治和文化的大融合。"一带一路"倡议中，人文交流和经济合作是两条重要的主线，依托"一带一路"进行文化传播，是加快文化"走出去"的步伐、构筑新时期对外文化传播的必然要求。挖掘文化底蕴弘扬优秀传统文化，效仿唐代丝绸之路上的驼队和郑和下西洋的宝船，带出去的不仅有精美的瓷器还有璀璨的中国文化。这些理念对内化为中国软实力，对外提升国家形象具有重要的作用。

"一带一路"是中国创造性提出的具有中国特色的伟大国际合作倡议，是新时代中国政治、经济、文化和平崛起的重要抉择，高举和平发展的旗帜，主动与沿线国家和地区建立"互联、互动、互通"的经济贸易和人文交流的历史通道，共同打造政治互信、经济融合、文化包容的利益共同体、命运共同体和责任共同体。其中，"民心相通"是"一带一路"倡议的首要内容，也是文化相互理解和相互尊重的必要前提。"一带一路"作为中华民族传统体育文化跨文化传播的重要桥梁，而中国传统体育文化作为"一带一路"倡议中"文化先行"的重要内容，对于沿线国家之间的民心相通和文化交流具有重要的现实意义。

当前，随着经济全球化、政治多极化、文化多样化的持续发展，人类社会已经成为你中有我、我中有你的命运共同体。在世界格局风云变幻中，保护主义、单边主义、多元文化冲突不断抬头，中国民族传统体育文化如何根据中华文化国际传播的目标要求，按照跨文化传播的规律、特征，建构其国际传播的理论？如何根据新时代的特征深入挖掘自身文化内涵及文化符号，引导文化他者尤其是广大青少年群体的积极参与？如何"以我为主，兼容并蓄"地走出去，为助推良好国家形象建构贡献自己的绵薄力量？是当前民族传统体育文化传播进程中亟须思考的重要问题。

## 第二节　研究意义

### 一　理论意义

走进新时代，随着国家层面《关于进一步加强和改进中华文化走出去工作的指导意见》（2017）、《关于加强和改进中外人文交流工作的若干意见》（2017）、《体育总局武术中心贯彻落实〈体育强国建设纲要〉实施方案》（2020）等重要文件的相继出台，表明中华文化走出去的传播理念进入了一个有条不紊、全面协调发展的新阶段。党的十九大报告还指出："要以文明交流超越文明隔阂，以文明互鉴超越文明冲突，以文明共存超越文明优越"[①]。

① 习近平：《决胜全面建成小康社会　夺取新时代中国特色社会主义伟大胜利——在中国共产党第十九次全国代表大会上的报告》，《人民日报》2017年10月28日第1版。

根据民族传统体育文化国际传播的现状及困境，作出关于"民族传统体育文化国际传播的无缝对接、助推国家形象建构、追求文化认同目标"等问题的回答。既为中国文化走出去探索思路、谋求方法，又为增强国家文化软实力建设寻找可操作性强、实效性更佳的具体做法，从而赋予研究以科学性、针对性和可操作性，使本项目研究呈现跨领域、跨学科、跨文化的价值。

在人类发展史上，由于所处地理环境的不同、自然环境的差异等，人们在法律、艺术、风俗、价值观上都有所不同，进而人们的民族性格、宗教信仰、思维方式、价值观念都存在差异。东方文化和西方文化就是比较典型的两个不同体系的文化。在文化全球化的环境里，各个民族文化的交流、融合、碰撞乃至冲突已成为全球共识。世界文化的丰富多彩需要不同民族文化的加入，用以保持文化的多元化。民族传统体育文化是中国传统文化的优秀代表，它能够代表中华民族独特的思维方式、价值观念、审美情操、风俗习惯、宗教信仰，应该融入世界文化多元化的体系中。在文化交流日益频繁的当下，民族传统体育文化正以开放的胸怀和包容的胸襟与各个不同的民族文化进行沟通和交流，为文化多元化发展贡献自己的力量。在民族传统体育文化与他者文化的交流过程中，风俗习惯、价值观念等的差异，造成了交流和沟通的障碍，这就对民族传统体育文化的国际化传播提出了新的挑战，对民族传统体育文化融入世界的技巧、策略、方式等提出了新的要求。因此民族传统体育文化的国际化道路需要在不断摸索中前行，在前行中不断地调整方位，找寻新的途径，为民族传统体育文化更好、更高效地进行国际化传播提供传播模式，用以收获更多的国际认可，更大程度地发挥民族传统体育文化的魅力和价值，为世界文化的多元、人类社会的进步贡献出自己的一份力量。因此，对于民族传统体育文化国际化传播遇到的障碍进行探讨是富有意义的，能够促进民族传统体育文化国际化传播和交流，并为之提供理论依据。

## 二　现实意义

民族传统体育文化的国际化传播不仅有益于弘扬我国的传统文化，维护我国的传统文化安全，还可以促进世界体育文化的多元化发展，维护文化的多元性，服务于民族传统体育文化国际化传播实践。可以说，民族传统体育文化的国际化传播不论是对中国，还是对世界都有重要的意义，但是在民族传统体育文化的国际化过程中出现了诸多障碍。这些障碍减缓了民族传统体育文化国际化的速度，妨碍了民族传统体育文化国际化的程度。对于民族传统体育文化国际化进程中的障碍进行深入的研究，分析其产生的原因，有利于克服障碍，从而加快民族传统体育文化国际化传播速度、拓展民族传统体育文化国际化传播空间、提高传播决策科学化水平。当前民族传统体育文化国际化传播存在着诸多的障碍，如重技术、轻文化的传播偏向。众所周知，中国民族传统体育文化的国际化传播本质是一种文化的传播，是中华传统文化的输出行为，而现在对于民族传统体育的传播大都局限在民族传统体育文化技术的传播，忽视了把民族传统体育文化作为一种完整的文化形态进行全方位、多层次、多角度的展示，使之不能以完整的体系、丰美的姿态向世界传播。这必然会阻碍民族传统体育文化国际化传播，减缓传播速度。

可见，这些障碍影响了民族传统体育文化的国际化道路。在当下，如何能够让中国民族传统体育文化在世界得到更加广泛的推广和传播，如何扩大民族传统体育文化的国际地位和国际影响力，使民族传统体育文化在全球范围内得到长足发展，成为民族传统体育工作者首要解决的问题。这就要求我们投入更多的时间和精力来研究民族传统体育文化的国际化传播。通过对民族传统体育文化国际化传播深入的探讨和研究，我们能够探索出民族传统体育文化国际化传播的规律，丰富和深化民族传统体育文化国际化传播理论，为实践提供理论指导，提高民族传统体育文化国际化传播的效能；同时对于民族传统体育文化国际化传播过程遇到障碍的深度分析，可为我国民族传统体育相关部门制定民族传统体育文化国际化传播的政策提供参考，推动民族传统体育文化的国际发展，实现民族传统体育文化国际发展的战略，实现民族传统体育文化的国际化传播。

在积极实施"文化走出去"的新时代，研究民族传统体育文化的国际传播，无论对于民族传统体育文化本身，还是对于增强中国文化的影响力，均具有重要的实用价值。其一，"文化走出去"理念的实施，"一带一路"倡议的提出，为民族传统体育文化国际传播开拓更为宽广的路径；其二，通过传播社会学研究民族传统体育文化国际传播，可以系统了解民族传统体育文化国际传播的发展现状、现实困境及发展趋势；其三，通过身体哲学视域研究民族传统体育文化国际传播，可以吸引世界各国青少年积极参与民族传统体育，喜爱中国文化；其四，采用整体和分体式相结合的阐述方法，研究民族传统体育文化价值意蕴，可以突破追求文化认同、助力国家形象的现实目标。

## 第三节 相关概念界定

### 一 民族传统体育的概念界定

"民族传统体育"这一名词，是在 1997 年被国务院学位委员会和原国家教委作为体育学下的 4 个二级学科正式确定下来的。但有关"民族传统体育"的概念，不同学者有着不同的理解，到目前为止还没有权威、统一的界定。具有代表性的概念有，1989 年的《体育史》一书，将民族传统体育定义为近代以前流传下来的具有竞技娱乐性的体育活动；刁振东（2009）认为，它一般是指代代相传的体育活动，在一定区域内对其他民族没有影响①；涂传飞（2009）认为是一个或

---

① 刁振东：《民族传统体育概念界定与辨析》，《沈阳体育学院学报》2009 年第 6 期。

多个民族的全体或部分人民共有并产生民族认同意识的传统体育文化①；陈青（2010）将其定义为一种在各个国家或地区流行并且富有族群和民族文化特色的运动②。由以上定义可以看出，民族传统体育是指聚集在一定地域生活的一个或多个民族，为满足人们生存发展需要而创造的具有本民族特色的体育运动形式，而本文所提到的民族传统体育都是指中国的民族传统体育。

## 二 民族传统体育文化的概念界定

卢兵在《中华民族传统体育文化导论》一书中，将我国民族传统体育文化定义为我国各民族世代相传、具有一定体育内涵与外延的传统文化③；崔江在《中国传统体育文化分析》一文中，将其定义为：是不同民族人民在几千年生产和生活实践中共同创造，集中体现人们思想、意识、观念的体育文化精神内涵，是各民族对传统体育文化具有的价值观念和思维方式的内化和认识④。

基于以上论述，中国民族传统体育文化是中国人民在几千年的生产和生活实践中，不断认识和创造出的体现劳动人民智慧和精神文化追求的优秀传统体育文化，是我国传统文化不可或缺的重要组成部分，其产生于人们的生产生活需要，并直接服务于人们的生产和生活实践中。

## 三 跨文化的阐释

"跨文化"的关键字之一即为"跨"，那么何谓"跨"？"跨"的

---

① 涂传飞：《民间体育、传统体育、民俗体育、民族体育概念再探讨》，《武汉体育学院学报》2009 年第 11 期。
② 陈青：《民族体育跨文化融合》，民族出版社 2010 年版，第 50 页。
③ 卢兵：《中华民族传统体育文化导论》，民族出版社 2005 年版，第 8 页。
④ 崔江：《中国传统体育文化分析》，《体育文化导刊》2005 年第 11 期。

核心是什么？"跨"的地点、对象几何？"跨"的方式手段有哪些？

跨，渡也，本义为迈步，越过。段玉裁注："跨，谓大其两股间，以有所越也"①。之后延伸出多个含义，其中之一便是指超过时间、地区或范畴之间的界限，如学科间的跨学科，时间上的跨年度，对外经济上的跨国公司等等，皆表达了一个由己及彼的连接交流过程。这里的"跨"，不是要跨过、避开、超越文化差异，而是指一种物质与另一种或几种物质在平等的基础上建立的一种沟通方式，是跨越两者之间的隔阂鸿沟，从而促使双方或多方进行交流沟通，这是一种寻找相同，包容差异，使价值观、思想、理念等趋向大融合而非进行同化的过程，是各方之间交流的一种技巧和方式。"跨"的范围可大可小，小到每个人之间的，同一国家不同地区或不同民族之间的文化差异，大到一个国家与另一个国家，或者一个洲与另一个洲的文化差异。为了实现更好的跨越，建立起平等持久和谐的交往关系，我们常常会借助一些传播交流手段，如采取座谈会、学术研讨会、国家委派专家学者等方式的人际传播，如举办奥运会、亚运会、锦标赛、全国巡演、世界巡演等的赛事、表演传播，以及通过电视、广播、网络等建立沟通桥梁的融媒体传播等，其方法途径多种多样，传播效果也各有特点。

在对跨文化传播所包含的文化、传播、权力等元素进行分析的基础上，综合专家们在文化、对话、中国、西方、传播、理论差异、共存范式、他者、自我等方面对跨文化的阐述，研究得出跨文化定义的诠释：从他者角度出发，秉承着差别共存与互相尊敬的理念，跨越国别、信仰等体系界限，在尊敬、理解不同民族的文化现象、风俗、习惯基础上予以包容的态度适应其文化差异，从而达到真正的互识、互补和互证以及人类文化多元共存的一种生成性文化共存范式，其核心在于文化的大融合而非互相同化，由此使各民族、国家的文化价值都得以体现。

①　童兵：《试析跨文化传播中的认识误区》，《新闻大学》2004 年第 8 期。

跨文化是一种主体间性而非主体性的文化交流技巧，意味着跨文化不是主体对客体的单向传达，而是主体之间的双向对话，是一种以承认差异性为前提的平等对话方式。进一步说，跨文化指的是在文化差异的基础上，不同群体之间进行的一种特定的文化交流互动方式。例如，一个校园里有来自不同国家的学生，他们之间就形成了多元文化圈，在接触的过程中就会产生文化误读现象。跨文化交流——不同文化成员之间的交流——对相似性并不苟同。根据定义，不同文化背景的成员对同一事物的体验感是不同的，因此，以个人主观感受为基准去分析他人对信息的反应是不具有科学性和说服力的。在跨文化交流过程中，我们要包容并鼓励差异性的存在，避免雷同化，才能迸发出新的思想火花。所以，跨文化传播的目的不是"融为一体"，而是要以差异性为前提，在共同理解的基础上进一步发挥各自的特长，也就是协调各种"不同"，达到新的和谐统一，实现"协同万邦"，这就是中华文化"万物并育而不相害，道并行而不相悖"的最高理想追求。

文化应如何"跨"？跨文化交流之路主要涉及两个层面[1]：第一，基于不同文化背景下的社会成员在生活中的交流交往而呈现出的日常生活层面的跨文化交流传播；第二，基于文化体系差异以及文化交流过程中的文化融合、变迁而呈现出的思想文化层面的跨文化交流传播。

首先是基于不同文化背景下的社会成员在生活中的交流交往而呈现出的日常生活层面的跨文化交流传播，这里主要涉及一种个人主观文化。主观文化指的是群体层面的分析，关注某个被定义的群体中普遍存在的行为规范模式，如国家、地区、性别等。例如，这些（和其他）群体中的人共同形成一个谈话模式：谁听、谁说、怎样与别人目光交流、给予什么样的赞同等模式规则，所有这些规则都是大家在交流方式上达成的共识。对话本身就是共识的产物，但我们参与对话的方式是一种行为模式，换句话说，群体分析层面的焦点是个人主观文化——一种

---

① 张建、李源、梁勤超：《"一带一路"背景下中国武术跨文化传播论析》，《体育文化导刊》2019年第12期。

如影随形的文化，或引导群体体验世界的世界观或者方法论。

其次便是基于文化体系差异以及文化交流过程中的文化融合、变迁而呈现出的思想文化层面的跨文化交流传播，这里主要涉及一种制度层面的客观文化①。制度层面的客观文化是集体行为如政治、宗教和经济结构的产物。国际关系在学术上擅长根据制度结构的交往互动，特别是他们的权力关系，来寻求对群体关系的理解。当群体或个人应该在制度层面被分析时，结果往往表现在权力方面，如通过多元文化社会中主流群体的相关权力与特权和非主流群体权益的对立，或借由体制将人刻板印象化的权力。混淆制度层面与群体层面分析会导致主观化或"本质化"。当文化过程与文化产物混为一谈时，世界观与制度的辩证关系就消失了，文化就变成了一个静态而非动态的过程。

跨文化应遵循的原则：文化常常处在某一抽象层面，给人一种看不见摸不着的主观感受，它可能是一种思想、一种精神。跨文化交流以文化差异为前提，因此就会产生各种抽象层面，不同的抽象层面围绕各种包容性建立起群体边界，它们依次形成了一体性和多样性的各种面貌。跨国界的人种或种族群体如华人、阿拉伯人或犹太人，以及地缘政治区域如欧洲或撒哈拉以南的非洲地区处于高抽象层面上的文化描述②。诸如此类大型群体的文化模式是非常综合的，群体中包括许多差异。在高抽象层面中，我们只能指出文化之间最一般的差异，例如，我们或许观察到西方文化更倾向于个人主义，而亚洲文化更倾向于集体主义。在略低抽象层面，我们可以描述国家（地区）文化，这个层面的描述在大的地缘政治区域里区分了各个不同的群体，如华人文化在中国内地、香港及新加坡之间各有特点，然而它们有共同的文化特征。群体内共有的体验（常常通过大众传媒）产生出一种横跨特定地区和种族的共性。例如，尽管美国人有着非常明显的种族与地

---

① 周惠新、欧玉珠、周圣文：《中华民族传统体育跨文化传播助力人类命运共同体研究》，《浙江体育科学》2020 年第 5 期。

② 王岗、刘帅兵：《中国武术跨文化传播的研究》，《南京体育学院学报》（社会科学版）2012 年第 3 期。

理差异，但他们彼此打交道所花的时间远远多于和其他国家群体的交流时间。这种群体内的交往互动产生了美国式的经验，它以特有的不同于其他国家群体的方式表现出来，因而提供给他们一个共有的群体边界①。

求同存异。任何个体或者群体都是在自身文化框架之下与他者文化进行交流，跨文化传播的目的不是"融为一体"，而是要在尊重文化差异性的基础上发掘不同文化的特色内涵②。在研究文化现象时，若过多强调双方或多方文化之间的差异性，往往容易忽略一些基本的共性或相似之处，进而导致对其他文化的误读。相互尊重作为跨文化的原则，是一种求同存异的社会训练，它强调多种生活方式价值的共生共存，这种强调"以寻求理解和和谐共处为目的，而不去批判甚至摧毁那些不与自己原有文化相吻合的东西"。保护文化多样性，尊重各国、各民族、各地区的文化差异性和风俗是跨文化对话的基本原则。

平等交流。文明是平等的，各国、各民族之间的文明、文化并没有高低优劣之分，人类文明因平等才有交流互鉴、沟通传播的可能。虽然"西方中心主义"近年来已改变了自己的表述方式，但并没有真正留下容纳其他文化平等存在的空间。"在跨文化交流对话中，自我与他者是一个纷繁复杂的问题，我们习惯于从自身角度出发，以自我为准则，忽视他者的存在"③。有些国家打着民主的旗号，自认为自己国家的文化是最优越的，试图以一种高高在上的姿态在精神和行为上排挤、打压他国文化，导致许多矛盾冲突的产生。因此，在跨文化传播对话中，其理想状态应是双方都从他者受到启发，平等交流，互鉴互惠，不断发展出新的自我。

---

① ［美］塞缪尔·亨廷顿：《文明的冲突与世界秩序的重建》，周琪等译，新华出版社 2010 年版，第 12 页。

② 崔英敏、黄聪：《跨文化传播：武术文化传播发展的新视角》，《北京体育大学学报》2013 年第 7 期。

③ 王国志、张宗豪、张艳：《"一带一路"倡议背景下中国武术国际传播偏向与转向》，《武汉体育学院学报》2018 年第 7 期。

开放包容。儒学文化价值体系具有开放包容的品德，开放才能"致广大而尽精微"，包容才能"极高明而道中庸"。由其开放，才能海纳百川、博采众长；由其包容，才能有容乃大、使物丰长。跨文化研究是一种超越国别、知识、文化的态度，而不单是一种文化研究范畴。在全球化的时代，跨文化传播更应以开放包容的品德，胸怀全球；以"取其精华，去其糟粕"的魄力吸收各国、各民族的优秀文化，古为今用，中西融通，使各种文化永葆青春、生生不息。

适度把握。任何事物都是过犹不及，一旦超过一定的界限便是物极必反。在跨文化交流传播过程中，文化背景的差异要求我们在对待本土文化以及对话他者文化时要牢牢把握适度的原则，要找到相似性和差异性两极之间的动态平衡，以实现有效的跨文化传播。

## 四 民族传统体育传播

传播一词是英文 communication 的对译词，communication 的意思是通讯、交流、沟通、交往等等，其含义较广泛。郭庆光教授在《传播学教程》中指出，传播是社会信息的传递或者社会信息系统的运行①。我们在把握这个定义的时候还应该注意传播的性质。首先，传播是一种信息的共享活动，是一个将单个人或少数人所独有的信息成为两个人或者更多人所共有的信息的过程；其次，传播的行为是在一定的社会关系中进行，同时又是一定社会关系的体现；再次，从传播的社会关系方面来讲，传播是一种双向的社会互动行为；然后，传播行为成立的重要前提就是双方要有共同的意义空间；最后，传播是一种行为、一个过程，也是一种系统。

"传播"的实质就是信息从传播者流到受众的过程，是一种信息的流动过程。民族传统体育文化传播的实质就是民族传统体育文化

---

① 郭庆光：《传播学教程》，中国人民大学出版社 2011 年版，第 8 页。

信息传递和接收的过程。但是民族传统体育文化的传播不是单独进行的，而是处于一定的社会环境中，必然会受到社会环境的制约和影响。

因此可以这样定义民族传统体育文化传播：在一定的社会条件下，民族传统体育文化的传播者利用传播媒介向受众传递民族传统体育信息的过程。就其内涵而言，应该包括三个部分，即民族传统体育表层文化传播、民族传统体育中间层文化传播和民族传统体育深层文化传播。民族传统体育表层文化就是民族传统体育物质层面文化，包括民族传统体育的套路、功法、服装、器械等。民族传统体育的表层文化传播是民族传统体育传播最活跃的层面，是中间层文化和深层文化传播的基础。民族传统体育的中间层文化也称制度文化，包括民族传统体育的组织机构所制定的各种制度和管理规则。民族传统体育的深层文化是从民族传统体育中反映民族性格、审美情操、价值观念、伦理道德等，代表着我国人民对物我探寻的哲学理念和自我超越的追求，这是民族传统体育文化传播中最难以实现的。

## 五　民族传统体育文化国际化传播

国际化是指在各种活动过程中，超越了国界的限制，国家与国家之间相互学习、交流和借鉴，用以实现求同存异，或降低差异化程度，从而进一步加强协调与合作，实现携手共进的目标。在全球范围内寻求各个国家的各种生产要素和资源的合理流动，使资源在世界范围内得到最佳配置，提高各国的世界影响力和贡献率，从而达到不断造福全人类的目标。因此说，国际化具有开放、沟通、同一的特性，是一个动态的发展过程。

民族传统体育文化国际传播是指传播者借助一定的传播媒介，向中国以外的国家和地区传播民族传统体育信息的过程。需要说明的是，民族传统体育的国际化传播是一种文化输出行为，是把民族传统体育看作一个完整的文化体系进行全方位、多层次的传播，即民族传统体育表层文化、民族传统体育中间层文化和民族传统体育深层文化的全方位传播。民族传统体育文化国际化传播具有跨地域性、跨语言性和跨文化性的特点。民族传统体育文化国际传播是向中国以外的国家和地区传播民族传统体育文化，穿越了国家和地区的界限，此为跨地域性；民族传统体育文化的传播是在不同语系的国家和地区传播，此为跨语言性；民族传统体育的传播行为发生在不同文化背景的国家和民族之间，此为跨文化性。民族传统体育文化的国际传播意在培养更多不同国家、不同文化、不同地域的民族传统体育受众，促使其通过民族传统体育了解更多的中国文化，增加对中国文化的理解和认同，最终实现中国文化在世界的普及和提高民族传统体育的国际影响力。

目前，民族传统体育文化国际传播的传播者主要是来自中国的不同级别的民族传统体育专家，包括国家体育总局管理中心的指定外派各国的民族传统体育教练，全国各高校国际文化交流中心的教师，孔子学院外派到各个国家的民族传统体育教师，民间自发组织的民族传统体育大师及不同级别的民族传统体育教练；传播内容主要以民族传统体育项目及器械、文化以及与之相关的中国传统文化为主；传播受众主体为来自不同国家和地区、拥有不同文化背景的个人或组织，其中主要包括中老年人及部分青少年，不同的人群来自不同的阶层，有工人、学生、企业员工、农民、家庭主妇、学者甚至总统级别；传播的主要途径包括人际传播诸如教练带学生、师父带徒弟，媒介传播包括微信、微博、脸书、公众号、杂志、书籍、影视等，赛事传播主要有各种国际民族传统体育交流大赛等；传播的主要地区遍布亚洲、欧洲、美洲、非洲等100多个国家，目前全世界有超过1.5亿人练习太极拳。

在此基础上，归纳出民族传统体育文化国际传播的定义：来自不同国家和地区、拥有不同文化背景的个人或组织，以民族传统体育技术和文化为载体，以人际传播、媒介传播、赛事传播等为途径，以认同中华文化、阴阳哲学、身体审美、伦理道德等为目标，以期弘扬中华优秀传统文化，跨越国别、体系的界限寻找到文化归属感，从而实现世界文化大发展、大繁荣的一种人类交往方式。

# 第二章 民族传统体育文化国际传播时代使命

自党的十八大顺利召开，中国步入了新时代，开始了新征途。新时代是全面建成小康社会的最佳时期，更是中华民族伟大复兴的关键时期。党的十九大报告中指出，为促进中华民族的伟大复兴，我们应当坚持道路自信、理论自信、制度自信和文化自信。文化自信是最基础、最关键的自信，因为文化是塑造一个民族灵魂和发展的根本，中华文化兴则国运盛，国运盛则中华民族强盛。所以，中华文化振兴便是中华民族的伟大复兴的基础性、建设性工作，更是新时代的重大任务之一。

新世纪，是继往开来、承前启后的新世纪。习近平总书记强调，"中国特色社会主义文化，源于中华民族五千多年文明历史所孕育的中华优秀传统文化"，"深入挖掘中华优秀传统文化蕴含的思想观念、人文精神、道德规范，结合时代要求继承创新，让中华文化展现出永久的生机和时代风采"①。从古至今，"文体不分家"都是社会发展所遵循的原则，体育运动在某种程度上能担当起推动社会文化传播的时代重任，进而传递该国家、民族的主流价值理念，譬如奥林匹克运动会彰显的"更快更高更强"的西方体育精髓，美国 NBA 篮球文化，韩国跆拳道精神，这些体育文化、体育精神的传承传播往往代表着一

---

① 习近平：《决胜全面建成小康社会 夺取新时代中国特色社会主义伟大胜利——在中国共产党第十九次全国代表大会上的报告》，《人民日报》2017 年 10 月 28 日第 1 版。

种文化的复兴，一个民族的兴盛，甚至一个国家的强盛。为贯彻落实《体育强国建设纲要》精神，国家体育总局武术中心于 2020 年 3 月 21 日印发了《体育总局武术中心贯彻落实〈体育强国建设纲要〉实施方案》，以武术入奥为目标，以健康功能为主题，以武术产业为供给，以武术文化传承为思想引导，以新时代发展为理念，科学制定了年度目标（2020 年）、近期目标（2021—2025）、中期目标（2025—2035）和长期目标（2035—2050），实现武术的创造性转化、创新性发展，为健康中国、体育强国、文化强国建设作出应有贡献。中华民族传统体育不单是一项传统体育项目，更是代表中华民族的"活名片"，它传播的不仅是动作技术，更是一种传统美德，在增强文化自觉，坚定文化自信，实现文化自强等方面都起到巨大的促进作用①。

## 第一节　民族传统体育文化传播增强文化自觉

振兴中华民族文化，首先要提高文化自觉意识，如果对自身文化缺乏正确的认识，如何坚定文化自信力，又怎样做到文化自强呢？而所谓文化自觉意识，在费孝通先生眼中，即"生活在一定文化中的人，对其文化要有自知之明，明白它的来历、形成过程、所具有的特色和它的发展趋向。自知之明是为了加强对文化转型的自主能力，取得适应新环境、新时代文化选择的自主地位"②。不过，近代尤其是改革开放以来，由于外来文化的大规模入侵以及大量人口流动所造成的文化混杂，中华传统文化被边际化，传统的道德文化之根究竟在哪里？常有人说，中国是一个没有信仰的国家，中国人普遍缺乏信仰，没有信仰就没有文化。并且，当今社会的许多问题导致人们常常质疑传统文化意识是否早已不适合于现代社会，由中体西用到西学东渐，越来

① 金宁、张铁明：《新时代民族传统体育文化共同体建构路径研究》，《北方民族大学学报》2021 年第 2 期。
② 王国志、张宗豪、张艳：《"一带一路"倡议背景下中国武术国际传播偏向与转向》，《武汉体育学院学报》2018 年第 7 期。

越多的西方思想、主流意识形态已经改变了中华民族的传统文化意识，导致人们不断地否认自身文化，并试图改造自身文化甚至全盘西化。一个国家、一个民族、一个政党的前途发展，和该国家、民族、政党是否具有高度的文化自信有关。习近平总书记强调，人们要从中华传统文化中吸收养分，掌握古人的文明智慧。民族传统体育是中华优秀传统文化的浓缩体，蕴含了道家哲理、儒家道德、释家智慧等思想，三教文化组成了我国传统文化的思想链条，是我们的传统文化教育之根，是我们构筑民族精神家园的重要文化基石。

中华民族传统体育文化是我国境内的一种独特的文物，它扎根于我国传统文化的沃土，基本涵盖了我国传统文化的所有成分和基本要素。在中华民族传统体育运动中积累了丰富的传统文化内容，包括鲜明的民族传统文化精神与人格特质，经过悠久的历史发展过程，突出的民族传统文化特色使中华民族传统体育运动明显区别于竞技运动项目，逐渐形成了中华民族最具标志性的文化形象。但是，在漫长的曲折发展道路上，中华民族传统体育运动逐步倾向于健身、表演、竞赛等发展方向，其文化内涵还远远未能得到全面发掘。目前普遍存在不懂中华民族传统体育文化，但懂战斗的西方，又或者说是出于例行表演形式类似门派的不良现象。即使有些民族传统体育爱好者也由于好奇异国文化，但所说的"东方的神秘，神秘来自文化"，其实根本不了解民族传统体育文化渊源。使民族传统体育运动在国际传播上脱离了中华文化精神，逐渐流于形式，遭遇缺少中国文化内涵的境况。

中华民族传统体育的理念、价值观、思维方式等体现出了独特的文化底蕴，并体现出与我国民族文化体系高度的统一性。我国民族传统体育文化融儒、道、佛多种文化精髓，儒家倡导和谐统一，道家崇尚精神自我，佛家则崇尚博爱、务实、策略、技能，这些可以使中华文明绵延并传播人类精神的重要元素都融汇于民族传统体育文化内涵中。

## 一　民族传统体育文化中的和谐思想

### （一）和谐思想的内涵

"和谐"指使不同事物协调且配合适当，使多种元素相统一①。如果不同事物，多种要素之间缺乏"和"的组合，就可能是一盘散沙。"和谐"中"和"作为古典哲学的核心范畴之一，是中国传统文化的核心理念，也是中国宝贵的文化遗产，其内容博大精深。在中华传统文化中，"和"与"谐"同义，从构词结构角度来说属于同义连用，强调的是和平、有序、默契、融洽的情形。中国和谐思想深受古代哲学的影响，尤其是中国哲学的三大支柱：儒家、道家、释家，在其形成与发展的过程中构成了极具特色的理论体系。"使有什伯之器而不用；使民重死而不远徙。甘其食，美其服，安其居，乐其俗，邻国相望，鸡犬之声相闻，民至老死不相往来"。这是老子理想的"和谐"。"故至德之世，其行填填，其视也颠颠。当是时也，山无蹊隧，泽无舟梁；万物群生，连属其乡；禽兽成群，草水遂长。"庄子强调的是一种人畜不分、万物一体的人与自然的和谐思想②。孔子所言的"致中合"、道家主张的"合异以为同"、董仲舒宣扬的"天人之际，合而为一"、张载的"天人合一"等思想，充分表明了对和谐思想的追求是中华民族的理想。在中国，和谐思想随着社会的发展而不断演变并具有一定的历史和空间特征，当代和合学创始人张立文教授通过对中国传统哲学"天道"与"人道"系统的梳理，认为和合思想一直滋润着中华民族精神和生命智慧，"和"的思想在中华传统文化中占据了十分重要的位置："礼之用，和为贵""畜之以道，则民和""万物各得其笔以人生""天时不如地利，地利不如人和""和也者，天下之达

---

① 王宗岳：《太极拳论》，中国书店出版社 2014 年版，第 12 页。
② 丁传伟、李臣：《"一带一路"战略下中国武术文化"走出去"的思考》，《北京体育大学学报》2017 年第 3 期。

道也"以及后来的"天人调和""和睦相处""和衷共济"等无不体现"和"的思想①。各大学派大家对和谐思想的见解都表达了对和谐的祈求和向往，和谐思想积淀并凝结为中华民族文化精髓，具有悠久的传承和弘扬价值，现在依然发挥着无可取代的作用。如今在我国建设中国特色社会主义的关键时期，大力宣传建设社会主义和谐社会，伴随着国际化发展需求，和谐思想在现代化社会建设过程中仍然是促进人类文明发展的重要指导思想，并在经济社会深入发展的同时得以充分挖掘和彰显，成为人类社会发展的重要议题。

（二）民族传统体育文化的内涵

广义的中华民族传统体育，是在传承和发扬我国民族传统文化精髓的前提下而形成的体育运动。文化主要是指人类社会历史发展过程中物质、精神财富的总和，特指精神财富，如文学、艺术、教育、科学等②。中华民族传统体育文化，作为中华传统文明的独特表现形式，吸收了中国诸家文化的精髓与营养，具有中国优秀传统文化的基本精神支柱，是主旨鲜明、底蕴丰厚的优秀文化体系。民族传统体育文化是我国传统文化在身体运动的集中反映，既具有中国传统文化的共性，也拥有民族传统体育自身独特的个性内涵。民族传统体育文化，作为中华传统文化的特殊形态，是华夏祖先在漫长的社会生产实践中劳动与智慧的结晶，是华夏民族传统文化体系中的独特表现形式。春秋战国时期，文学百花争艳，思潮百家争鸣，中国文化异常兴盛，是中国璀璨文化形成的重要基础，赋予中国民族传统体育丰富的文化内涵，成为我国灿烂文明形成的重要基石，扎根于中华文明古国的民族传统体育文化在数千年的历史传播过程中深受民族传统文化的影响。在华夏几千年的发展进程中深受中国传统文化的熏陶，儒家文化中的仁义、礼仪、和、中庸的道德观念，对民族传统体育文化纵深方向推进发挥

---

① 李阳、袁金宝：《新时代中国武术教育使命的新思考》，《西安体育学院学报》2020年第5期。

② 王洪冲、韩玉姬、梁勤超：《少数民族传统体育文化发展的生境困境与消弭路径》，《体育科学》2019年第7期。

着重要作用，民族传统体育文化的纵深发展有极大影响。人和天地万物之间的和谐发展，反映出了中华民族仁义、诚实、友善、崇尚和谐发展的优秀价值观，特别推崇"尚武崇德""以和为贵"，即追求道德品质的修养，追求德艺统一。人与世界万物的和谐，体现了中华民族仁义、诚信、善良、爱好和平和谐等优良美德。文化指人们所创造的精神财富，它可以纵向或者横向迁移，甚至可以物化在某些物质上去。中华民族传统体育是历经岁月沉淀而产生的文化创造物，民族传统体育技巧、民族传统体育礼仪、民族传统体育器械、民族传统体育技术和制度方法、服饰礼仪、场景场地等物质制度理论观念等诸构成要素，都是人的文化创造物的具体表现。例如拳术动作首先体现在物化为生命体的拳脚攻防等运动形态，其次再物化为动作程序信息记录的具体化。利用这种动作信息传递，向纵向和横向传播，发展并运用各种自然力量来实现自身的需求与发展，这正是中华民族传统体育文化的具体映照。民族传统体育文化是中华民族优良传统文化的结晶，是我国民族传统精神的凝聚体现。自给自足的传统农业社会孕育着最独特而又鲜明的中华民族个性，孕育了中国文化的伦理性、和谐性与艺术审美性，从这些民族文化特征所交织出的中国文化类型中滋生、演变、继承和发展的民族传统体育文化价值指导，在生存形式上也受其影响制约，不但有民族文化的共性特点，也具有自身的独特优势。

（三）民族传统体育文化中和谐思想

民族传统体育文化作为中华民族优良传统文化精神的典范，与哲理、医药、宗教、美学、伦理学等多学科相融合，承载着中国传统文化精神与东方的美学精髓。在民族传统文化思想的引导下我国的民族传统体育文化已形成强调整体合一、品性修养的技术系统与体系和实践原则，表现出较强的"和谐"特征。例如训练过程中，不仅强调个人的"形神统一"，还强调"天人合一"等运动理念。在拳术动作训练中的快慢、进退、刚柔、精神乃至精力、节律、劲力、协调的统一，都充分体现了民族文化协调统一的和谐思想。人与人、人与社会、人与自然关系的融洽、人与社会的和谐，在民族传统体育文化发展中都被淋漓尽致地展现出来，这四种和谐环环相扣、互相联系，促进了武术文化的整体和谐，使得武术文化的"和谐"因素在其中得到了充分的体现。

1. 民族传统体育文化追求人自身的和谐

人自身的和谐就是具有健全的人格、正确的价值观和人生观。例如中华武术文化主张在练习中要求个体身心内外协调与统一，注重外在形与神之间的高度和谐，这是潜在的文化优势。"形神统一"即人的身与心内外的统一和谐。所谓"形"指的是通过感性认识可以直接看到的外在形态表现；所谓"神"指的是武术的文化内涵与精神实质体现。形神兼备在武术中主要表现为外在行为方式与内在精神意识的结合。

民族传统体育文化也充分阐述释家思想。佛家理论以养心修性、心境空明为主，例如太极拳的内家武学心法，以心行气，以气运体，反映了佛学之空明和养心思想，是一种"佛教之境拳"。功守道太极总教练员王占海王先生认为，"习练太极拳功法倡导中正安舒，讲求躯干动态舒缓柔和，即身处在松静自然，不偏不倚的状况，上下维持一条线，而且要使背部舒展，以称'拔背'，而且太极拳讲求身心健康双修，'内外交修之旨，身心健康两修之功'，以意识为先导，将意、气、拳三者合而为一，通过外划圈走弧，内身心调和，将行为与心灵完美统一，在一动一静中间表现了一种心性佛法"①，而且，太极拳功法所表现的中正安舒与佛家倡导的"中观"智慧如出一辙。"中"指不存在偏颇，"观"是一种睿智表现，即不能过分执着两个极端，而要走中道。"中观"思维充分彰显了佛家最高智慧，注重中和平等，通达无我，并以此实现人与自然的高度和谐统一。太极拳在起源和发展过程中完全汲取了释家睿智，与道家、儒家思想交相辉映，不偏不

---

① 陈丽珠：《民族体育文化概论》，中央民族大学出版社 2015 年版，第 22 页。

倚，中正和合。

对习武者来说，如做到形神兼备、上下相合，便有一种形神之景。在武术训练中，形神兼备能够最好地适应身体锻炼的需要，而内外双修能够最好地达到形体与精力的融合，使得习武者从形体到精神以及从技术到意志都能进行更全面的训练。拳谚有云："外练手眼身法步，内练精神气力功""内练一口气，外练筋骨皮"，也是这种理念使然。内与外、形与神是相互联系、相互依存、相互统一的整体，武术"形神兼备""内外兼修"的基本功原则也是在此基础上形成的，通过太极拳术的整体锻炼来练形养神，以此达到修身养性、陶冶情操、塑造品格提高个人德行修养的目的，既使形体得到锻炼，又兼具养神的良好功效。长拳锻炼注重手、眼、身、法、步、精、神、气、力和功内外八法的协调结合；太极拳讲究"以心行气""以气运身"，主张体用结合、理法兼备，强调"精、气、神"的修炼；形意拳强调内外六合"心气一发，四肢皆动""以腰催胯，以胯催膝，以肩催肘，以肘催手，以手催指""以首领身，身心合修"，内与外、形与意全身上下无处不合；裴家拳注重"内外功用""形以寓气，气以催形，形合者气利""以其外而达于内"；南拳强调"以形为拳，以意为神"①。中华武术讲究形体与精神的统一，将人作为一个整体来进行训练，通过以外练形体、内炼精气神为主要锻炼目的，外达于内，实现身体之和谐，从而超越自我以求达到"天人合一"的理想境地，这也是传统民族体育文化具有中华古老人文神韵的关键所在。

2. 民族传统体育文化追求人际的和谐

人际和谐的要求一直是中华民族传统体育的主要发展方向，人际的和谐，既讲求克己正身、宽厚礼让，又讲究开拓进取、顽强拼搏，这也正是人际"和谐"的中心内涵：保持本真、善于相处是中华民族整体思维模式对宇宙、自然、人与事物之间的全面和谐发展的追求。

---

① 王岗、刘帅兵：《中国武术跨文化传播的研究》，《南京体育学院学报》（社会科学版）2012 年第 3 期。

例如武术主张技能的锻炼与品德的修养相统一，即习武修身，在技术上，注重长期的刻苦锻炼，掌握强大的运动技能，在道德培养上尊崇武德的培养。武德古以"尊师重道、孝悌正义、除暴安良、扶危济贫、助人为乐、屈己待人"等为标准，今以"修身养性、尚武崇德"为信条。武德事实上是一种以社会的公平、公道、正义为原则的道德伦理观，它是以"忠、信、孝、悌、礼、义、廉、耻"为主要内容，在品德上强调"厚德载物"，要严以修身，以礼待人、尊师、忠诚、信义、谦和、仁爱、宽厚、忍让，治国平天下要以修身、求善为目标，这些都是习武者应具备的美德和社会意识形态。民族传统体育文化德育具备较强的普适性，是民族传统体育参与者的主要精神指向，从根本上阐释了人类的基本价值尺度，它既反映多重结构所组成的民族体育的道德伦理与情感价值观，指引着人类生存的道德规范，并使之渗透在民族传统体育参与者的思想言行当中。在民族传统体育文化的发展过程中，中国一直都十分重视德育的教育，尤其重视对"仁、信、义、礼、智"的培养。这不仅强调对民族精神、爱国情怀、宽容友善、积极进取等品质的培养，还培养人们遵守社会公德的基本能力。例如习武与修身、练武与立人、品德与技术的统一发展，把修炼立人作为实现人生价值的根本体现，重视人与人之间的和谐交往，在处理人际关系时强调包容、宽厚，从而建立人与人之间的和谐发展关系。

3. 民族传统体育文化追求人与自然的和谐

寻求人与自然的平衡是中华民族传统体育文化发展的重要原则，中华民族传统体育文化受到了我国传统哲学文化理念的影响，通过重视自然规律和人自身技能的形成规律来加以锻炼，并通过不同的途径来实现修身养性的目的。所以，和谐的价值观念取向一直贯彻于中华民族传统体育的整体思维体系与应用范畴，在造拳、习练等方面其顺应自然变化的理念，如五行拳讲究五行相互配合，顺应自然；八卦拳须择天时、地利、气候而习之；少林八卦五行功则根据人体各脏器和季节的变化进行练习。

民族传统体育思想渗透着中国道家哲学。黄震寰认为，"老子道学传统文化是太极拳学习功法修行的圭臬，太极源自道家，其理论根据是老子五千言《道德经》"。陈小旺大师常说："太极拳蕴涵博大精深的阴阳辩证法，如上下相随，内外相合，虚实变换，动静相依等思想，这些思想大多体现在太极拳理之中。"比如太极拳经多次记录"掤、捋、挤、按世间稀，十个艺人十不知。果能粘连黏随字，得其怀中不支离。轻灵活泼求懂劲，阴阳既济无滞病""无形无象，全体透空，万象包罗易理中""浑然无迹，妙手空空，一引一进，奇正相生，柔中富刚，人所难防"①等拳言哲理，无不揭示通过太极阴阳哲学演绎出宇宙间对立统一的规律。陈小旺大师反复强调，"太极思想始终处在一种动态平衡的运动与转变的过程中，阴阳相互对立，传播、影响、转变，生生不息，反映了宇宙对立统一规则最本质的古代哲理，表现了重顿悟而不重论证，既非依靠科学亦非依靠宗教信仰的中国哲学特色"。同时，道家传统文化也倡导健康，讲究顺其天性、安静无为，不管是在古代或是现代，这个无为而治思路都是处世治世的最高层境界。

4. 民族传统体育文化追求人与社会的和谐

孔子的"和为贵"认为"仁"是哲学思想的核心，提倡"恭则不悔，宽则得众，信则人任焉，敏则有功，惠则足以使人"，认为人与社会和谐发展是最理想的原则，他的政治目标就是构建"天下为公"的大同世界。人是一种社会群体，无法脱离社会存在，社会是人们赖以生存的环境。社会的和谐发展在很大程度上取决于人与人之间的和谐相处，人与人之间的和谐又需要取决于道德素质的培养。

民族传统体育里蕴含儒家美德。儒家思想是我国传统文化的正统思维，讲究修身齐家治国平天下。"礼"作为一种社会形式，体现于

---

① 孙涛、廖勇胜：《民族传统体育研究》，现代出版社 2018 年版，第 65 页。

人的言行举止之间。自古以来，"礼"就一直被人们视作一种道德规范，体现了人们的文化修养，汉学家汪德迈先生认为，"礼"是最能代表我国传统特色的因子，"礼治"是中华民族文化的基本特点。在太极拳跨文化传播过程中，其表现出的德礼文化最为典型。中华民族一直追求真、善、美的传统伦理道德观，在实际生活中则表现为爱国敬业、诚信友善、兄友弟恭、尊师重道、慎思笃行、坚毅不屈等优良品质，这种品德价值在太极拳中也可见一斑。在太极拳跨文化传播过程中，太极拳的礼仪规范在于："习练太极拳之前，练拳者必须相互抱拳以示礼节；彼此间若要进行武艺切磋，在交手之前也要行礼，用'敬请指导、有礼、承让'等词句谦恭对方；在技术切磋的流程中也往往是点到为止，不可伤及性命"①。再譬如，"学拳以德为先，凡事恭敬谦逊，不与人争，方是正人君子，学拳宜作正大之事，不可恃艺为非，以致损行败德，辱身丧命"等练拳谚语，无一不是习练太极拳之人注重德性的一种体现，这种道德教化润物无声却又深入人心。"以和为贵"是中国和合文化的根本特征和基本价值取向，古人特别重视和谐，把"和"视作事物之本和自然规则。孔子把"和"作为人文精神的核心，作为儒家倡导的伦理学、政治学和社会准则，并将其作为协调关系、规范社会和管理国家的主要手段。例如太极拳以"和"为宗旨，讲求"天人一体"，平衡阴阳和合而生，"从宏观整体层次看，我国的太极拳传统项目最讲究"和谐"思维，必须要掌握"和实生物，同则不继"这一文化内涵，按照"和而不同"的基本原则，构建"差异并存与相互尊重"的跨文化传播发展理念"，这又正如我国传统文化的理想境界是"协同万邦"而非万物合为一体。

文化自觉是指责任意识、责任与担当，是指更加自觉地履行起用中华先进文明和社会主义先进文化促进社会发展与前进的责任。中华民族传统文化是道、儒、释三教合流的必然产物，是凝聚中华民族传

---

① 周惠琴、雷军蓉：《中华民族传统体育的现代困境及其对策研究》，《湖南师范大学学报》2009 年第 8 期。

统体育文化的大智慧。综观中国大千世界，从某种程度上来说，中华民族传统体育思想随处可见，且无时不有，是中华民族文化经过五千年后依然卓尔不群、挺立出众的哲学根源，有助于唤起广大民众的文化自觉意识，帮助人类重新正视自己的传统文化价值，为树立民族文化自信，彰显文化自强奠定牢固的理论基石。

## 第二节　民族传统体育文化传播坚定文化自信

习近平总书记在我国文联十大、我国作协九大开幕式上的重要讲话中提到，"创造出富有鲜明民族特点和个性的优秀作品，要对渊博精深的中国传统文化有深入的了解，更要有高度的文化自信""要善于从中华文化宝库中萃取精髓、汲取能量，保持对自身民族文化理念、价值的高度自信，保持对自身文化生机、创新的高度信心"①。因此，本文认为：自信是一个民族、一个公民对自己所具有的文化价值的精神认同和身体践行，以及对其文化生命力始终保持着坚定不移的信心，并寄予无限发展可能的愿望。中华民族一直以来对自身文化具有强烈的民族自豪感与责任心，但在我国近代史半封建社会的曲折发展历程中，自信、文化自豪遭到了极大挫败，以致出现了否认传统文化而盲目崇拜、仿效西方文化的现象，甚至用西方话语体系、理论体系来评价我国现实发展的状况，以及否认中华传统文化的现象，这是对我国特色社会主义理念、路线、体制的不自信。想为人信者，必要自信，历史经验和社会实践证明，唯有对本民族文化产生高度的认同感与自信，才能进一步促进民族文化、社会繁荣发展并赢得他者的认可②。新时期，保持中华民族自信最重要的特点就是不忘本来、吸收外来、面向未来，既要保持自身优秀的中华民族精神，也要从国际文化交流

---

① 刘次琴、陆宇榕：《文化自信主题下民族传统体育文化传承发展研究》，《广州体育学院学报》2018 年第 1 期。

② 郭玉成等：《中国武术与国家形象》，高等教育出版社 2015 年版，第 34 页。

中吸纳借鉴国外先进文明并进一步关注新时代发展的前景。

## 一　民族传统体育文化传播促进民族团结

随着我国经济、科技、军事等实力的迅增，我国国民更加重视民族意识的觉醒。正像习近平总书记指出的："当代中国共产党人和中国人民必须并且也必然能够担负起新的历史文化责任。"① 传播民族传统体育文化对于弘扬传统文化、促进民族团结发挥着独到作用。从地域分布来看，我国北方草原地区广袤无垠、气候干燥，孕育了赛马、射箭、摔跤等刚烈性体育项目；南方地区环境优柔、气候宜人，孕育了赛龙舟、踩高跷、跳竹竿等优雅性体育项目。总体上，形成了南北区域的差异性体育文化特点。从民族文化角度来看，放荡不羁的草原游牧生活形成了蒙古族人民好客朴实、彪悍坚韧的民族个性，也逐渐形成了摔跤、跑马、套马、打布鲁等少数民族传统体育活动；而壮族人民则温柔善良、平淡天真、温敦宽厚，孕育出了抛绣球、打扁担、狮子上金山等少数民族传统体育活动。

由此可见，不同民族的文化体育都寄托着族民的思想方法、审美趣味、道德观念，承载了对先民和土地的崇敬。中国人崇尚自然、敬畏生命，相较于西方科学思维，凸显出一种人文思维，强调人文关怀，重视敬畏生命。如中国武术讲求"内外兼修，身心合一"的习练之道，且根据四季时空转换、地理位置异同，创生了子午拳。至于各少数民族祭祀活动和图腾崇拜也寄托着少数民族个性和审美趣味，土家族的摆手舞就源于对白虎的图腾崇拜；汉族端午节的赛龙舟传扬了龙文化滋育下中国人祭神祈福的精神信仰；而达瓦孜在表现维吾尔族传统音乐、舞蹈、服饰文化的同时，更抒发了一种古代"高空除魔"的精神向往及原始世界观。新时代传承民族传统体育文化，尤其如少数

---

① 李阳、哀金宝：《新时代中国武术教育使命的新思考》，《西安体育学院学报》2020 年第 5 期。

民族运动会这种民族体育文化盛会，对于新时代提升文化认同、促进民族团结、弘扬中华文化意义重大。

传播中华民族文化和道德、培养中华民族荣誉感、捍卫民族尊严，构建社会主义道德观，从而建设新型现代化和谐社会。作为中华优秀传统文化与精髓的集合体——民族传统体育文化体系，其整体推广与传播，需要从表层意识入手，即民族传统体育规范，进而逐步深化。唯有通过全方位的宣传向世人展示中华民族的崇高品德涵养，全方位展示民族传统体育文化体系，才能激发民族传统体育文化的无限魅力，真实反映我国民族传统体育文化的整体精神。通过民族传统体育文化与精神的国际化传播，宣传中华文化，助推"人心沟通"的建设，为全球命运共同体建设贡献力量。

## 二　民族传统体育文化传播助力文化强国

文化兴国方略，目的是以发展国家文化建设为社会主义先进国家培根铸魂、培元固本。文化兴国建设的理论基础和重点，就在于熔铸国家民族文化建设的理论核心，其核心体系在于坚定新时期国家自信的中华传统文化、我国近代革命传统文化以及社会主义先进性民族文化。在这里，中华民族文化是历史发展信念的基础体现在几千年的历史发展流变中，中华民族虽然遭受了无数次严重挫折，但是我们披荆斩棘最终取得现在的辉煌成绩，其中最关键的因素便是世世代代的中华儿女培育和传承着各具特色、博大精深的民族文化，为中华民族生生不息提供了最有力的文化保障。博大精深的中华民族文化滋养了包含民族传统体育在内的多种文化形成，使其成为讲好新时代中国故事、传播民族精神的巨大动力。

中华民族传统体育是民族文化强国建设中的多样化需求和有益补充，因此在文化强国的建设过程中，需要充分彰显中华民族传统体育文化内涵的独特优势。中国民族传统体育文化是一个兼容多样民族体育文化的生态综合体,武术、摔跤、龙舟、跑马、射箭、滑冰、舞狮、风筝、抢花枪等民族传统体育项目与文化形式并存与发展,对西方体育文化发展形态而言有着良好的借鉴意义。中华民族传统体育文化作为人类民俗生活和社会生产生活方式中的条块记忆模式,承载着中华民族不忘本来、面向未来的优良文化传承性特征,也演绎了中华民族严谨、求真、向善的道德追求。我国民族传统体育文化是一个回归生产生活的文化,它生动地萦绕在我们生活之中,这种运动的外在表现形式或许并不唯美,但却深受广大民众喜爱和推崇,也体现出了中华民族独特的乐观主义精神。而我国民族传统体育文化并没有固守着传统窠臼,而是紧随时代的脉动,不断丰富创造出新的社会历史条件的生生之德。以中华武术运动为例,它为了满足国内发展环境的多样要求,率先实施了"大武术观"策略调控,积极地推动规范化工程建设,积极地推动"六进"工程建设,充分体现出中华民族传统体育与时俱进的创新精神①。在乱花渐欲迷人眼的 21 世纪,我国民族传统体育传播还需要坚持中华文化自信,围绕着民族文化影响力提升、民族文化名牌打造、全面展现自身的人文魅力,促进民族文化强国战略的全面实施。

## 三 民族传统体育文化传播丰富教育资源强国

在历史发展的新征程中要重视教育强国的实践,既要全面吸取历史教育文化的优秀遗产和成功经验,又要审慎借鉴国外领先的教育文化观念,使传统文化及思想、革命历史文化及思想、社会主义先进性文化及思想在教育现代化实际中均有鲜活表现。社会主义教育强国目标发展战略是中华民族伟大复兴的基石工程,是中国教育改革发展的核心策略和总体发展方向。由此可见,优秀的文化遗产和成功经验是

① 陶恩海、程传银:《民族传统体育现代化传承的内涵、现状及发展路径》,《体育文化导刊》2020 年第 1 期。

实施教育强国战略的重要基础，而中华民族传统体育文化发展对青年一代的教育影响，不但表现在身体素养方面，还在于对青年一代思想道德素质的提高、对科技文化素质的培育与激励等方面。在体育教学助力强国战略实施中，应将中华优良传统体育文化发展纳入体育教学体系中来。

中华民族文化体育在历史长河中走来，积累了丰厚的教育资源。它最大限度地总结了我国优良传统文化中蕴含的思想和精髓，成为培育人才的优质给养，在中外教育历史上发挥着无可替代的作用。例如儒家"仁""谦""礼"等在民族传统体育中得到了有效的反映。

而民族传统体育的培养教化正是如此，不仅注重智勇双全的人格境界，更向往谦恭有礼的品德修养，"己所不欲勿施于人"的忠恕之道，"近取诸辟"的仁爱之方，潜移默化地影响民族传统体育爱好者。传统体育文化从生产生活中来、立足服务人民群众利益，汇集了五十六个少数民族的智慧和精华。一些传统体育项目与族群的繁衍相关，一些活动源于生产生活风俗，一些项目来源于宗教信仰，还有一些则由军事技能演变而来，当中蕴含民族文化、民族伦理学、民族宗教信仰、民族哲理、民族美学等层面的内容，是民族意识形态、审美观和民族文化情感的体现。因此，对民族传统体育文化史学、伦理、宗教哲学、美学等教育资源的全面发掘与积极开放，就是有效助力教育强国战略、推进实施中华民族伟大复兴工程的得力举措。

## 四 民族传统体育文化传播促进健康中国建设

健康中国发展战略是党和各级政府对人民福祉关切的重要体现，是对实现"两个一百年"奋斗目标的英明决策。习近平总书记早在2003年在浙江开展工作时就明确提到："要把全民健身工作作为各级政府部门的民心工程建设来抓，把体育达标当作全面建设小康的重要考核内容之一"。健康中国的基本含义，是指包括全体人民群众健康体魄、健康环境、健康经济和社会等在内的四大健康科学发展观。中国体育事业的可持续健康发展离不开全民健身运动等基础性力量，不论是承载着竞技争光重任的竞技体育运动，或是传递着体育技术知识的校园运动，其最终价值都应落实到促进全民健身这一目标上来。从而实现贯彻全民健身强国战略，普及全民健身运动，推进健康中国战略实施。

体育运动对我们的健康发展起到了重要促进作用并达成社会共识。就此而言，近代西方竞技体育运动的引入，已作为提高人们健康水平的主要途径。篮球、足球、排球、健身健美、长跑等现代体育运动得到了民众的广泛推崇，西方的现代体育更多以改进人体机能水平为目标，而蕴藏深厚中华传统文化思维的民族传统运动，被赋予了文化、教育、养生、舞蹈、娱乐等多重要素，民族文化特色浓郁，对于培育健康身心素质发挥着独特的作用。

我国民族传统体育运动具有一定地域性，在全民健康实践方面发挥着重要的影响作用。民族传统体育有着内容多样化、趣味性高、强度适宜、体验度高的特色优势，而且对广大民族群体也有着先天的亲近感，在生活劳动、民族传统、信仰礼仪等项目开展中具有提高身心健康的潜在作用。拳术运动就具有"拳打卧牛之地"的场地特征，其训练与健身效果得到了广大习练者的充分肯定。我国民族传统体育项目形式多样，蹦蹦跳跃、踢打摔拿载歌载舞技术动作不仅可提升身体素质，例如武术"冬练三九，夏练三伏"的习练宗旨，更促使人们养成坚定的武术健身理念，终获"经常练武术，不用上药铺"的良性循环。舞龙运动是中国极富民族文化色彩的体育项目，逢大节日、大庆典必有舞龙庆祝，其不仅注重上下肢体协调，还强调团队协作完成，在提升身体机能的同时锻造了团队协作意识，塑造了人们健康的心理素质及良好的社交能力。对于地域偏僻、环境封闭地域的民族，如藏族的赛牦牛、赛马、大象拔河等活动，更能使族民在劳作之余锻造身体、宣泄情绪、抒发情感。大量科学研究证实，常年习练太极拳，对人的神经系统、心肺功能、下肢平衡能力等方面均有着明显的提高效果。蒙古族的传统体育运动搏克摔跤，重达二三十斤的服装和蒙古靴自身就有着提高体质、训练顽强毅力的锻炼作用。所以，发展少数民族传统体育运动促进人民健康的关键，除了通过发展当地经济社会以外，还需要从创造少数民族传统体育运动文化特点、打造少数民族传统体育运动文明建设品牌、打造生态观光旅游环境等方面着力推动。

医学研究证实，长期参与民族传统体育锻炼及文化活动，可促进血液循环、调节压力、缓解疾病、减少能量消耗。近年来，甚至很多国外学者也发表了大量关于习练太极拳促进身心健康的研究报告。例如"松柔缓和""内外合一""刚柔相济""阴阳结合"的文化理念及习练要领，使得太极拳受到国内外体育爱好者一致好评。新时代健康中国战略背景下，我国政府更加重视民族传统体育的价值。2019 年，中共中央办公厅、国务院办公厅印发的有关推进《中医药传承创新发展的意见》中提出："要大力推动、传播中医养生保健科学知识，推进中医治未病理念的卫生管理，逐步形成良好的运动习惯。"新冠肺炎疫情暴发，民族传统体育也起到锻造国民体质、塑造积极健康心理的功用，尤其如太极拳、木兰拳等武术项目，以及五禽戏、八段锦等健身气功，群众基础雄厚、民族特色浓郁、运动强度适宜、场地限制较小，具有先天的健身与传承优势。

在抗击 2020 年突然暴发的新冠肺炎过程中，太极拳的健康养生概念再次获得全球的广泛认同。因此，民族传统体育的国际传播不单单是对某一传统运动项目的传承，而是更为重视在民众的认知中弘扬健康思想，为全民提供治未病的健康环境。著名武术形象大使李连杰先生，在谈及早年制作的影片《太极张三丰》时指出，该影片的制作宗旨就是传播中华民族体育精神，而太极拳文化以健康和娱乐为社会文化符号，通过拳、拳意来表达中国哲理和审美观，更能得到大众的喜爱。同时，国内很多的企业家纷纷研究、宣传太极拳，阿里集团就曾要求企业全体职工必须习练太极拳，2017年功守道揭幕战也有阿里巴巴公司的职工亲自参加；证大总裁戴志康、复星公司集团总裁郭广昌等都已着手对太极拳实行了资源整合，在他们的六星级酒店设立了太极拳室，并规定所有的工作人员必须习练太极拳。①《"健康中国2030"规划纲要》指出，"要制定实施全民健身计划，普及科学健身知识和健身方法，推动全民健身生活化，要不断加强体医融合和非医疗健康干预工作，健全针对不同群体、不同社会环境、不同身体条件的锻炼处方库，推进构建体医结合的疾病信息管理与康养服务管理模式，充分发挥科学合理锻炼在卫生改善、慢性病防治和恢复等领域的作用，要着重支持发展我国优良民族民间传统体育文化项目"，贯彻以服务民众身心健康为主旨的发展理念。相比于西方的竞技运动而言，太极拳更为强调人的全方位发展，它所产生的预防、治疗、康复等效果早已经获得全球认可，可以带给人们更加丰富、透彻的身心价值与保健理念。在构建现代化公共卫生事业服务体系过程中，我国主张重点推进中医药振兴发展，提倡中西医结合，使中医药和西医药相互促进、补充，致力于实现中西药健康养生文化的创新性发展，在全世界形成一种"大健康"的全民健身氛围。

中华民族传统体育项目在社会健康中的贡献表明中华民族传统体育、中华传统文化也能够大放异彩，还能够在群芳争艳、竞相追逐的国际舞台上获得一席之地，从而建立富有中华民族特点的国际体育文化话语权，大大提高了中华民族传统体育文化的国际认可度，进一步增强了国人的文化创造力和自豪感。"民族传统体育在中国960万平方公里的辽阔国土上，吮吸着中华民族长久奋斗积淀的文化营养，凝聚着各民族精神的磅礴之力，我们应怀无比坚定的文化自信心，不断奋勇向前"。②

---

① 周惠新：《太极拳跨文化传播》，硕士学位论文，湖南师范大学，2020年，第20页。
② 习近平：《在纪念毛泽东同志诞辰120周年座谈会上的讲话》，人民出版社2013年版，第20—21页。

## 第三节　民族传统体育文化传播彰显文化自强

"中华民族文化自强，是一个民族对培育和凝练自身核心价值观、繁荣发展自身文化事业和文化产业、提升自身文化创造性、凝聚力、竞争性、吸引力的努力奋斗，也是对构建社会主义文化富国、实现社会主义民族文化复兴理想的不懈探索和奋斗实践"①。展现中华民族文化自强是中华文化的永恒目标，是构建社会主义民族文化强国的历史责任。文化自强可表现为各民族文化社会成员对中华文化的广泛认同感，就像当今世界上绝大多数人对奥林匹克文化精神的认可、对 NBA 精神的认可那样，终将成为一种"现象级"的文化热潮。中华文化的国际推广与传播离不开相应的文化载体，民族传统体育文化国际传播过程中，以一张文化"活名片"的方式介绍着中华历史文化，诉说着中华故事，传递着中华声音。

## 一　民族传统体育文化传播助力体育强国建设

《体育强国建设纲要》始终将推进体育文化繁荣发展，大力弘扬中华体育精神列为体育强国建设工程的关键任务之一，这也表明我们要大力发扬中华民族传统体育文化，推进中华民族传统体育项目文化的开发与推广进程，并不断丰富体育文化产品，进一步完善与壮大体育文化发展工程。

体育强国战略承载了新时期广大民众对文化各项事业高质量发展的迫切期盼。20 世纪后期，人们普遍认为体育强国一般是指在当今世界大型综合型比赛的运动竞赛中遥遥领先的发达国家。步入新时代，国家层面对体育强国的战略定位则是"加快建设体育强国，把体育运

---

① 张江：《建设新时代社会主义文化强国》，中国社会科学出版社 2019 年版，第 9 页。

动事业发展列入实施'两个一百年'发展目标的大布局中去谋划，推进体育运动改革发展，创新体育运动发展理念，促进群众体育运动、竞技体育、体育产业实现协调发展"。中国体育事业发展目标是"包含竞技运动、体育教育、运动科学、体育产业以至群众体育等多层次体育事业在内的发展"。这种对体育大国的单维认识局面和在国家背后矗立着的奥运会背景关联甚深，长期以来，奥运会参赛国的竞技体育能力一直被认为是评判这个国家能否称得上体育大国的唯一标准，但代表着国家最广泛含义的中华民族传统体育并没有纳入到体育强国的评价体系中。其实，对体育强国的评价需要全面把握竞技体育和群众体育两大板块的内容，更需要深刻探索如何真正推动中华民族传统体育的高质量发展。因此，通过民族传统体育运动促进群众体育事业发展的结构性意义也不能忽略。民族传统体育运动既有典型的单一项目特点，也具有社会普遍存在的整体性特点。全面提高民族传统体育竞技体育文化实力既是对体育强国竞技文化发展的有益补充，也是民族传统体育竞技优势项目龙头拉动效应的客观要求。

在中华民族传统文明的历史背景下，民族传统体育运动的可持续发展将承担中华文化的历史传承责任，发掘中华民族传统体育运动文化精神内容与文化本质的伟大使命，它的现实意义提出了现代社会发展的全新价值观念，同时也渗透着当今世界文明的发展理念，这也是我国现代化建设中一个全新的软实力基础。在西方现代体育占主导地位的国际环境中传播和推广民族传统体育文化，必须经过科学合理的总体规划，融合时代特征，适应现代营销理念，并有效运用商业的形象包装与良好的传播机制。民族传统体育运动具有广泛的海外观众，且有一定的民众基础，特别在如孔子学院的背景下，海外文化发展机构普遍创立，可将民族传统体育运动作为国际文化产业传播的重要内容之一。

例如当前太极拳等民族体育文化的国际化传播聚焦于文化技术交流、人文旅游、文艺创作和商业经营等方面。2019 年 5 月，在河北省邯郸市召开了第三届中国世界杨氏太极拳文化节暨两岸太极拳文化交流会议，并举办了国际太极文化交流高峰论坛，近千名国内外太极爱好者参与了该活动。2019 年 8 月，2019 年两岸民众拳术文化交流会在北京举办，项目以"弘扬中华文化，传承民族武术"为主旨，200 余名武术爱好者共聚一堂，踊跃表演中国传统八段锦、99 式太极拳等，同时以文会友，共同交流民族武学文化。2019 年 9 月，焦作承办了中国第十届国际太极拳文化交流大赛，规格与质量均为历届之最，涵盖了 59 个国家和地区的 4300 多名选手，此外还有 1200 多名国内外著名企业代表和人文旅游学者。大赛共举办了体育竞赛、人文旅游、商务贸易、国际高峰论坛、文化宣传推广等四十余项内涵丰富、形式多样的文化活动，如运用 3D 影像技术和灯光将春、夏、秋、冬等四大篇章组成了一种全新的诗画形式，一气呵成，全面地向国内外太极拳爱好者展示了中国太极文化特色。近年来，中国太极的国际文化旅游热日渐盛行，多地建立起了太极文化小镇，以培育地方特色的旅游产品，如永年太极小镇、武当太极小镇、陈家沟太极小镇、贵州太极古镇、镇远太极古镇等。同时借助中国本土的太极文化与生态环境资源优势，把太极文化与小镇特点相结合，向国内外的太极拳爱好者推介太极文化旅游特色景区，以达到社会效益和经济效益的统一。另外，国际贸易往来也是推动太极拳文化发展、构建体育运动强国战略的又一原动力。2019 年 9 月，我国 31 个省、自治区、直辖市的武术协会代表汇聚太极圣地——温县陈家沟，同温县武术协会共同签署了 2019 "一带一路"太极行缔结友好武术单位合作协议，为海内外武林社团提供了友好交流的网络平台。上述活动都是中国新时期太极拳国际化传承和发展的重要历史机遇，不但向世人全面展现了民族传统体育文化的魅力，而且将在社会效益与经济效益等多个方面，共同推进体育强国的建设进程。

## 二　促进"一带一路"发展

为构建政治互信互利、经济相融、文化包容的利益共同体和命运共同体，习近平主席在 2013 年明确提出了"一带一路"发展倡议，其中民心相通成为"一带一路"发展的重要社会基础，意在借助更广泛的全球文化交流、学术交流合作和人才交流合作来传递中华文化，进一步提升了中华文化的亲和力与影响力。民族传统体育文化蕴涵了深厚的"天人合一"的哲学理念，在训练原则、传承和规范等领域都反映了倡导"人自身、人与人、人与自然、人与社会"的"和谐"，民族传统体育文化和谐思想的传播对于中华民族传统文化的发扬、精神的弘扬、素质的提高具有显著的促进作用，此外对于"一带一路"发展倡议的实施也具有显著的促进作用。

随着"一带一路"倡议的启动，我国和全世界各国的政治、经济、人文等的交流越来越紧密。为了进一步弘扬中华民族传统文化，推动"一带一路"的深入发展，在我国相关部门的协同努力下，开展了"一带一路"中国太极文化世界行公益活动。担任此次太极拳跨文化传承项目的导师为陈小旺大师，从 2018 年 2 月，该项目人员已陆续去到了欧洲、美洲等地，并途经德国、意大利、奥地利、旧金山、拉斯维加斯、洛杉矶等重要国家和都市。如"一带一路"中国太极文化全球行之美洲行活动，由全国体育总会宣传部、国家丝路规划研究中心、武术联合会以及中体未来投资（北京）公司等联袂主办，北加州地区华人文化体育联谊会、美洲江苏总商协会、观娱时代中国文化传媒（北京）公司、中体未来体育产品（深圳）公司承办，温县人民政府协办，并获得我国驻哥斯达黎加大使馆、中华人民共和国驻旧金山总领事处、中华人民共和国驻洛杉矶总领事处等我国相关驻海外使领馆等机关的全力支持。这一交流活动将以太极为载体，向世界各国人民分享太极这一中华民族传统文化瑰宝的文化精华与独特魅力，分享和谐共赢的中华民族智慧，传播世界和合精神，进一步增进我国人民与他国民众之间的彼此交流和不同区域间的友好往来，加强了沿线各国之间的文化人才交流协作，对"一带一路"的文明建设具有较大的实践价值。

（一）"文以评心，武以观德"的和谐思想诉说着华夏民族高尚的品德修养

民族传统体育文化注重德体结合，例如在武术传统项目传承过程中不管在武艺的表现形式上，或是对武艺精神的继承上，更注重学武之人的道德修养，崇德尚武，是所有习武人首应具备的品德之一，同时也是人们评价武学修养的基本准则和武学情操的基本依据。而武德概念的提出是一种非常深厚的武术文化内容，同时也是蕴含着我国传统文化的实质性表现。在武文化的产生过程与发展演变历程中，要求习武人强身健体、防身自卫，同时强调通过培养品德，加强道德修养来提高自身地位，也需要用中国传统儒家的道德观来处理习武者与他人、与社会相互之间的人际关系，以实现"德"与"武"的协调统一。袭家拳规定："练拳宜以德行为先，凡事恭敬谦逊，不与人争，方是正人君子。学拳宜以涵养为本，举动间要心平气和，善气迎人。学拳宜作正大事情，不可恃艺为非以致损行败德，辱身丧命。①"练拳要做正事，注重宽厚容忍，以达到物质世界和精神世界两方面的平衡发展与和谐。

武术传统文化是我国民族传统体育文化的杰出代表，武德精神是中国武术传统文化的主体精神，华夏子孙后裔在这富有强烈价值观念、"公正、平等"的武德社会环境下成长，整个中华民族的生活和繁衍、生活习俗、思想方法、情感状态、审美趣味等社会意识、社会心态和行为习惯，都生动而丰富地体现在民族传统体育文化当中。从某种意义上来看，武德并不仅是习武之人的追求目标，更是中华后代、中华民族共同崇尚的最高品德准则。武德的推广，有利于促进沿途各国"民心相通"乃至各国之间的国际政治信任。"一带一路"倡议中的"民心相通"理念，不但可以减少在文化传播中易产生的利益冲突与相互排斥现象，同时也对各国在传播中华优秀传统文化、树立优秀大国形象方面发挥着积极作用。同时，通过民族传统体育国际化交流可

---

① 陈鑫：《陈氏太极拳图说》，山西科学技术出版社2006年版，第93页。

以促进国家之间、民族之间、人民之间的互相了解，从而促进了人类社会的和谐、友爱与进步。政治互信，是国与国双方形成稳定长远交往联系的重要前提。而所谓政治互信，是指一国家当局和民众相互之间对另一国家政策体系、政策方向、政策导向等相互间的了解和认可。"信"在民族传统体育文化中占有相当重要的地位。两千多年前，孔子曾说过"人而无信，不知其可也"。国家主席习近平就曾表示，诚信是人与人关系的基石、国与国相处的基本前提。建设国际诚信关系是一个系统工程，需要各行为主体作出长期不懈奋斗和努力。国与国之间在政治、经济、社会安全和人文利益问题上难免不尽相同，所以怎样减少分歧而不是增加冲突，怎样寻找共识而不是突出差异，答案并不是很简单而唯一的。民族传统体育文化是我国与其他国家（地区）之间沟通和交流的重要手段，从而为彼此之间的政治互信创造了必要条件。思想文化的传播为政治互信的形成提供了物质基础，从而缩短了不同对象之间的距离、增进了相互间的理解。

弘扬中华民族文化和道德、培育中华民族荣誉感、维护民族尊严，建设现代化社会主义核心价值观与道德观，积极服务于社会主义和谐社会。身为中华优秀传统文化与中华民族精神的集合体——武术文化系统，其总体推广与宣传工作，从表层入手，即武德规范，进而逐步深化。唯有通过全方位地向世界展现中华民族"文以评心、武以观德"的崇高品德涵养，全方位展示武学文化体系，才能激发武学文化的无穷吸引力，真实反映我国传统民族文化的整体精神。应当借助"一带一路"机遇，宣传武德，宣传武学文化，宣传国家民族文化，助推"民心相通"工程，为"一带一路"工程建设贡献一份力量。

（二）"和而相异，强而不霸"的和谐观念体现了"自强不息，厚德载物"的民族精神

中华民族传统的体育文化不仅仅是一种文化表现形式，更是一个思维的集合体，和谐思想也就充分体现了我国民族传统优秀文化的精华，它既符合人类经济社会发展的基本规律，也符合我国"一带一

路"发展倡议。"一带一路"发展倡议规划涉及东北亚、东南亚、南亚、中亚、欧盟等区域，覆盖面积广，总人口超过四十亿。"一带一路"沿途各国在社会历史文化、地理环境及宗教信仰等方面均有显著差异，有一部分是权力相对高度集聚的君主政体国家，另一部分是政府治理权力较弱的国家，政治体制的多样化反映了沿途各国多样化的发展格局。民族传统体育文化中"和"是将其视为宇宙生命的最高状态和最高品德①。我国一向推崇和谐发展思路，"一带一路"也成为一个对外开放的重要平台，使多种发展模式的国家都能够积极地加入其中。

这种精神，在今天这个"弱肉强食""国际竞争残酷"的全球生存环境中，中华民族柔而不弱、刚柔并济的文化精髓显得尤为重要，也深深诠释了"自强不息、厚德载物"的中华民族文化精神。这是对中国民族传统体育文化核心价值观全息影像的最佳解释，更是对中华民族为何在当下实施"一带一路"倡议的最精彩阐释。所以，在"一带一路"伟大工程以及与沿线各国间的文化交流协作和交往过程中，中国民族传统体育文化不但能够表现华夏文明刚柔并济的社会主义文化特色，反映中华民族文化的文武意志和刚柔两面，而且还能够向世界更进一步地展示高度的文化自强，始终明确自身的定位和态度，以此塑造我国的崭新形象。

中华人民共和国是拥有五十六个少数民族的文明古国，尽管少数民族的习惯、语言、社会历史文化等都不尽相同，但却是和谐共处，彼此间相亲相爱的一个大家庭。"一带一路"沿途共 65 个国家和地方，在如此辽阔的区域，人口众多、社会关系错综复杂等现实情况下，成功实现"一带一路"发展倡议设想，促使各国实现经济社会和政治的互通交流，共同建设新时代人类命运共同体，坚信在不久的将来，"一带一路"沿线国家能够实现和谐共处。缺少民族文化精神支持的

---

① 周惠新、欧玉珠、周圣文：《中华民族传统体育跨文化传播助力人类命运共同体研究》，《浙江体育科学》2020 年第 5 期。

事业无法坚持久远，因此需要文化作主导，使"和而不同、强而不霸"和谐民族传统体育文化与精神走出去①。中华民族这种不以征服为目的的和谐精神，更易于被周边的各方所接纳与认同。民族传统体育文化中和平理念的国际化传播，有利于发扬民族不息的精神、从而增强中华民族在国际上的知名度和亲和力、树立和谐共进的良好形象。

（三）"仁礼相融，和谐合作"的和谐理念增强了"一带一路"战略合作的核心诉求

民族传统体育文化蕴含着中华传统文化教育的核心价值观，仁义礼思维是儒家道德规范的基本原则，和谐思想是个人与社会发展的共同目标。中华民族传统体育文化中蕴藏着仁与礼等思想，儒家将"仁"认为是人类思想道德的出发点，更是武术训练者所必备的品质之一；"礼"是武术传统优秀文化中的身份标识，更是中华民族自强不息的精神体现。"未曾习艺先学礼"道出了我国武术传统礼仪规则，而其中所崇尚的传统礼仪，是习武者个体精神的积淀，更是武术中伦理精神的内部约束与外在标准，是我国武术文化传承中较为复杂神秘的外在仪式。我国的传统习武者们都会有拜师认宗、寻根祭祖的传统仪式，而那些尊师重教、互帮互爱的画面和场景都包含着中国传统式的家族温情格调，也饱含着自然和谐的美感，民族传统体育文化中的"仁礼"文化内涵，将是我们成为强国的重要处事手段。

中华民族自古就崇尚"和为贵"的中华民族传统思想文化道德，在世界多元文化交织的时代背景下，中华民族传统体育文化的社会吸引力日益凸显。例如武术教育中生物的和谐价值观体现于人与人之间，是"己所不欲，勿施于人"的和谐观；体现于人与社会生活规则层面，是"和而相异""和谐共赢"的价值观；体现于人类社会的关系上，是"天人合一""道法自然"的和谐观，并与和谐的社会价值观

---

① 王国志、张宗豪、张艳：《"一带一路"倡议背景下中国武术国际传播偏向与转向》，《武汉体育学院学报》2018 年第 7 期。

相互对应。中国民族传统体育文化中所突出的"侠义精神""公平正义""点到为止""包容兼蓄"等闪光点，是对民族文化的崇高升华，更是"一带一路"国家倡议建设的目标追求。我国将坚定走好和平发展道路，遵循互惠共赢的对外开放策略，主动实践亲、诚、惠、容的对外理念，进一步加强同周边国家互利协作。借助"一带一路"工程建设，更好地推动沿途各国人民友好交流，推动不同民族、不同宗教信仰和不同文明发展的各国之间平等交往，共享繁荣发展，为沿途各国创造实质性的效益。通过中国古丝绸之路，中国古代造纸术、印刷术、火药传入西欧，而随着古代丝绸之路传入国内，影响最大的是宗教信仰，它进一步促进了中国宗教文化建设，借助丝绸之路，国内养蚕、天文、医学等技术西传的同时，外来文化技术与商品也大量流入国内，从而实现了真正的"和谐共赢"。

借助"一带一路"倡议，可以将我国同沿途国家的发展衔接起来，使周边国家在中国的经济社会发展中获益。"一带一路"将会推动全球多元文化的沟通、互融、共存，民族传统体育文化交流中所反映、蕴含、自我内化出的和谐思想既是中华文化国际化传播的哲学基础，更是建设和平世界战略思想的动力，同时又是对我国建设和谐战略思想的科学诠释。"一带一路"倡议以"仁礼相融、和谐共赢"文化精神凝聚国际民众的心，实现"民心相通"，使中华民族传统体育文化走向世界舞台。我国所倡导的"和平合作、开放包容、互学互鉴、互利共赢"的丝路文化精神，既是我国对外交流的基本原则，也是维护各国多维文明及寻找共同利益的国际关系准则。民族传统体育文化和谐思想的国际化传播，在"一带一路"发展时期加强国际文化交流的沟通合作，会使沿线人民更好地了解我国的政治体制、经济发展道路、民族传统文化以及外交政策思路，从而推动与沿线各国人民建立政治互信。

（四）"以人为本，以和为贵"的和谐发展思路为"一带一路"发展倡议提供了和平的环境

中国民族传统体育文化历来讲究人和，既主张"以和为贵""共

和万邦"，强调"海纳百川，有容乃大"①。崇尚和平之美，崇尚友好和解，和衷共济，这是中华民族文化蓬勃发展的主流，是传承中华民族思想的血脉，也是维护中华民族传统体育数千年来得以延续的坚强精神支柱。和谐思想始终深深地根植在民族传统体育文化的精神血脉中，是中华民众的基本追求和行为处世的本质态度。民族传统体育"以人为本"的理念观始终尊崇人的个体需求，而人类的发展是民族传统体育文化教育的本质目标，它不但能够充实当代人的业余文化生活，还能够增强人与人之间的社会互动与交流，不但能够娱人娱己，还可以增强人的身心健康全面发展，为人类社会的发展提供了文明祥和的社会环境。再者，中国民族传统体育文化不管从技击、强身健体及对传统抑或新思想方法的弘扬和传承，都注重透过人的道德修为来解决人类社会争端，达至社会稳定。民族传统体育文化的国际化交流不但能够增进国家之间、民众之间的理解和认同，同时也促进了人类社会的平等、和谐、友爱与进步。当今世界，安全与发展仍是全社会的两大主题。从和谐的角度看，我国民族传统体育文化经过几千年的演进过程，不管从现实层面或是理论层面都形成了独特的中华民族文化体系。逐渐摒弃了残酷的格斗和杀戮，减少了对身体不必要的损伤和侵害，我国民族传统体育采用一些"温文尔雅"的体育方式，并强调以人为本、以和为贵，用自身行动构建了和谐社会。

"一带一路"是中国首先提出的倡议，但这不仅仅是中国自己的事情，应致力于将中国的发展融入沿线国家乃至全世界的共同发展之中，应致力于将中国的发展战略与沿途各国的发展机制实现衔接，应致力于统筹我国与沿途国家的共同利益，实现国家之间利益密切相关的共同体发展目标。"一带一路"的提出就是要将地球各板块连接起来，使地球村村民来往和贸易，促进世界各国的发展，方便全球各国人民交流，增进与世界人民的团结，共同努力构建和谐全球。

---

① 王国志、张宗豪、张艳：《"一带一路"倡议背景下中国武术国际传播偏向与转向》，《武汉体育学院学报》2018 年第 7 期。

《中国的和平发展道路》白皮书，对"和平发展"问题做出了最具权威性和最详尽的说明。白皮书从我国对和平发展道路的抉择、对我国"发展"层面上的认识、中国实现自身发展的方法、措施、途径和中国和平发展的目标及"和平"与"发展"关系等都进行了详细解读，并提出我国对内坚持科学发展，对外坚持和平发展的路线，强调主要以非武力、非争夺的中国和平发展道路，其终极目标不局限于自身和谐社会的建设，而且还要为建设和谐世界贡献中国智慧①。和谐世界应该是政治上的多极化、经济上的均衡发展、文化上的多样性、安全上的互信、环境生态上的可持续。这就是中国所倡导的和平发展之路，是中国人发自内心的"和合"文化理念的体现和对"天下和谐"状态的追求。也就是说，在相互依存的世界上，各主要行为体之间搭建一个相互制约的力量框架和多边合作的行为模式来共同解决全球事务，建设政治多极化；众多发展中国家与发达国家的经济均衡发展，这不仅是实现世界真正发展，也是实现人类共同利益根本之所在；尊重文化多元性为解决世界难题提供更多解决方案；坚持安全人类共尽的责任，确保自己安全的同时，也增强别人安全感，解决方案才能在互信互利、和谐共赢的国际环境下实现共同发展；实现可持续性发展意味着全球各方都需联手协作、积极参与，必须携手合作共同努力，把可持续发展理念贯彻到现实中去。遵循以上世界交往之道，并根据全球化实际发展需求，结合世界实践，构筑各国人民"心"相通是趋向和平与发展的基础，但绝非朝夕之功。

正是这些人类至上、以和为贵以及追求社会和谐的人文观，使得人与人之间建立了一种和平、友爱、互助促进的关系，同时又促进人们重新反思和纠正自然交往所具有的征服思想。正是这些和平的观念，为社会和人类健康的和谐发展提供了坚实的理念基石，调整了武术文化学习的过程中生命系统和生态环境的和谐统一。民族传统体育文化

---

① 周惠新、欧玉珠、周圣文：《中华民族传统体育跨文化传播助力人类命运共同体研究》，《浙江体育科学》2020年第5期。

发展中的和谐理念促进人类在日常生活中找到了生活情趣、价值、意义和精神寄托。这些充分体现了武术文化在追求人自身、人与人、人与自然以及人与社会和谐发展上的高度统一。当前，和谐社会建设已成为世界人民的共同目标，而中华武术中和谐思想所弘扬的"以人为本，以和为贵"精神与"一带一路"建设是统一的、一脉相承的。因此，宣扬发展和谐思想，传播武术文化，弘扬中华文化，为"一带一路"的建设和发展提供良好环境，有着十分重要的作用。

"一带一路"始于经贸，拓于文化，要实现可持续发展，必须有文化力量的融入和支撑，以文化先行带动"民心相通"，从而达到沿线各国"互联互通"的目标。"一带一路"沿途融汇儒教、佛教、伊斯兰教和基督教四大文化圈，处于不同文化圈中的人们对武术文化的认同也不尽相同。受我国传统文化的浸润，中国民族传统体育文化不但产生了风格各异的技术体系，还蕴含着丰厚的人文内涵，可适应不同文化圈民众的多元化需求。日本、朝鲜、越南等东亚和东南亚部分区域的国家深受儒家文化影响，印度、泰国、缅甸等一些佛教文化盛行的亚洲国家，分布在中东、阿拉伯半岛以及亚洲的伊朗、沙特阿拉伯、土耳其和印度尼西亚等国家信奉伊斯兰教，西欧国家是世界上最早的工业化地区，每个地方的文化虽然不尽相同，但是对于世界和平和谐的追求还是相同的。中国民族传统文化博大精深，我们必须要在国际传播中找到突破口，树立一个清晰明确和独特文化形象的新标杆，在"一带一路"发展倡议下，武术中"以人为本，以和为贵"的和谐文化，与"一带一路"的发展原则相吻合，虽然沿线各国文化背景不同，但和谐文化的内涵却道出了全世界人民的共同心声。

## 三　加快民族传统体育入奥进程

奥林匹克运动促进现代社会的良性发展，而民族传统体育吸收了哲学家的精髓，在中国文化进步和发展中发挥了重要作用，梳理和挖掘民族传统体育文化的特性有普世价值，加强民族传统体育与奥运的结合符合现代体育精神，以建立社会发展的新时代民族传统体育文化，不仅为奥运体育文化做贡献，而且对于我国实力的建设也具有重要的现实意义。

首先，奥运人文化危机。在二十世纪，虽然奥运会已经裹着市场经济、社会政治危机，然而，仍然潜伏在人文危机的发展过程。现在，"公平游戏"（公平竞赛）的公平竞争越来越多地被亵渎，在现代科学技术的掩护下有的运动员肆无忌惮地使用药物，让奥运比赛"身心融合"的理想化的幻想，兴奋剂洪水不仅使运动训练产生疏离感，更多的是"药品体育"的尴尬，为了"荣誉"不择手段，不计后果。球场暴力事件频频发生，"色彩歧视""种族歧视"等不和谐的声音也频频出现在球场，"人的危机"使原来"促进人类的和谐与进步"的奥运宗旨之路渐行渐远，渐渐偏移了奥运"道"之义。

其次，奥运人文危机的根源。现代奥林匹克运动与西方思想文化传统密不可分，现代奥林匹克精神是以西方的传统古典人文精神和科学文化作为其中心思想，其思想是：自由是最宝贵的资源，人的一切都不应受到约束，但同时我们也应充分尊重。这种想法可以被看作是人类的思想、意志、体魄和灵魂突破自身的自由，尤为注重强调个人突破的追求，"人怕神"是其最终特征。由于现代科技的飞速发展，在过去，奥林匹克文化"更快、更高、更强、更快"的精神，在激发人的能动性方面发挥了作用。但现在，体育竞技和理想精神的层面已经脱节，"更快、更高、更强"的理念在现实中已日渐模糊，不仅是它的概念过于含糊，缺乏与时代接轨的坚实性，也与"促进人类进步和谐发展"的奥林匹克的初衷逐渐脱轨。

最后，软实力中的人文精神、中华民族传统体育文明与现代奥林匹克理念的建立互相融合。面对奥林匹克运动原有的理论框架，特别是奥运现代化冲突的问题，已经无法自行修正，需要有新的理念、新的思路、新的理论来指导和规范，这提供了一个难得的机遇和巨大的角色空间。中国民族传统体育文化融入奥林匹克运动的精神，中国民族传统体育文化对于奥林匹克理想的重新解读，建立一个新的模式与奥运理念，具有重要的现实意义。

"仁、义、礼"的思想道德与民族传统体育文化能够为奥林匹克运动的发展提供新的价值取向修订思路，其"仁、义、礼"交流与合作重视道德规范、修养礼仪与价值取向，通过体育交流和协作，个人理念也应渗透到整体理想中。

"仁、义、礼"的真实内涵说明唯有在行为过程中渗透在人民群众中的人文锻炼，才能实现体育精神的升华。而同时，"和谐"的理念，为不同文明的民族传统体育文化提供了新的思路。我国民族传统体育文化强调人与自然的和谐、人与人之间、人与社会和谐发展的理想目标，他们的想法是追求整体的和谐社会。我国民族传统体育历来反对宗派主义，倡导学习、相互尊重、共同发展，反对拉帮结派、相互诋毁、同室操戈。各学校自称武林正宗的行为和做法已被抛在一边，这种"和谐"的理念，为解决不同社会发展期间的文化冲突，建设现代化的和谐世界提出了参考价值。民族传统体育文化反映了以人为本的"和谐"的思想，为解决现代社会发展的自然生态、人文社会环境和人类相互之间的矛盾，提供了一个解决方案。"和谐"的思想，再推而广之，也就是人与自然、人与人，以及不同文化之间的理想发展模式关系。

中国武术协会副主席苏长来介绍，"2020 年 1 月 8 日，国际奥委会在瑞士洛桑召开执委会会议，通过了武术成为第四届青年奥林匹克运动会新增正式比赛项目的提议，这将是武术第一次作为奥林匹克系列运动会正式比赛项目。届时，多个国家和地区的运动员将参加武术项目男女长拳全能和男女太极拳全能两个大项的比赛"。从 2001 年武术申报入奥到 2020 年武术作为青奥会运动比赛项目，无疑是武术发展史上具有重要意义的里程碑大事，令中国人深受鼓舞。在东西方文化尤其是体育运动文化的交流过程中，我国传统体育运动一直难登国际体育的"大雅之堂"，为此国民一度怀疑甚至否认中华民族传统体育的价值，而对西方体育一味信奉"拿来主义"，丧失了对中华民族传统体育文化的自信力和自豪感。此次中华武术成为青奥正式比赛项目无疑给以太极拳为代表的中华民族传统体育跨文化传播极大的振奋之力，更加坚定了我们对大力发展民族传统体育、传播传统文化的信心。也因此，这进一步增强了中华体育的世界影响力，推动了东西方文明的交流融通，进一步增强了中国文化软实力；这不仅是国际社会对我国传统体育的认可，更是对中华文化的认可。这是中华武术的高光时刻，也是亿万中国人无比自豪、倍感骄傲的一刻，是体育强国战略迈向世界的坚实步伐。

为加速推进民族传统体育入奥进程，《体育总局武术中心贯彻落实〈体育强国建设纲要〉实施方案》提出，为增强竞技武术综合能力，要转变竞技武术发展方式，不断推进武术训练竞赛标准化建设；落实全民健身国家战略，积极助力健康中国建设；发展武术健身产业，大力发展武术服务业，充分利用"互联网＋武术"，积极推动武术产业升级等等。当前，我国积极实施太极拳健康工程，以不断丰富普通民众的武术健身活动；中国国家体育总局也在联合专业人士对太极拳体系制度加以改进，力求同国外相衔接，对标奥运；同时依靠各种太极拳公开赛、单项拳种比赛等平台，积极地推出一系列全球性的高端赛事，如全国焦作太极拳交流大赛、中国陈家沟国际太极拳锦标赛、"王廷杯"太极拳公开赛等，打响了太极拳赛事品牌知名度；依靠新媒体，利用"互联网＋"平台，向海外太极拳爱好者不断传递太极拳赛事、太极拳视频教学、太极拳影视（如电影《太极张三丰》《武当》《神丐》，纪录片《太极》《太极中国》等资料），进一步增强中华武术的影响力，为民族传统体育入奥打下了基础。

文化，是一个民族、国家生生不息、兴旺发达不竭的精神动力，中华民族传统体育文化以自身的文化魅力不断增强国民的文化自觉意识，增强文化自信，从而做到文化自强。中华民族传统体育的传播不仅仅在于它具备强身健体、修身养性的功能，更因其背后蕴藏的丰厚文化积淀、民族智慧和民族精神。事实证明，中华民族传统体育在世界范围内所作出的贡献以及所取得的成果，正在不断增强各国人民对中华传统体育的认可度，在全球化传播过程中有能力有信心承担起民族、国家赋予的文化交流传播责任，担当起推动中华民族传统体育早日加入奥运会的新时代责任，为打造体育强国形象，实现文化自强而奏响新时代发展主旋律。

# 第三章　民族传统体育文化国际传播理论

## 第一节　民族传统体育文化内涵

国家强则国运强，国家建设好则民族再兴，文化建设也是一项强国建设的重要环节。我国作为一个统一的多民族大国，在漫长的历史延绵中，各民族产生了特点明显、艺术风貌鲜明、自成体系的体育文化，深层反映了各族群的本土风貌、行为习惯和思维方式。国际化进程冲击着民族传统体育文化的发展环境，使其存在形式、内在意涵不断发生变化。研究表明中华民族传统体育文化萌芽和成型于原始、奴隶社会，演变和发展于漫长封建的传统历史文化中。进入新时期，习近平总书记在党的十九大报告中提出："要深入挖掘中华优秀传统文化蕴含的思想观念、人文精神、道德规范，结合时代要求继承创新。"[1] 将深挖中华民族传统体育文化的社会主义的思想观念、人文精神、道德规范等基本内涵，并将其与新时期的中国经济社会发展状况相结合，进而有效推动中华民族文明和优秀文化的传播，作为当前亟须解答的重要课题。着眼于新时代，紧扣习近平总书记在党的十九大报告中的指示，发掘梳理中华民族传统体育文化内容，正视其存在土壤，厘清其价值方向，进而形成中华民族传统体育文化的传承方略，富有较强

---

[1]　丁传伟、李臣：《"一带一路"战略下中国武术文化"走出去"的思考》，《北京体育大学学报》2017 年第 3 期。

的理论价值和实践意义。

　　民族传统体育的丰富文化内涵是由中华民族体育运动不断发展而成的延伸性文化。民族传统体育文化包含着中华民族最伟大的民族精神和价值理念，融入了儒家、道家和佛教的传统哲学思想，宣扬"阴阳循环""天人合一"的传统哲学思想和健康理念。中华民族传统体育文化具有民族性、多样性和继承性等独特特征。民族性是指各个民族孕育着不同的民族传统体育的文化特征，以表达不同的人文价值观。多样性也是中华民族传统体育文化的主要特点，由于各民族拥有不同的社会历史背景，接受不同的地域区域文化和生存方式，构成了中华民族传统体育文化多样性发展的主要特征。继承性是其赖以生存发展的基础，不仅仅是单纯继承项目的特点和技术，而是要强调精神层面、道德及价值理念的继承。

　　民族传统体育文化是构成中华民族文化的重要内容之一，对其深入研究可借助"民族文化分层理论"。利用上层文化的器物文化层，激活中华民族传统体育文化的生命力；中层文化为制度文化层，规范民族传统体育文化的意识；深层文化为精神文化层，承担对中华民族优良传统体育文化发展的价值导向。新时代对中华民族传统体育文化发展的内容定位必须紧扣社会主义核心价值观，深入体现符合时代发展趋势的中华民族传统文化生机和活力，以适应人民日益增长的美好生活需求，以促进新时期中国文化产业的繁荣发展。

## 一　器物文化层：民族传统体育文化的根基

　　器物文化是中国文化最根本的主体文化，是能被人们直观认识的、存在于物质实体的事物。马克思主义唯物史观认为"物质决定意识"，器物文化作为中华民族传统体育文化的发源层，是中华民族传统体育文化的外在体现，直观映现着我国民族传统运动技艺文化、技术水平，深度发掘了民族传统体育文化的演变历史，确立了中华民族传统体育文化的基本目标。2019年9月，我国少数民族传统体育运动文化展在郑州国际会展中心举办，重点介绍了中国五十五个民族的一百多个民族传统体育运动项目。民族传统体育运动项目具有器物文化的特质，诸如武术、舞龙舞狮、健身气功、赛马、毽球、陀螺、民族健身操、秧歌、腰鼓等项目。就体育形态而言，民族传统体育运动项目已经涵盖了单人体育运动、双人运动以及多人体育运动等，适宜于不同群体参与，并且同时具备了娱乐性、竞技性、健康性等诸多特点，因而获得了广大民众的普遍喜爱。

其实，中国众多民族传统体育运动，其形式、价值观念等都深受中华民族文化精神的影响，堪称是中华民族文化的全息缩影和写照。中国传统武术套路的抑扬顿挫、节奏分明、以柔克刚，体现出中华民族传统的中庸和合、不偏不倚的基本理念；龙舟竞渡、拔河等项目的合作和竞技，体现出众志成城、同舟共济、奋力拼搏的中华民族文化精神。由此可见，中华民族传统体育运动器物文化层坚守在中华民族传统体育运动历史的最外层，充分体现、弘扬中华民族的传统体育精神。总的来说，新时期中华民族传统体育文化的器物文化层，包含了中华民族传统运动项目、体育服装、体育器材等多个方面，还有文字、雕刻、绘画、摄影、音乐等内容，基本涵盖了所有可被欣赏的运动内容。民族传统体育文化的器物文化层的发展和完善，是在儒家文化一以贯之的作用下，在佛家、道家等诸多思想的综合作用下，经过了中华民族历代人的开发、创新、提升和发展，才最后产生的中华民族体育文化的活化石。

## 二 制度文化层：中华民族传统体育文化的规范

制度文化是人类发展的一种社会规范，体现着社会的文化形态、发展范式。民族传统体育制度文化实质上是融社会文化运行机制、基本结构和管理制度等为一体的文化制度体系。从社会学角度分析，民族传统体育制度的行为规范与"自由、平等、公正、法治"的社会主义核心价值理念不谋而合。《国务院〈中华人民共和国民族区域自治法〉若干规定》指出，新时期各区域应十分重视民族传统体育文化的开发、保护与传承，并定期举办民族传统体育相关竞赛或活动。实际上，民族传统体育赛事、体育活动的举办从制度文化视角，借助传统体育运动反映在不同的文化土壤中孕育出相应的民俗民风、法律制度与行为规范等。而少数民族传统体育运动会作为我国最有影响力的民族传统体育赛事，每四年举办一届，已顺利承办十一届，是促进我国民族传统体育文化国际化传播的基石。此外，民族传统体育运动项目本身就富有浓厚的规则制度，如中国武术中的拜师礼仪"以礼始以礼终"等礼仪要求，同样映射出某种社会规则意识和行为规范。

　　民族传统体育制度导向逐渐从以往的民间组织向当代的政府部门为主导力量转变，其管理制度的修订、完善通常由政府部门实施，制度导向主体的转变也使得民族传统体育的发展更趋规范性、专业性、系统性。例如，在 20 世纪 80 年代，中国武术界曾组织专人学者对拳术加以发掘和梳理，整理出具有源流有序、拳理明确、风格鲜明的武林拳种，多达一百二十九种。而在国家制度文化层的规约下，拳术规范也进一步完善和正规化，并经历了由传统走向竞赛化的历史过程，即竞技武术套路、竞技武术散打等制度的形成。又如，在传统体育规范方面，国家专门组织专家制定了中华民族传统体育项目的技能标准，主要包括赛场器材、各项目技能规范、竞赛规则等内容。总之，民族传统体育制度文化层具有顺应时代演变的客观性，到了现阶段又紧密结合社会主义核心价值观，突出新时代公正、平等、和谐等理念，由早期的民间自由组织向着政府为主导的标准化、规范化模式形式转变，并以其内容丰富的规章制度，进一步标立、支持着中华民族传统体育的完善与发展。

## 三 精神文化层：民族传统体育文化的灵魂

精神文化层是民族传统体育文化的核心层次，是促进其发展壮大的文化精髓和根本力量。民族传统体育文化的精神文化层与社会主义核心价值观建设紧密相关，其中蕴涵着独特的价值观念、审美水平、思维方式、信仰情感、民族个性、道德情操等内容，与"富强、民主、文明、和谐"等倡导目标密切相关。具体来说，可以总结为爱国主义、自强不息、公平公正、和谐友爱、谦逊礼貌、敢于革新等层面。例如我国民族英雄岳飞的精忠报国、戚继光抗倭等史迹均体现了当时习武之人的爱国主义精神，正如《左传·襄公十四年》记载"将死不忘卫社稷，可不谓忠乎？"① 武术谚语"冬练三九，夏练三伏""太极十年不出门"，都体现了中国习武志士顽强不息、艰苦奋斗的高尚品格；拔河运动与龙舟竞渡等集体项目，也反映出了中华民族传统体育文化的平等、公正和团结的民族传统品质。

民族传统体育精神文化享有"文化极品""文化命穴"的美称，是中华文化体系内层部分，是最稳定、最保守的意识层面，诠释了中华民族最深刻、原始、坚定的精神认同，也标立了中华民族体育文化的基本思维方式和生存形态。民族精神文化是中华民族传统体育文化中的核心体现，彰显着民族传统体育的精神风貌。例如，历史民众十分注重各类社会祭祀活动的举办，以崇信图腾和神明，表达对先人的敬意；而端午节赛龙舟则是用来祭拜曹娥、屈原，后来演化成了中华民族传统体育项目——赛龙舟。2018年，国家体育总局在《进一步加强民族传统体育工作》中明确指出："要坚持统筹协调，服务国家战略；坚定文化自信，弘扬民族精神；坚持科学发展，促进全民健康"。中华民族传统体育文化发展被赋予了重大历史使命，它以儒家文化为

---

① 陈丽珠：《民族体育文化概论》，中央民族大学出版社2015年版，第12页。

主线，吸纳了道家、佛家以及各历史时期的思想文明，如宋明理学、清代朴学，包括新时期的中国特色社会主义思潮，建立了"和合中庸"的民族传统体育精神，并且崇尚"以静养生""修身养性""刚柔相济""和谐完满""天人合一"的民族传统体育形态观、规范观、价值观。

## 第二节　民族传统体育文化国际传播社会背景

进入 21 世纪以来，国际化步伐的日趋推进已形成了一个必然发展趋势。然而国际化发展同时也给世界文化交流带来了不少新的问题，尤其是对各国和民族自身之间的文化交流产生一定的负面影响。正是针对这样的一个实际问题与发展趋势，民族文化的回归和兴衰问题，已然成为国际化普遍所关心与重视的话题之一。民族传统体育在我国体育文化中占据着举足轻重的位置，在一个西方现代运动、国际奥林匹克运动占据世界主导地位的年代里，它也处在一个非常时代，承担着体育运动领域的民族文化自我认知的重要角色，可见，关于民族传统体育运动的传承与发扬，早已成为不容推诿的历史责任。

### 一　当今世界的体育全球化趋势

在经济全球化已经遍布了地球上每一块角落的今天，任意一种文化的发展过程都将呈现出多边的、动态的发展特性，并且将会伴随着社会的发展同步进行。体育文化身为文化的一大重要分支，必然会深受国际化大潮的影响。民族传统体育文化要想在国际化背景下得到发扬，其正确发展的宗旨到底是什么呢？

（一）经济全球化背景下的世界体育文化

文化史专家弗雷德里克·詹姆逊认为："所谓的文化——亦即弱化的、世俗的宗教形态，本身并不是一个事实或现象，它所指向的是一个客观的海市蜃楼，缘自至少两种族群之间的相互联系"。这就是说任何一个族群都不可以单独具有一个文明；文化是指一种群体在认知和观察某一种群体时所出现的社会氛围。根据此思想，文化需要用他种文化的角度来观察时才具有独立性，但是，文化的自我认识却又不一定要比用他种文化的角度来观察时更差。

人类社会发展到今天，全球化发展趋势已然形成一个无可否决的客观实际。它源于区域间经济社会的协作和互动，在较短的历史时期里便呈现了全球经济一体化的态势。与此伴随的，世界不同国家和民族的政治、思维、文化领域都必须因经济的全球化而进行积极或被动的调适，体育文化也在这一形势下表现出了主动调适的状态。

文化全球化与体育文化全球化都是一种非显性的、往往为世界及有关当局甚至当政者所困惑或忽视的话题。但身为国际性的一项重要议题，体育文化全球性是伴随着经济全球性的重要影响而提出来的，既是市场经济发展的必要结果，同时又是在一定发展时期下才产生的特有情况。由于 15 世纪末的地理大发现激起了当时西方人对欧陆之外的土地、财富的渴求，同时又促进了世界市场的拓展，这也为体育文化的传播提供了发展契机，不过由于受到当时运输和通信技术等条件的影响，体育文化间的互相交流仍然存在很大的局限性，因此体育文化国际化发展并未真正建立和兴起。

体育文化全球化得到迅速持续发展是在 18 世纪末期的工业革命之后，这一时期奥林匹克运动的兴起为其创造了有利的条件。这一时期，中国体育文化交流互动的覆盖范围已经延伸至世界各地，而体育运动文化交流的深度、速度也随着交通和通信等技术的发展而得以快速增长，随着一些国际、世界组织等国际性因素和概念的产生，也诞生了奥林匹克体育组织和各个单项活动团体，商品和资金的全球化流通也促使交往更加国际化，这些因素都推动着体育文化全球化的进程。

20 世纪 60 年代后期至 21 世纪的今天，正是体育文化全球化高速发展时期。在这一时期，由于受到三、四次技术革命的影响，世界上不同文化体在交流的速度、规模、数量等方面均有了质的跨越。主要特点体现在：由于各殖民地民族国家的独立自主意识和对现代化路线的积极选择，现代文化体进一步在世界广泛地建立起来，奥林匹克运动也在这一阶段蓬勃发展。在 19 世纪 60 年代后期，伴随自由市场经济消费产业的迅速发展与推广，消费主义生活和大众文化在世界各地拓展，引发了全球主义者的产生及全球普遍价值、普世伦理等重要观点的提出。全球性组织、制度的相继出现，特别是网络的应用，实现了现代文化的零距离传递。上述原因使得体育文化在这样的大背景下能够向全球传播，形成国际化发展之势。

全球体育文化的传播特征包括：

第一，时代性。从世界文明走向广泛交流的"世界历史"时期开始，体育运动文化伴随特定的时代背景而相应地扩展起来。随着大工业生产方式的急剧扩张，种族间的文化交流障碍被冲破，才展现出体育文化崭新的前景——奥林匹克文化。

第二，整体性。全球化体育文化虽然首先泛指世界不同地区的体育文化，不过它强调的并非各个地区割裂起来的体育文化，而是指彼此互相联系在一起的体育文化。例如奥林匹克运动广泛地吸纳东西方体育文化理念与项目，包括日本的柔道、韩国的跆拳道、娱乐体育的花样滑冰等项目纷纷加入奥林匹克运动会。这就是说，全球化体育文化是各种体育文化的复合体，是多元基础上的整合。

第三，民族性。体育文化并不能脱离本地区、本民族文化而单独出现，其自身也不是凌驾于各民族文化之间独立的一个文化形式，而是融于世界各个民族文化之间，它的产生主要得益于世界各民族文化交流，在交流的过程中必将产生民族传统体育文化的融合，正是这种文化交流和融合，才能为全球化体育文化的形成增添生命力。

第四，非同质性。全球体育文化绝非指体育文化的高度统一性、均一化，由于在全球化时期人类文化相互交流的高度统一，必然会引起实用性体育文化的国际化，即在实用性体育文化层面上将各民族的体育文化融合为一个普遍的国际性体育文化；而在理想化层次上，各民族的体育文化也可以经过"返本创新"而保存至今，从而构成了一个多种风格、不同理念融于一体的缤纷杂陈、争奇斗艳的亮丽风景线。但是，全球化体育文化交流绝对不同于各民族国家之间在体育文化交流方面的同质性，它是指在具有独立民族、各国家体育文化基础上，在全球各种不同形式的体育文化相互交流、相互影响下产生的人类共同体育文化。

（二）体育文化全球化的理论对弈

当今世界，文化的同质化和异质性成为全球性的重要问题，而全球体育文化的传承和发展进程中也一样面临同质化和差异性的难题。在看待全球体育发展的表现形式是同质化还是异质性的观点上存在着三个不同的概念：一元论、多元论、二者并存。

1. 一元论，又可称作普遍主义的全球体育文化

全球化成为现代社会演进的必然趋势和结果，从社会文化的价值观点出发，就必然会产生以某一种价值理念或社会意识为导向的一种全球性文化，而这种过程也便是所谓文化的同质性、一元化、统一化，甚至是西方化。《历史的终结》一书中指出的"历史终结论"认为，唯有西方文化价值理念才是对世界最普遍有效的文化，也唯有西方文化才是未来的主导。另外还有一些学者则将文化国际化进程看成是由西方文化向世界的传播。认为文化全球化实际上是指西方各种意识形态、社会文化价值观念、消费主义文化等在全世界范围内的强力推行，并由此产生了单一的文化发展模式。

在世界体育文化传播的进程中，一元化的问题也在广泛盛行。这就要求各个国家、地区在保护和弘扬自身民族传统体育运动文化的发展进程中，避免追求一元化、统一化、标准化的奥林匹克化运动形式及项目发展，从而导致损害本国的民族特色。然而体育项目与体育文化特征是否受到民族的普遍认可，是否还可以持续传播并不一定要以

在奥运会上的成绩为标志，但是一定要看它的传播广度和深入人民日常生活中的程度，看它是不是可以作为这个民族的独特传统文化标志，只有保持文化的多元性才能造就世界文化的丰富性。一个有着丰厚历史文化底蕴和优良传统的民族，保护和发扬自身特有的民族传统体育文化在当今尤为重要。

2. 多元论，又可称作多种体育文化和平共存

多元论认为国际化并不能产生同质化的文化，也不能消解各个民族文化的特点，因为全球文化可以多元并存的。而多元论根据全球文化并存的发展视角，又可分成温和论和极端论。前者指出全球文化将呈现为多个文化和平共存的景象，在国际化进程中可以彼此沟通、共同融合。国际化也创造了各民族文化交流展示的新平台，文化的交流是互相学习的过程，并不是一个文化要吞噬另一个文化的同质变进程，而是将成为一种共同发展的多样化景象。而多元化极端论则试图改变说法，更加关注全球文化之间相互竞争的现实。强调的多样性主要是各民族之间相互矛盾和冲突的特性，认为国际化所造成的更多的是各种文化间的异质性现象，而并非所有文化的和谐共融。

反映在当今世界体育文化的多元性方面的广泛共识是当今世界上各国各地区民族体育文化和平共存的理想局面，而这些民族体育文化有自身生存发展的地域特点与存在形式。

各民族体育文化的个性保护与传承，既能够反映在现有的体育文化发展体系中，又能够在学习、借鉴的基础上另辟蹊径，正如 NBA 职业篮球运动的文化输出和运作体系，我国有着五千年的古老历史文明，其中蕴含着巨大的文化创造潜能。

我国在对中华民族的传统体育及世界性展览项目的组织形式、展览原则、举办方式、组织内容等方面都应努力进行探索，并有所创造。而近年来，我国也在尝试促进国际武术搏击大会的举办，不失为一项创造性的尝试。假如在我国举办一个和奥运会开展模式完全不同的国际性民族传统体育运动展示盛会，这将是我国对全球体育文化多元化

发展作出的一项重要贡献。在当今影响重大的已被充分标准化、规范化的国际奥运会的体育发展模式下，进一步开拓未来民族传统体育文化蓬勃发展的新视野，把世界上多个国家的民族体育项目发展和推广起来，以实现多种民族体育运动文化共存共荣的新格局。

3. 一元与多元并存的世界体育文化

一元文化与多样性共存论，指出世界文明的同质化和异形化原则相互交织、相互演化的历史过程。国际化的历史过程并不是单一论主张的一致性、同质性，也并非多元论所主张的多元化、异质性。国际化是一种深入分离和产生剧烈抗争的历史过程，全球性的不均衡性，使其并非处于一种逐渐趋于一致的历史过程。

文化体系是多极的文明载体，其基石是民族文化以及由民族文化所共同组成的全球文化。显然，民族文化是灵魂，如果没有民族文化，全球文化也就毫无意义。因为中华民族处于特定历史的范畴，而各个民族都有自身基于历史和现实上的理解与抉择，而这一切都唯有融合于民族性当中，并深深根植于民族历史文化底蕴当中，作为民族文化的重要成分，方可真正实现世代相传、生生不息。任何一个民族文化都有它无法取代的、不同于其他民族文化的特点和独创性。这种特殊性与独创性，既体现在语言、文化、音乐、美术、戏曲、信仰、民俗等观念形态的文化生活中，又体现在包括各种社会经济生产的其他物质生活，尤其是体现在生产方式、生活态度、思维方式、行为习惯和道德规范等方面。每一个民族赖以生存的文化习俗都是民族的灵魂，如果民族丢掉了自身的生存模式、价值观、传统信念乃至根本的人权理念，那么也就丧失了民族精神和民族灵魂，失去民族历史文化和传统民族精神的民族也就失去了奔流不息的传承功能，其文化意识也就自然消弭了。文化全球化也是逐渐尊重差异性的过程，体现在全球体育文化的一元和多元化方面，而当今文化发展的主导方面正是文化的多元一体化，也正是孔子在数千年前指出的"和而不同"的大趋势。民族传统体育文化长期存在于特定的族群、区域文明当中，历经悠久的历史沉淀，逐渐形成了自己特有的形式与发展模式。我国武术、太极拳，印度的瑜伽，朝鲜的跆拳道等，也就是这些具有强烈特色的运动展现了世界运动的无限魅力。全球化突破了地区和国家，将各个地区的、民族特色的传统体育运动以其自身的个性，加以多元融汇，互相借鉴，补充发展了一个崭新的全球运动文化模式。

（三）体育文化与全球化从趋同发展到差异内涵丰富的发展过程

马克思主义首先提出了资本的社会性质，并透视出他对于全球社会文化发展的预测。资产阶层开辟了全球金融市场，使各国的工业生产和居民消费都变成全球性的了，不仅这样，过去那种地区的和民族的自给自足和封锁自守状况，被各民族的各领域方面的相互依赖性所取代了。物质生产遵守这样的规律，民族文化的生产同样如此。各民族的精神产物演变成公共文化产品。民族的片面性和局限性日渐消散，于是由一些民族和地区的文学产品构成了具有全球性质的社会文学。体育文化发展过程历经地域体育发展历史阶段、跨越了地理限制的体育发展阶段以及世界体育文化发展阶段，同时这一过程又是破与立、冲突与和谐共存的历史过程，各民族体育文化相互交融，从而构成全球化人类共有的文化遗产与财富。

不同文化之间的张力是共同存在的一个现实。随着社会文明的差异，以及人类的心理需求、社会政治、市场经济上的不均衡发展，对利益的追逐，生产力、经济交往的日益发达，文化交流已成为社会发展阶段的新焦点。

随着世界历史的发展，人们交流的增多、眼界的开拓，社会存在着更多的共性话题和共同利益。文明的融合也是一个可能性的存在。人们的眼界扩大不再只是局限于自己的民族、本国的体育文化，在继承了传统体育文化的基础上，也更主动地汲取了外来有益的文化成果，在谋求自我发展的同时，也应以谋求全人类的共同利益为己任。

未来，多元文化发展的总潮流与趋势应该是多元体育文化有机融合。而国际文化发展总的趋势，就是从矛盾逐渐转向融合，这样一来全球文化才能扬长避短、互存共荣、圆润通达、和而相异。多元中蕴藏着统一，而整体统一中彰显着多元。所以，全球体育文化的未来就是由矛盾迈向整合融合的历史过程，即体育文化全球化是趋同到文化差异内涵丰富的历史过程。

## 二　在国际化形势下，民族传统体育发展的强势和薄弱

### （一）民族传统体育文化的弱化倾向

在经济全球化的大潮流下，处于全球主导核心位置的西方价值理念的运动精神，正一步步占据着全球体坛的重要位置，不论是运动的方式、内涵，又或是体育意识和精神，都深深打上了西方价值理念的印记。虽然一些地区、国家的运动也在逐步融合到现代运动发展的潮流之中，形成全球普遍认可的运动。在一般情形下，在东方大国，民族运动总是处在一种映衬西方运动的尴尬状态。

体育运动作为一个文明载体，在西方现代运动向世界推广的时期不可避免地作为西方"输出"其人文价值观念的重要途径。起源于西欧的现代体育运动已建立了一个规范的运营模式，例如世界杯以及奥运会等国际体育赛事，成为世界各国民众的一致追求。世界各地区、各国、各大城市之间的每届奥运会举行都会有城市之争，其竞争的激烈程度远超出了人们预期。为在赛场上赢得一席之地，为了利用竞赛提高对国家、民族的影响力，并极力地满足对这些赛事的需求而趋之若鹜，于是各国体育便"自然"地加入到了西方运动的发展轨道上来。

在西方体育观中，赛场上的佼佼者往往被视为偶像，并被广大民众颂为民族英雄。竞赛的结果、成就、排名直接影响着人们的价值观及其对自己的荣誉，而西方现代运动则崇尚竞赛，主张击败对手，突破自身障碍，其活动都是在彼此较量、相互竞争的程序中进行的，这个特点与我国及世界上某些民族的体育精神是有所不同的。东方民族更多的是注重运动中对身体的休闲性、审美性、娱乐性，往往忽略纯

粹的竞技性。

在我国传统文化教育中，中国传统伦理道德所表达的与大自然、与人和社会平等相处的思想和重视人格的价值观，共同构成了我国所特有的体育价值观。中华民族传统体育特具自己丰富多彩的文化精髓，例如其"胜固可喜，败亦无忧"的和谐性参与理念，即将体育运动看作是对生命的一次体验，一个磨炼，是对人格塑造的一种促进。这是一个极具人本思想精髓的文化传统。但是，这种传承方式在西方传统运动文化价值观的冲击下，导致我们现代民众的忽视。而体育运动国际化，尤其在西方体育价值观念主导的优势地位背景下，将会加剧中华民族传统体育运动文化的削弱，有可能造成中华民族传统体育运动文化的进一步西化。

（二）全球现代体育文化的强势发展

首先，现代运动的全球化体现为奥林匹克文化的全球化，而这个国际化的含义并不能限于奥林匹克文化自身，它还必须以自身文明发展的独特方式渗入到人类社会活动的各个领域，并随着现代体育同人类生活融合得愈加密切，从而突出地反映出深邃、复杂的综合文化含义。奥林匹克文化的国际化发展方式与框架的形成，体现了全球范围内所一致接受和遵循的体育发展生存法则。其次，现代体育文化的全球化过程体现为先进体育文化多元化和国际化。这一发展的实质在于将全球各个民族体育文化放置于一个巨大的舞台上，在全球体育文化生态系统上建立了多元模式，包括大量的体育精神内容、现代文化的发展模式以及多元价值方式等，这一过程其实也体现了由多元化的文化机制或方式所产生的现代体育文化体系。最后，实现全球体育文化动态体系的多样性生存，建立一个具有广泛内容、充满生机和充满活力的全球体育文化交流舞台。可以说，体育全球化正是为了将多元体育文明重新回归，让多样而优秀的体育文化在这一背景中达到不同层次的结合，并以此实现人类对体育文化多样的向往。所以，今天体育文化的国际化在较大意义上体现了奥林匹克文化的全球化。

一个实现了不同优秀体育文化多元化发展的全球体育文化生态结构体系目前仍处在比较薄弱的状态。而这里面的主要问题就在于，奥林匹克文化发展的经济国际化、技术一体化已经逐渐迎合了人类社会发展的主旋律，从而使得不同的运动群体都可以在实践中得到最大的收益。而如今，以奥林匹克精神为象征的西方运动文明已经是当今世界上受众最多、影响最大的一个文化现象。其所具有的悠久意义及其所具有的现代"更快、更高、更强"的体育内涵都给予了人类拼搏、进取的力量源泉。而随着文化全球化的加深和对多元传统体育运动文化结构的改造与重构，建设一个符合未来时代的人类社会全球体育文化生态系统必然将具有更深刻的理论和实践意义，是未来体育文化发展建设的真正目标。在体育运动文化全球化的大语境下，以奥林匹克精神为象征的西方运动思想文化也必将对民族传统体育运动思想文化建设带来重大影响，而民族传统体育运动文化如何建设与发展将是人们所面临的一个重大研究课题。

新时代，全球化体育文化的交融和发展与此前人类社会各个历史发展时期中不同范围内的体育文化交流或民族文化融合具有根本上的差异，它既非某种带有个人偏好的集体选择，也并非在强力征伐中的不得已接受，乃是一个在世界范畴内难以抗拒的历史文化风潮，是在人们的一些最基本的人文精神和价值层次上造成的更加有力的集体共享性和认同感。奥林匹克文化的强健身心与进取精神已经构成了体育文化的基本价值内核，即国际性的主流体育文化精神。它一方面满足了国际全球化经济、文化交往中的客观需要，另一方面也日益成为各个族群和人们共同自觉的和主动的价值选择。由此可见，民族传统体育文化是在全球运动文化的时代背景下得以发展的，在各民族体育文化的相互碰撞与交融过程中，民族传统体育文化作为非主流的传统体育文化，它在世界各个层次上都必然会受到冲击。对于民族传统体育文化如何寻找存在点与生长点，并处理好中华民族文化与全球文化之间的相互关系，同样也是目前存在的重点课题。

（三）坚持多样化共存的中华民族传统体育文化

1. 民族传统体育文化发展的传统、地域和民族特征

我国民族传统体育优秀文化历经了数千年的孕育、融汇、创造和发扬，早已形成了自身的民族文化特征和传播方法，并获得了中华民族的广泛认可。它并非通过竞技性比赛而得到社会大众的广泛接受和使用，而是通过其自身所形成的积极向上的哲学价值、生命价值、健康价值和休闲（自娱）价值，以及在此基础上产生的社会文化精神力量。太极拳、导引养生、少林拳术、武当武术等在各国社会上的传播，可以解释这种问题。

追溯中华民族传统体育文明五千年的古老历史文明，其蕴含着巨大的文化创新潜能，同时具有与中华民族文明的文化融合特性和本民族群体的人文认同特性。从操作层面说，它是我国群众体育活动的主要内涵与方法，其突出特点体现为地方特色、民族特点与传统特性。

（1）地域性

民族传统体育地域性是指在各民族传统体育的产生与发展过程中，因为地理环境的差异，以及所在地区的自然条件的差异，其陶冶与培育出的民族个性与民族氛围也迥然不同，其道德、信仰、民俗习性、节日庆典以及衣着饮食等方面也是多种多样的。中华民族传统体育文化的生命，源自其特殊性。各个地区的人民为了满足自身特定的生活条件，采用具有本民族特色的实践手段和思维方式，创造出了各具特色的民族传统体育运动，从而构成了各民族的传统体育运动文化。很多少数民族文化体育活动，都是在特定的自然、人文环境下孕育形成的。俗语说"十里不同风，百里不同俗""一方水土养一方人"，所描述的正是地方民俗文化对当地人民的民俗文化活动具有关键性的影响作用。民族体育运动作为中华民族文化的主要内容也必然受地区自然和社会环境的影响，这种差异性形成了民族传统体育运动突出的区域特点。北部天高地阔，人民的生产方式较低下，农民生活简单朴野，在同自然界的残酷战斗中养成了尚武精神，因而，摔跤、角力、射弩

等赛力竞技活动游戏发展较为突出；而南部山水环抱，气候温暖，农民精耕细作，自然环境和物质条件也优于北部边地，人民性情温和、思维灵活，富有丰富想象力，因此、龙舟、棋牌类智慧游戏活动和技艺活动较为凸显。这一分类具有概略性的简单分析，南北两地共存的体育项目种类也十分丰富。根据中国人文生态的基本观念，传统文化形式首先是人适应自然环境的结果，任何一种民族传统文化的产生都不可以摆脱人在生活空间上所处的特殊地域形态和自然环境条件的影响。也就是因为如此才有了"南人善舟，北人善马"的称谓。综上所述，地域环境对于中国民族体育运动发展的最初阶段，可以说是起了决定性的作用，也反映出了民族运动者对当地自然环境的适应性与选择性。

（2）民族性

民族传统体育的民族特性是指民族传统体育的产生和发展过程是各民族社会生活的总体表现，是一个民族的独特群体品质，有着生动鲜明的民族特征。

体育作为一种文化现象得到了人们的普遍认识，但在文化交流互动中有着其独特性，即每一个文明都是民族特色和人类社会共有性的结合。在文化整合和交融进程中，文化首先是区域的、民族的，然后才是世界的、人类的。文化的民族特色愈强，则其所产生的世界性也就愈强，同时也更富有发展的价值与活力，走向世界舞台的魅力也就愈大。在国际化进程中，民族传统体育文化非但没有丢失，相反会在同其他民族体育文化的沟通和结合中得以提高与完善。

从古至今，中国民间游戏和竞技文化在形成后的传承发展过程中，由于受到了各个民族的制约，使其始终保持着比较鲜明的特色。中华民族传统体育运动文化有着比较鲜明的民族性，才能让本族民众从传统体育运动的实际活动中进一步了解先民们所创建的历史文明，使群众形成浓厚的民族文化归属感，使中华民族传统体育运动文化成为增强中华民族认同感和中华民族精神的最有效形式。而民族性也不仅是民族传统体育运动文化最鲜明的意识形态，而且是其活动内涵和精神底蕴的突出特点。很多民族传统体育运动文化都是通过几十年、几百年甚至上千年的历史流传，并不断融入其他民族的体育风俗和人文因素，这也是许多民族体育运动在产生和发展过程中能够看出其他民族生产、生活方式影子的原因。而民族传统体育运动作为各民族群众日常生活的反映，其所表现的不单单是一项身体运动，更能折射出各民族群众的意识形态和思想价值，甚至还是一项民族的文化精神标识。

（3）传统性

民族传统体育的传统特性所指的是在历史上出现过的，并对今天社会有着或多或少影响的历史事物。民族传统体育文化在它悠久的发展历史中，虽经历过众多的变化，或摒弃多余内容，或充实新内涵，都一直保持着传统的、适合民族人文特色的特点，这也就是民族传统体育文化得以传承的重要因素所在。

民族传统体育文化的传统性，还显示出了某种本体特性。这些本体特性接受了其母体文明的规范，而且一般不会有太大的偏离。这就是说，民族传统体育文化一般不会脱离母体文化的走向。这就使其在历史发展中逐步产生了自身与其他文化不同的独特形态，或者说产生了自身的人文品质，也可以称为人文标签。

体育文化是一个民族的文化基础，全球化趋势各民族文化体育的差距不会被消除，相反可以在一定程度上提高与加强民族体育文化的传统性。民族的体育文化是其文化灵魂和民族精神的体现。相对于经济、社会的变动来说，民族传统体育文化存在很大的稳定性。由此可见，民族传统体育文化的发展具有继承与延续的一面。

（4）中国民族传统体育文化的多样性与适应性特点

我国是个由五十六个民族构成的大国，各少数民族分布广泛，生活条件、习性、信仰多种多样，但政治、经济、文化的不均衡，造成了各少数民族文化体育的内涵、表现形式等的多样化。由各民族所产生的种类众多的体育运动，由于具有健身、休闲的特点，虽然有价值的差异，但被各个民族借鉴和吸收，由此导致各少数民族的体育运动在其他的地方或者少数民族也得以开展。我国民族传统体育运动文化多样性和适应性的特征是我国体育运动得到传承并不断发展的重要依据。

民族传统体育文化的传统性、民族性、地域性、多样化和适应性等特点，是民族传统体育文化独特发展的基石。不断把成熟的民族体育运动加以普及，实现民族体育运动向国际体育运动的转变，是现代体育发展的必然趋势之一。

2. 民族传统体育文化的文化独立性

民族传统体育文化作为国家文化的重要组成部分，是反映民族精神和民族品质的重要文化标识。在当今国际竞争越来越激烈的背景下，民族传统体育文化是构成民族文化软实力的重要内容，对于民族文化自信的建立，对于民族人格的形成，对于民族文明的进步和发扬以及对于民族文化人力资源的发掘和利用等将发挥举足轻重的作用。

当今世界体育文化交流发展的主导走向同样面临着体育文化的多元整合问题，也正是孔子在数千年之前所指出的"和而不同"的大趋势。民族传统体育文化产生于特定的族群、区域文化当中，在历史文化的沉淀和孕育下，逐渐形成了具有民族特有的文化形式。而各个国家的民族也因为身处的地理环境、历史文化底蕴、族群个性上的差异，各民族传统体育发挥着自身的独有社会价值。在全球化发展背景下，不同的民族传统体育文化经过交流和传播系统也能够发挥彼此相互弥补的功能。通过这种体现了不同民族文化特点的民族传统体育运动，为有着多种体育和文化需求的社会大众带来了广阔的选择空间。

多元化的文化共存跨越了地区与世界，通过国际化的传播渠道实现了多元融通、彼此借鉴，并补充发展为一个全新的世界民族传统体育运动文化模式。伴随着经济全球化，体育全球化发展也是应有之义，并且随着现代社会的发展，正以强劲的态势在全球范围内大力推进，其速度之快、区域之广、影响之大令人们广泛关注。民族传统体育文化的民族性和世界性是个性和共性的现代价值，同时体现了全球不同地区体育文化的差异性和统一性的辩证联系，异中有同，同中存异，是相互矛盾的统一体。

多元并存的民族传统体育文化，彰显着体育文化多样性的价值与内涵。绚丽多彩的民族传统体育文化，不仅为体育文化的丰富和研究创造了宝贵的人文资源，同时打破了文化价值与发展形式的单一局限性。民族传统体育运动文化的相互交流、传递，进一步完善与丰富了全球体育，而国际体育运动的多元化共存，也推动了民族传统体育运动的进一步发扬和提升。

我国民族传统体育文化需要通过预防像奥林匹克一样，实行统一化、标准化，而丧失本身的文化特色。奥林匹克运动比赛是以西方现代体育项目发展为主体内涵，以规则性竞赛为主体评判尺度，以运动会为形式的运动发展方式。

总的来说，统一化和标准化的要求排斥具有强烈民族、地方特点、文化随意化的民族传统体育运动。统一化、标准化文化要求体育文化的同一性。所以，民族传统体育运动在考虑走向世界舞台或者是奥运会之际，不得不面临着一个两难抉择：即抛弃自己的种族特点和文化特征，重新走向世界，再进入奥运会；或者始终坚持本民族的传统品质和文化特色，只追求本民族的文化精神认同感。因此民族传统体育运动要想走向世界舞台、走进奥运会，就需要遵循现有的国际性规范。但是，没有民族特色的民族传统体育运动也就不再具备本身的民族文化特质，因此也就很可能丧失民族传统体育文化的优越性，文化的独特性也就荡然无存。

因此，民族传统体育文化在某个国家或者民族地区内是否可以广泛传播，是否获得族群的广泛认可，以及是否还可以世代相传并不一定以进入奥运会和在奥运会取得的优异成绩为标志，但是一定要看它的传播广度和深入人民日常生活中的程度，看它是否还可以作为这个民族的文化传承和标志,即具备了这种民族独有的文化特点与内涵。只有民族文化的特殊性才能形成世界文化的丰富性,一个民族保护和发扬自身特有的民族传统体育文化在当今尤为重要。

## 三 国际化背景下民族传统体育文化发展理念

### (一) 树立民族传统体育文化的平等观和创新观

西方竞技运动更加注重集体竞技,突出个性,渴望胜利,所以更加具备"竞争性"和"外向性"。而我国民族传统体育则追求和谐统一、身心合一、修心养性、动静融合,推崇"和合"传统文化精髓,具备"调和"和"内向化"等特点。所以,中西传统体育文化发展之间的文化理念冲突也是体育社会文化发展的基本规律。

文化大碰撞的主要成因在于:首先,民族文化是在悠久的历史演变过程中孕育的,它反映出民族的文化特质和本质属性,是民族社会文明演变和进步的重要体现。民族与其文化有同一相似性,民族是体育文化孕育的存在基础,体育文化也是民族的外在表征。这就是说,民族创造着自身的体育文化,而其所创造的体育文化又重新诠释着民族本质;同样的,体育文化的衰落也客观反映出这个民族的衰落。其次,各个民族都通过自身经验和在实践中所得到的认同,逐渐建立了统一的文化人格、统一的价值准则和共同价值的实现方法,各个民族在实践生活中不断践行着自身所塑造的价值观念。不过,由于国际文化交流的频繁,外国的文化逐渐冲击了本民族的传统文化以及文化价值观,本民族、本地区人民为了捍卫本国的文明,为了保护本国的民族文化,为了不会在全球历史中丢失本国的民族特征,也就会自觉抵抗外国的文化,于是就会形成文化间的冲突和矛盾。

再次,在国际化蓬勃发展的今天,国际化带来的区域化逻辑推动了不同国家制定相应的战略决策,来加强其国家的民族认同感。包括加拿大、法国这样的国家已经开始采取措施来维护本国的民族文化。汤林森也明确提出，全球化产生一个全新的需求，即渴望认同和差异，而也将产生新民族的与民族的需求。因此，不同文明乃至民族主义在今天非但没有减少反倒日益高涨，以至民族、地区间的矛盾加剧。

在当今世界西方体育文化通过不同方法潜移默化地强调自身是先进的体育文明，代表国际体育文化的未来走向。而西方所倡导的体育文化多样性，就是自己一直坚持对世界体育文化的主导地位，而全世界各个地域民族传统体育文化也应有意识地听从西方主流体育文化的主导，这一西方体育文化盲目自信的观念应加以纠正，同时这种现象也值得其他民族传统体育文化展开深刻的自身反省，及时修正自己的弊端与错误，从而获得更为持续的发展力量。但是中华民族传统体育文化也受到了体育文化多样性与先进性的双重考验，其既要坚持自身的文化独特性，也不得不将跟上发展步伐当成自身体育文化发展的历史责任。

在当今，各地域民族都在全球化文化的发展状态中借鉴和融合了当今世界传统体育文化的优秀成果，并通过文化整合和不断创新，努力打造富于时代气息的民族传统体育文化，以形成民族传统体育文化的平等观念。我们必须以全球体育文化的历史发展过程为背景，对民族传统体育文化进行理性反思，在保留个性风格完整的前提下探求全球文化的最高形式，从而形成"和而不同"的体育文化繁荣态势。

（二）多样化与差异化是民族传统体育文化互补发展的规律

文化的多样性首先体现为文化的种族特征。当今世界上的所有文化，都是民族的文化，而文化的种族特征又指的是在各个国家、各区域、各种气候条件，人类由于各种各样的生存空间和地理环境而产生的民族体育文化。内容丰富的民族文化共同构成了一个全球文化大家庭，全球文化也由于各民族文化的共同存在而多姿多彩。民族传统体育文化多样的呈现形式，是同人类和社会的生活状态密切联系在一起的。人类的生存模式必然具有种族多样化，这正是赋予民族传统体育文化多样性的客观条件。民族种群、环境和人文等方面存在的多样差异性又将会借助人类的体育文化多样性而体现出来，再加之在社会历史文化积淀、传承及地域等方面多种因素的共同作用下，其多样性的表现形式也将越来越复杂，与人的存在密切相关的体育人文特质自然也随之显示出了一定的多样化与差异化。

文化的多样性是指人们所赖以生存的文化生态，文化是人在特定的自然空间和时期内创作的社会文化，它受到自然环境、地域环境和人文环境等资源的相互影响，因此这种社会现实环境的差异就带来了各个种族文化的多样性，不同的民族在漫长的社会实践过程中形成了独具于本民族的生活方式和行为习惯，也成就了自身的话语、习俗、伦理、品德等民族精神文化内涵。民族文化历经传承、完善和创新等演变过程，逐步形成了民族的独特文化系统，而各个民族的文化系统又有着难以替代的个性。一个民族如果丢失了自身的文化内蕴，这个民族就丧失了活力，也就不再是原有的独立民族。因此民族传统体育文化从诞生之日起便拥有自己民族的个性特点，而民族传统体育文化则以自身民族个性与其他民族传统体育文化在相互竞争中凸显出自身的优越性，从而得到了保护、发扬与传播。

每个民族体育文化的可持续性发展需要突破完全封闭的生存状态，应在不断地吸纳其他民族先进体育文化的基础上不断完善和创新自身。每一个民族文化发展都是当今世界各种文化的交融体，一面是本民族所固有的，另一面又是其他民族的。所以我们要将先进的民族传统体育文化精神与当今世界现代体育文化融合在一起，既要保护好本民族文化优良传统，深耕中国优良传统文化精神的现代社会价值与文化内涵，同时又要认真学习、借鉴外来优秀文化。

全球文化发展历史研究表明，社会文化多样与差异是优势互补的前提，社会文化多样是人类社会发展的特征，更是人类文明快速发展与前进的主要动力。越异性、异质的文化互补性也就越强，从异质文化中汲取更有价值的文化资源的能力也就越强。不同民族的体育文化在历史长河中并不是处于完全自我封闭的状态，它们总是在交流和互动中保持着自身的优势，在竞争与比较中扬长避短，在求同存异中共同成长。每一个体育文化都有其优点与缺点，一旦一个体育文化完全相同或相近，就不可能扬长避短，不能吸纳新的社会发展因素，这个体育文化也就缺乏生命力。一种民族文化发展要是缺乏活力，就会停滞不前，也就会逐渐走向消弭。因此我们应该传承和发扬民族传统体育文化的优良特质，并积极学习、汲取他国所提供的有益体育文化成果。国际奥林匹克委员会也始终在重申：奥林匹克运动主张普及性，但并非规范划一的现代化或文化上的独立化，更并非欧盟化或西方化，而是在多样的社会和多文化因素下的多元化。奥林匹克运动的这种发展方向，也昭示了当今世界体育运动全球化发展趋势的多样化趋向，也同样体现出了当今世界上不同体育文化的多样和差异以及统一的辩证观。

（三）创新与保守是民族传统体育文化复兴的途径

复兴中华民族传统体育文化重任既要在国际体育赛场上展现中华民族体育的优异成绩，也要在体育文化中保持自身的民族特色，力求使我国的民族传统体育文化步入与当今世界体育并行发展的重要阶段。民族传统经过了时代的考验后，给人以安全感和实在感，传统为未来的创新发展奠定了坚实的基础，而创新则为保护传统提供了必要的保障条件和前提。国际经济联合发展组织（OECD）指出创新是由各种参与者和组织的共同体大量相互作用的成果，将其视为一个整体就可以称作国家创新体系。在 21 世纪，开发和弘扬民族传统体育文化，充分发挥其社会功能和文化价值，是当今世界体育的一个典型特征。

体育运动的全球化发展已然成为文化发展的必然选择。而体育作为一种文化存在形式，正是因为它独特的社会作用，全球化的体育文化发展进程才能始终处于世界文化的前列。而一百多年前现代奥林匹克的崛起以及在全球范围内的迅速传播，也促使了体育文化最早成为全球文化中最有普遍意义的文化类型。而体育文化也因其特有的文化属性与特点，逐渐形成了全球性意义上较为重要的社会文化成果，在全球范围内体育文化的融合与接纳均已成为现实。然而在这一进程中，人们必须理智并清醒地意识到：全球性的运动发展是以西方体育发展为最主要导向的，即使从国际化程度最高的奥林匹克运动视角来看，体育运动的国际化发展也一直未能改变和走出在"古希腊"和西方体育文化的挟制状态。对于国际化程度最高的奥林匹克运动来说，从举办组织、工作人员选拔到项目设计、承办城市的选定等，无不显示了在国际化运动中西方体育主导作用的现状。

世界全球化的实质性发展，是人类追逐其历史目标的起点——经济全球化。经济全球化是引发当今世界政治、文化和制度国际化的主要内驱力量，是全球文化结构产生变化的真正动因。在 20 世纪的最后时日，由于全球范围内的相对和平和安定，促使人类越来越重视经济水平的提升，而经济发达的程度也是国家与民族实力最主要的衡量尺度。世界已然成为当今世界的巨大趋势，人类"四海一家"的理想在经济上也似乎开始逐渐实现了。在经济全球化发展的今天，由于西方文化商品已经带给了非西方国家的民族文化以重大影响，使文化国际化的态势得以进一步巩固。针对 21 世纪经济全球化、文化国际化以及政治制度国际化的到来，难免持有不同的观点和态度，因此在全球范围内，特别是在西方和非西方的各国内部，产生了"全球化"的冲突和矛盾。关于国际化的争论，基本认可"世界文化是多样的，但全球化既没有简单化，也没有西方化和东方化"。全球文化与民族文化的关系，应该是多元民族的全球化和全球文化的多元民族化。

## 第三节　民族传统体育文化国际传播动力

中华民族传统体育文化继承所存在的危机，一方面是相关运动实践主体创造力无法持续的危机，另一方面是由于中国民族传统体育运动的政治、经济、人文等社会身份地位受到西方现代体育的巨大冲击和影响。以创新的视角认识中国民族传统体育运动及其传承，其未来发展的本质难题便能够在具体现实中进行针对性解决，而当前的"非遗保护"理念与措施正是针对于此；从社会身份的视角认识中华民族传统运动及其文化继承，其"发展对象焦虑"的社会发展现实问题便能够在实践中得以较好的解答，当前全球化经济发展以及"一带一路"倡议与建设，将为中华民族传统体育文化传承带来新思路，同样也将为破解中华民族传统体育的社会身份危机注入新动力。

## 一　促进民族传统体育文化传播的政治动力

探讨中华民族传统体育运动文明传承的政治力量，就意味着把中华民族传统体育运动的社会身份政治化。体育运动政治化是一种史学概念，它是一种客观存在的具有悠久历史文化脉络，又有从古至今为数不少的经典事例。萨马兰奇曾指出在他任职国际奥委会主席期间，所处理的难题中有90%都与政治相关，体育运动政治化存在一定的局限性，但同时也蕴藏着较大的"正能量"，例如，用青少年的思想政治教育、反对种族主义、反霸权主义、崇尚社会主义平等和公正、促进人类文明进步①。综上所述，体育运动政治化本身就是一种史学概念，其合理性也是有一定前提条件的。在经济全球化建设背景下，民族传统体育通过政治力量得到进一步发扬，就必须保持其政治价值理性和政治工具理性间的均衡，以保持民族传统体育的本质属性和文化特质。

（一）中国民族传统体育文化的当代政治价值理性

价值理性与工具理性二元概念的共同发明人、最初运用者是马克斯·韦伯，它是韦伯社会学中最基础的研究内容——人在社会上的行为。价值与合理性行为，是指人类为自身选择的某些行为赋予了一种

---

① 王智慧：《民族传统体育文化自信何以成为可能？——基于文化自信生成理论基础与实践逻辑的分析》，《体育与科学》2019年第1期。

"绝对价值"①，并进而根据这些自觉意识所赋予的绝对价值而实施的行为。"价值理性"是一种以人类现实主体为中心的理性实践，旨在寻求完满、公正的批评理性价值，一种引导人类构筑理想世界的结构理性价值，一种引领人类构筑精神世界、价值社会的信仰理性价值。在此基础上，所谓民族传统体育文化的"社会政治价值理性"正是基于民族传统体育运动的现实关注而将民族传统体育与政治关系、社会活动、政治体制、政治机构、政治文化以及国际政治等现代人类社会的政治学领域紧密联系一起，发掘此间关于民族传统体育文化有促进作用的"民族传统体育在政治学领域符合相应社会政治学实际研究主体需求的研究价值"，在适应国家有关政策要求的前提下促使民族传统体育可持续发展。当民族传统体育运动的政治价值在社会政治领域内得到有效运用，民族传统体育的政治价值也将得到进一步挖掘，进而为社会进步与发展提供公共服务。

政治学研究价值是中华民族优良传统体育运动社会政治学身份的支柱，中华民族传统体育的社会政治学身份逐步被现代体育运动取代，关键是由于中华民族传统体育的社会政治价值未能被较好地发掘和利用，民族传统体育的正向政治价值在沟通民心、增进相互理解、促进和平等方面蕴藏巨大的力量，因此民族传统体育的政治价值有待进一步挖掘。

（二）重树民族传统体育政治身份的动力

国之交在于民相亲，民相亲在于心相通。民心连通是国际化构建的重要社会根基，因此必须在人文领域深化国际人文合作战略计划，以文化交流促进我国开放包容理念的传承和弘扬，并推动国际文化交流、文化认同，从而为进一步加强与各国、区域的文化合作提供内动力。例如"民心相通"就是丝路国际战略决策的重要指导纲领，丝路外交强调"讲好丝路故事、阐明丝路精神、传播丝路文化"三大重点

---

① 陶恩海、程传银：《民族传统体育现代化传承的内涵、现状及发展路径》，《体育文化导刊》2020年第1期。

内容：讲好丝路故事已变成丝路外交的重心；阐明丝路精神是丝路外交的新思路；传播丝路文化，首先在于将相关国家与地方对古代丝路文化的兴趣与认同感，转变为对当代"一带一路"倡议的浓厚兴趣与高度认同感。在此意义上，通过民族传统体育积极参与国际文化交流和传播，不但能够提升人文交往水准，而且还能够在传统文化中实现自身价值，从而在有效推动与有关国家地区民意互动的同时，也使民族传统体育的政治价值得到合理挖掘利用、政治身份得到重新塑造。亦即，文化传播可以助力民族传统体育政治身份的重新塑造。

第一，体育运动作为推动世界文明与族群进行对话、理解和认同的最有效途径，在新时代外交活动中占据重要位置，而且体育文化内涵与价值也在日益延伸和拓展，包括：高层外交流行体育元素，民间体育的交流助力与文化融通。民族传统体育积极参与国际人文交往，可以丰富交往内容、健全交流机制、创新交流方式，进而提升有关国家和区域间的人文交流能力，而且，还有助于促进各国人民进行跨文化沟通和认同，以推动国际化有关国家与区域民心相通，为加强区域间的双多边协商合作奠定扎实的民意基础。第二，民族传统体育国际化传播有利于彰显中华传统文化特色，例如少数民族传统体育作为古代丝绸之路文化的一部分，积极参与丝路外交，在述说丝路经历、发扬丝路精神、传播丝路文化领域等，有着独特的践行意义。通过体育家、历史学家们借助丝路体育研究成果，阐述背后的文化底蕴、文化历史、文化精神等，并将之转变为解读民族传统体育文化国际化传播的思想源头和发展路径，以此加强民族传统体育国际化传播相关理念的认同与传播力度。

由此可见，民族传统体育的政治价值在全球化传播中独具鲜明的社会价值，而民族传统体育文化传播将促进世界各国积极参与到人文交流与外交领域，必将为重新塑造民族传统体育的政治身份、推动民族传统体育主体了解国情、认识世界注入强劲动力。

## 二 促进民族传统体育文化传播的经济动力

民族传统体育经济，主要是指围绕着人民的各种文化消费需要而发展的相关行业。民族传统体育产业属第三产业，是指"出于适应人民日益增长的各种文化需要而使民族传统体育商品或劳务进入工业生产、交流、消费和公共服务形成的行业门类"[①]，按照产品特点和性质，我们可以将其分类为培训服务、健康文娱、竞技演艺、用品制造业、旅游服务等其他产业。"产业化"是有效促进民族传统体育产业的重要途径，随着对民族传统体育文化资源优势的深入挖掘和集成，将为合理有序地推进民族传统体育产业化经营带来巨大的发展潜能，随着国家文化产业发展专项工程的逐步深入实施，能够为盘活相关区域民族传统体育文化产业资产、推动民族传统体育文化快速增长、巩固民族传统体育经济发展身份带来新活力[②]。

### （一）民族传统体育经济的当代价值维度

民族传统体育运动产业化具有多样性特点，其多维度价值不仅在于满足人们多样化的体育文化需求，还在于它能够充分调动社会各生产经营参与者的积极性和创造性，进而为民族传统体育的蓬勃发展开拓道路、营造创新空间。所以，中国传统体育经济的价值维度，可以从三个方面加以说明：（1）符合人民的文化需要。人的精神需求有着全方位、个性化等特点，而世界各地多样化、多种类的民族传统体育项目以及丰富多彩的文化教育内容，在增强了每个人的传统体育项目选择机会的同时，也为人们的体育文化与精神需求提供了更加丰富的选择。（2）充分调动社会各生产经营管理主体的积极性和创造性。当前国际上大部分国家均采用市场经济体制，市场经济体制作为民族传

---

① 闫慧、李爱菊：《新时代民族传统体育产业融合发展研究》，《体育文化导刊》2020 年第 3 期。

② 蒋岱：《广东省少数民族传统体育产业 SWOT 发展研究》，《武术研究》2017 年第 6 期。

统体育现代化发展的主要表现载体，激发了民族传统体育主体参与社会生产实践活动的积极性、主动性和创造力，进而满足了市场经济主体改善生活、提高社会生产力的愿望。（3）积极拓展我国民族传统体育的发展空间。产业化是民族传统体育的一种经济实践方式，由产业化所派生出的比赛、训练、旅游、电影、演出、健康娱乐、新媒体、广告经纪、运动用品生产、出版发行等产业门类，在带来市场利润、提高社会效益的同时，也可以有效促进民族传统体育文化传承，其关键性的价值在于可以拓展民族传统体育发展的生存空间。

（二）强化民族传统体育经济身份的动力

进一步强化民族传统体育运动的经济身份，为拓展、扩大、巩固民族传统体育运动发展创设良好的生存空间，这要求合理有序地促进民族传统体育运动产业化发展、促进民族传统体育运动经济效益的快速增长。经济发展的内动力主要源于各经营主体自身的发展愿望和体制选择，同时符合规律、切实可行的对外合作也可以对经济发展起到很大的推动作用。"一带一路"倡导的"互联互通"正是为了强化社会各界的合作关系、推动全球经济元素有序运作和流动。流动是市场经济快速发展赖以生存的必要条件，"没有流动就没有经济，经济的流动就是要素的流动"①，现代人类发展最突出的体现正是以要素流动为内涵，把人类利益、文明与资源联结在一起，构成了相互依存、互为资源、利益共享的格局，而文化国际传播则体现出的是人们在现代实践社会活动中的共同交往追求。由此可见，促进民族传统体育发展要素在社会经济层面有序开放流动，激发了有关市场经济参与者的自主积极性和发展意愿，是提高民族传统体育市场经济地位的外部影响和内在推动力。随着经济全球化的"互联互通"深入发展，一系列创新改革工作逐步落实从而创建出良好的市场发展环境，为进一步科学规范地加强民族传统体育的产业化发展提供外部推动力，也将激发有

① 薛宏波：《"一带一路"背景下我国民族传统体育文化国际交流研究》，《体育文化导刊》2019 年第 10 期。

关市场参与者的积极性和主动性。

随着区域经济协同和融合的不断深入发展，首先，全球层面的区域经济发展体系中将呈现出更为广泛的互联互通，这为全球化民族传统体育文化资源融合和价值协同功能的发挥奠定了坚实的经济基础，亦即更容易按照相应国家和区域内的民族传统体育文化资产特征来形成不同价值形态的民族传统体育产业增长新模式，为进一步开辟民族传统体育产业新领域、推动相关国家和区域内的民族传统体育产业形成互联互通新格局，从而为民族传统体育文化迅猛发展提供新动力。其次，经济全球化的互联互通建设旨在促进各成员国间开展战略合作、发掘区域内的市场经济潜能、带动外商投资和居民消费、提供经济增长和就业，推动资源实现高效科学合理分配、经济要素有序开放流动和市场深度融入，当前不同国家和地区具有两河流域文明、基督教文明、古希腊文明、印第安文明以及中华文明，各区域具有特色鲜明的文化资源。随着民族传统体育文化资源的系统挖掘和价值整合，以及信息系统互联互通平台的持续建设，由此形成了良好市场经济环境和社会经济格局，将充分调动来自各个文化背景的主体积极参与民族传统体育产业的主动性和创新性，为提升民族传统体育经济效益与快速增长提供内在动力。但要取得以上所述内因和外部动力因素的前提条件是积极推进民族传统体育文化国际传承产业项目建设。所以，主动融入国际文化项目，必将为扩大和稳固民族传统体育发展注入强劲的外部力量、激发内在力量。

## 三 促进民族传统体育传播的文化动力

"文化"是民族传统体育的社会身份，或者说是民族传统体育具备的社会文化基本属性，而"文化"是民族传统体育承载的社会主要角色之一；从社会身份的视角研究民族传统体育文化的现实发展，其实质是使民族传统体育的社会文化身份得以充分体现。由此可见，要破解民族传统体育的社会文化身份危机，其关键便是充分彰显民族传统体育的社会文化身份。"文化身份"的核心当然是文化价值观念，但是文化价值观念总会跟着时间的变迁而改变，社会性质也直接影响着文化价值观念和文化的特性，据此，可依据民族传统体育的社会文化价值和特性探讨民族传统体育蓬勃发展的民族文化力量。

（一）民族传统体育的当代文化身份性质

文化全球化的迅速发展，促使文化交流的内容不再拘泥于本地区、本区域，同时也使得世界文化的多样性与差异得到了解与认同，进而影响着不同国家、不同民族的文化自我意识，同时也增强了不同文化主体进行文化自我认知和多元文化认同的能力。民族传统体育运动的多样化与差异性其实早从 20 世纪末就开始被人们认识、肯定，而保护与传承民族传统体育非物质文化遗产的出发点与归宿也在于此。但民族是社会历史文化的综合载体、民族多样化孕育了民族文化多样性，文化始终为人类社会文明进步提供服务，因此，文化的保护与传播实质上是提高民族身份认同感、保护民族文化多样性的过程。当前提出的推进民族传统体育文化身份认同、保护民族传统体育多样性，实质上也是推进民族身份认可、保护民族多样化。统一的"民族性"和"世界性"正是民族传统体育当前和未来一个时代的"文化身份性质"①。

（二）彰显民族传统体育文化身份的动力

体现民族传统体育文化的民族文化身份地位，也意指需要民族传统体育以"民族文化身份"去做什么。全球化发展与多样化发展相统一为民族传统体育文化国际化传播提供了新的发展契机，同时也凸显出民族传统体育文化身份的动力，民族传统体育传播通俗地来说就是以尊重与理解不同民族传统体育主体差异为基点，从而促进民族传统体育释放整体生命力，实现可持续健康发展。因此，要克服民族传统体育的文化身份危机，首先就要推动民族传统体育运动发展的民族特

---

① 金宁、张铁明：《新时代民族传统体育文化共同体建构路径研究》，《北方民族大学学报》2021 年第 2 期。

色和世界性地位得以最好的彰显。

一方面，顺应全球多数国家在保护文化多元化发展方面所达成的共识和战略决策，全球化发展所主张的民族文化宽容就是平等、自由、公正的民族文化多元化的表现，就是强调民族传统体育文化的族群特点，其目的应该在于增进民族理解、增强民族向心力、维护在全球区域内民族传统体育文化的独特性。一个民族的传统体育文化，通常凝结了这个民族对社会与人生的深入理解和真实体验，是民族文化精神与行为准则的漫长沉淀和凝聚，保护与传播民族传统体育正是尊重与理解各个民族的自身特征、价值观念和文化习俗。因此，国际化的发展理念和实践中的重视和理解文化多样性、促进民族关系良性运转、推动民族文化多元传播，就是体现民族传统体育文化特色的力量之源。

另一方面，为顺应世界文明的全球化发展趋势，通过民族传统体育文化国际传播加强全球各种文明的交往与互鉴；通过增进全球各种文明之间的对话、兼顾共同利益与关切、彰显智慧与创造力，各施所长、各尽所能，充分发挥不同民族的优点与潜力。民族传统体育国际化传播反对以西方体育为主体内涵的单一化。国际化的体现是分别在精神内涵与主体双重维度上的高度交互化、关联化，由此产生文化演进的全球化与统一性。强调民族传统体育发展的文化全球化战略，其目的关键在于促进民族传统体育主动融入文化全球化建设中的世界潮流，从而拓展有关战略实施主体的全球视野和国际战略能力，并正确引领民族传统体育互动化、交融化发展，使全球区域内的民族传统体育重新释放整体活力，从而促进中华民族传统体育运动的全面振兴。坚持中华民族优良传统体育文化发展的全球性，更有利于体现民族特色，因为民族特色只是在异质民族传统文化之间的对比中才明晰地显示出来。保持民族传统体育发展的世界性，有助于民族文化独特性与民族文化主权的彰显，亦即增进各个民族传统体育发展实施主体之间的对话协作、利益共享，更有助于化解民族传统体育运动中存在的各种文化安全性问题，例如，当前全球大部分国家开始联合实施的"非物质文化遗产保护"便是"人们应对国际化进程中的各种文化霸权、文化殖民与文化安全性等问题的一种实践方案"。综上所述，民族传统体育文化国际化传播将在世界范围内有关实践主体的沟通互助、对话协作、利益共享中得以体现。

# 第四章　民族传统体育文化国际传播现状与策略

## 第一节　民族传统体育文化国际传播现实困境

### 一　民族传统体育文化对外传播现状

"对外开放"是我国长期以来坚持不懈的基本国策,结合我国"对外开放"的总体战略部署,民族传统体育文化对外传播有"引进来"和"走出去"两个方向。"引进来"是通过相关政策吸引外国学习者来华进行访问、交流和学习。据统计,中国已成为亚洲最大留学目的国,2019 年共有来自 202 个国家和地区的 397635 名各类外国留学人员在 31 个省、自治区、直辖市的 811 所高等学校、科研院所和其他教学机构中学习。其中,"一带一路"沿线国家留学生数量增长明显①。在授课形式上,除体育院校的民族传统体育专业外,主要以兴趣课的形式开展,内容主要包括武术、健身气功等。此外,"引进来"还包括由中国侨联、国家汉办、孔子学院、高校以及民间机构组织邀请外国学习者来华进行的中短期文化交流、学习的活动。"走出去"即从官方到民间以不同层面、不同形式、不同方式对外进行的体育文

---

① 陶恩海、程传银:《民族传统体育现代化传承的内涵、现状及发展路径》,《体育文化导刊》2020 年第 1 期。

化交流与传播。如孔子学院课堂的文化教育传播、国际联合会的项目协会传播、海外华人华侨的个体传播以及影视作品的艺术传播等形式。相较于"引进来","走出去"更具有深入性、广泛性和多元性，在促进国相交、民相亲、心相通方面具有积极的作用。

（一）以孔子学院课堂为代表的文化教育传播

孔子学院是由国家汉语国际推广领导小组办公室设立的推广汉语和传播中国文化的交流机构，是一个非营利性的社会公益组织，一般下设在国外的大学和研究院等教育机构里。以"孔子"命名是秉承孔子"仁、义、礼、智、信"与"和而不同"的理念，以推动中国文化与世界各国文化的交流与融合。孔子学院课堂的传播特点是影响力大、包容性强、覆盖面广。截至 2019 年 12 月，中国已在 162 个国家（地区）建立 550 所孔子学院和 1172 个中小学孔子课堂。孔子学院自创办以来，累计为数千万各国学员学习中文、了解中国文化提供服务，在推动国际中文教育发展方面发挥了重要作用，成为世界认识中国的一个重要平台。自 2013 年至 2018 年，全球孔子学院累计举办各类文化活动 10 万多场，受众达 6000 万人。[①] 孔子学院借助其自身传播网络的优势，为中国传统体育的跨文化传播提供了动态灵活的传播模式，其下设的武术、舞狮、毽球等项目为民族传统体育文化的对外传播做出了尝试性的探索，但在系统性、持久性的纵深发展上还缺少相应的措施。了解发现，孔子学院的主要对外传播任务是汉语言教学，武术等传统体育项目仅作为兴趣课开设在部分学院中，并且所涉及的项目十分单一，基本上都是以简化太极拳为主。此外，赴孔子学院任教的教师或志愿者虽然有很严格的选拔程序，但主要集中于对外汉语教学方面，而传统体育文化等仅作为选拔者的加分项而非必备技能。通常，教师或志愿者在临行前会进行短期的简化太极拳培训，但如此速成的结果是教师自身对太极拳尚处于一知半解的阶段，在实际教学中其效

---

① 孙程：《孔子学院在中国武术国际化推广中的作用研究》，硕士学位论文，宁波大学，2017 年，第 30 页。

果必然大打折扣。同时，在对外传播中，孔子学院常常遇到来自西方媒体的恶意扭曲与阻碍，这也对中国传统体育文化对外推广和发展产生了一定的影响。

（二）以国际联合会为代表的项目协会传播

目前，民族传统体育文化中的许多运动项目以单项协会的形式在对外传播中形成了一定凝聚力和影响力。比较有代表性的有国际武术联合会（IWUF）、国际健身气功联合会（IHQF）、国际龙狮运动联合会（IDLDF）、国际龙舟联合会（IDBF）等。其中，国际武术联合会（IWUF）自 1990 年正式成立以来发展迅速，现有成员协会 142 个，分布在世界各个大州。国际武术联合会下设多个管理机构，管辖及举办以世界武术锦标赛、世界传统武术锦标赛、世界太极拳锦标赛等为代表的多种国际武术赛事，现已成为武术对外传播的一种重要方式。国际健身气功联合会（IHQF）成立于 2012 年，其主要职责是组织健身气功国际比赛和活动，制定健身气功国际技术标准，制定健身气功运动员、教练员和裁判员的培训规划和管理规定，组织和开展健身气功科研和宣传工作①。

截至 2018 年底，已在 36 个国家和地区开展了健身气功活动，并成立了 56 个国际健身气功社团组织，举办了 5 次国际交流比赛大会，有 1200 多名爱好者获得了技术等级段位。国际龙狮运动联合会（IDLDF）的前身是国际龙狮总会，于 1995 年 1 月 23 日在中国香港注册成立，目前龙狮协会的成员有 30 多个国家和地区。1997 年 7 月，经由国际龙狮总会的执委会决定，将国际龙狮总会执委会秘书处迁至中国北京。国际龙狮运动联合会主要负责世界范围内的龙狮竞赛、裁判教练培训、龙狮技术推广等活动，定期举办的赛事为"世界龙狮锦标赛"，每两年举办一次，由会员单位派队参赛，必要时也特邀非会员单位参赛。国际龙舟联合会（IDBF）于 1991 年 6 月 24 日在中国香港

---

① 李颖：《孔子学院武术发展策略研究》，《体育文化导刊》2012 年第 9 期。

成立。会员单位主要来自中国、澳大利亚、英国、印度尼西亚、意大利、美国等共计 85 个龙舟协会。会员单位的锦标赛在单数年举行，俱乐部的锦标赛在双数年举行。

从总体上看，以国际联合会为代表的对外传播具有地域性、自发性、多元化的特点。从传播主体性质上看，既有以我国政府为主导的国际社团组织，也有由海外自发成立的民间社团组织。从传播的规模和深度上看，受众人群相对固化，多以华人或华裔人群为主，与当地文化的交融与嵌入不足。

（三）以海外华人华侨为代表的个体传播

个体传播主要是在旅居海外从事传统体育文化教学、交流或开设机构的华人华侨。在人类历史的长河中，中华民族也逐步产生了民族标志性文化符号，涵盖绘画、戏剧、民俗舞蹈以及丰富而独特的体育文化。但随着大量华人移居海外，这种文化符号也随之得以保留下来并流传至今。有关调查表明，从明、清时期开始，许多华人出于生计迁居海外，并同时将中国武术、舞龙、醒狮、龙舟等中国传统体育运动带到世界各地。尤其是传统武术项目，在文化传播的初期多以拳种与门派之间的师徒传播为主要的宣传方式与渠道，并以武术（亦称为国术或功夫）的文化辐射，促进了龙狮、气功、摔跤等中国传统体育项目等的发展，由此带动了大批的专业人才前往国外交流学习，对推动中国传统体育文化国际化传播具有积极的影响。进入 20 世纪以来，大量建立在如美国纽约、加利福尼亚等华人人口集中地区的武馆以及协会经过多年的经营已具备了相当的规模，再加上新移民的参与，逐步拓展了师徒传承、家族传承的传统传播方式，逐步构成了目前已融教育、比赛、表演和夏令营项目等于一身的多样化的现代传承渠道。以美国加州圣何塞地区的"国铭功夫学院"为例，其开办者们在移居至美洲加利福尼亚以前便作为表演团的演职人士参与武术的国内外演出、文化交流等工作，在移居以后便自行开办了武馆，并定期从国内外吸收了符合条件的武术教练员。据其介绍，中国各地武馆的教学设置、运营方法差别不大，课堂设置基本与国内武馆相同，以周六日为全天教学，周二至周五从下午三点至晚上，周一休，学生大多为学校附近的中小学生，以港台华人、亚裔为主，欧美人则较少。除却常规的课堂教育之外，不定时在附近的中小学、幼儿园开展武术表演以及每年的夏令营教学活动，都是武馆进行文化宣传、招纳学生的重要方式。活动内容主要以现场小朋友们较为感兴趣的双节棍、舞狮文化体验课为首，辅以欣赏武侠影视、剪纸艺术等传统民俗文化体验教学活动。

以国外华人华侨为代表的个体传播，是中国武术等传统文明在海外传递的中坚力量，发挥着重要的影响作用。由于受其本身性质、地域处境所限制，传播个体间通常没有相对广泛、深刻的文化视野，同时传播中受众群体也相对固化，各传递主体之间缺乏有效的协作与沟通，也无法形成合力，所以产生的社会影响力相对有限，较难获得主流社会的广泛认同。

（四）以影视作品为代表的艺术传播

艺术传播是指将民族传统体育文化的精神内涵通过艺术化的诠释与包装后，以影视作品、舞台艺术作品等方式加以对外传播，此类传播活动虽然并未涉及实际的人际接触，但在艺术传播的广泛性方面发挥着较大的优势。杰出的影视作品对于中国传统体育文化传承的推进有着不可忽视的影响，从 20 世纪初李小龙所主演的一系列功夫片，以及由李连杰拍摄的著名影片《少林寺》所引发的全世界武术热潮可见一斑。直至今天，"中国功夫"这种文化标签，在海外仍然有着大批的追求者。

以影视作品、文化演出形式为代表的艺术宣传，最突出的特征便是对中国传统体育文化的艺术性诠释，也因此不可避免地存在夸张成分。就中国传统体育文化的对外传播来看，对于进行艺术化诠释的文化产品是一种双刃剑，在增加影响力、提升社会关注度的同时也会给受众造成曲解和误导，因此如何客观地评判影视中的"中国功夫"还需有正确的引导渠道。而随着我国对外交往的增多，以团体文化为演出形式的对外宣传日益频繁。许多国内外院校也相继组建了演出团队，节目内容主要聚焦在武术、舞龙舞狮、健身气功等项目，其中又以融合了大量中国元素的传统舞台剧形式最为突出，比较典型的则是将武术与中式舞蹈、传统戏曲等项目融为一体的"武舞结合"形式，在长期的对外传播与实践中获得了较好的反响。以文化产业为代表的文艺传播形式尽管在个别成功事例的带动下获得了一定的社会影响、形成了一定的规模，但就整体效果而言仍有较大的上升空间，在电影之外的文化产业中大多还没有建立相对完善的商业化运行模式，在文艺传播的深入性与持久方面也有所欠缺。

无论是"走出去"，还是"引进来"，其目的殊途同归，都是为了高程度、全领域、多方位地让外界了解中国，把中华民族传统体育文明作为加强中国同外界沟通交流的有效纽带。

## 二　民族传统体育文化国际传播困境

### （一）文化误读：民族体育文化国际传播的"地域差异"

整体而言，所有的传统文化形式都涵盖了相对复杂的文化体系，包括符号系统、价值系统、功能系统、思维系统等各大系统的和谐运转，使代表其某一特征的传统文化属性在相对的时间区域内加以合理的继承与发扬，并发展形成各国各民族的文化特征因而屹立在各种差异文化之间，成为各民族了解他者文化或让他者了解自己民族文化中的某种传统文化表现形态和内在特征并世代相传。由此可见，当某种传统文化形式与另一种文化形式交互联系时，两者文化发展双方都会以本民族传统文化特性为基准，而对他者的差异文化加以合理的切割、筛选、鉴别与诠释。所以，就中华文化的多样性产生以及与各具特色的文化交流形态的多样化产生而言，在截然不同的异文化相互之间开展传播与沟通时免不了一定会产生大量冲突与摒弃，又或者是产生抵触销毁一些文化的必然倾向。

不同的国家和民族之间具有差异性的传统文化，也就是由于文化的差异，不同民族文化间有了文化交流的需要，"一个民族或国度文化的不断发展，离不开文化传播的健康推进。'问渠哪得清如许，为有源头活水来'。缺少沟通的民族文化系统是缺乏活力的静态系统：断绝与外来文化沟通的民族不可能是朝气旺盛的民族"①。另外，民族文化的多样性也在一定程度上限制着文化交流的深度和广度。民族传统体育文化的国际化传播，实质上是对一种民族文化含义或性质的传递，就是一场跨文化的沟通。东方的农耕文明与西方的海洋文明是两种传统文化风格迥异的文明，因此东西文化的差异性也会在一定程度上影响武术国际化传播。

霍尔将文化分为强语境文化和弱语境文化。在强语境文化中，信息的内涵大部分都要参与者通过语境推断得出，而在弱语境文化中信息所传递的信息表达，则不需要用语境去推断。一般而言，弱语境文化传递的特征通常是直接言语表达方式，往往明确的含义表达，呈现的是一对一的模式；强语境文化的传递特征通常是间接语言表达方式，表现的特征往往含蓄、内敛，呈现的是多对一的模式。按照霍尔的学说，中国和大多数的亚洲国家都是属于强语境文化，美洲和大多数的西方国家是弱语境文化。在民族传统体育文化国际传播过程中，民族传统体育运动所处地区的文化语境不再处在"固定的文化场所"，只是在一个特殊的"他者"的文化语境②。另外，"他者"的人文话语中的道德规范、价值理念与中国存在的人文话语境是截然不同的。伍德曾认为"影响沟通的最大系统是我们的文化，它就是我们所交往产生的大语境"，而"文化的差别，沟通者存在的社会背景，经验和假设的差别，都会使沟通非常困难"。举例来说，中国武术习练的时候讲

---

① 陶恩海、程传银：《民族传统体育现代化传承的内涵、现状及发展路径》，《体育文化导刊》2020 年第 1 期。

② 陆秋明：《浅析海外华文媒体在提升中国国际话语权的作用》，《东南传播》2017 年第 11 期。

究的是"内外兼修","外练"很好理解，但是涉及"精、气、神"的"内练"，对外国人而言是很难掌握的。为什么对于国外来说难于理解，而中国人容易理解正是由于所处的社会文化语境的不同。

生存于各种文化环境中的人因为深受文化环境的影响和约束，同样的行为和符号在不同的文化环境中就会有截然不同的表现方式，这也就产生了对传统文化的误解。比如在我国，龙是中华民族的精神图腾，是地位崇高的动物。而在西方文明中，龙则是罪恶和邪恶的象征。在当前，他者文化对民族传统体育活动的误解是客观存在的。比如在英国的知名杂志《经济学家》上，曾刊载一张中国人习武的图片，关于图片的备注解释用了这样的文字段：新富起来的中国人暴露出了穷凶极恶的好战本质。在我国获得奥运会举办资格的时候，中国在北京天安门广场举办了万人打太极拳的比赛，太极拳本是对中国传统文化的典型表达，也能够表达中庸平等的中国思维，不过一些外国媒体却将太极拳理解为一种可以有效对抗敌人的"kongfu"，其本质是"aggressive"。由此可见，这种由文化语境差异而造成的文化误读在中华民族体育文化的国际传播中是不容忽视的。

中西方体育文化观不同，中国民族传统体育文化对西方体育文化交流的差异明显，主要表现为各民族对体育内涵、体育思想以及其价值追求上的认识差异。对西方体育文化体系来说，民族传统体育文化的"和合"传统文化很难被西方体育推崇的"暴力"文化所了解与接纳，正如埃利亚斯竞技体育观所蕴含的"暴力思想"。

中华民族传统体育文化在海外传播中的"和合"文化，追求"天人合一"的体育运动观，如我国推崇"尚武强身、崇德修心"，提倡的体育运动理念就是以体育人、身心兼修、体教融合。但西方体育运动文化则恰恰相反，提倡"暴力"追求的是"野蛮其体魄"，如同"拳击运动"，讲求冲破界限、超越自身、征服大自然。"和合"价值观导向下的民族传统体育文化国际传播，更加重视"兼容并蓄""求同存异""和谐发展"，反对通过武力或者以暴力方式解决体育纠纷、权益争议、社会矛盾等问题。所以，在中华民族传统体育文化国际传播认知中，"和合"境界才是高质量国际传播的基本原则和最高理想①。

中西式的差异也严重影响民族传统体育文化的国际传播，甚至影响着我国体育项目发展格局。从我国民族特色体育运动项目而言，大多是彰显中国"和合"传统文化理念的隔网比赛（乒乓球等）或非对抗性项目（举重等），且多数是个人运动项目。西方传统体育文化则不然，大多发展以暴力文化为主导的体育运动项目，如足球运动、篮球运动等。所以，怎样克服西方体育文化与我国民族传统体育"暴力"与"和合"间的巨大差距，并积极接纳和理解中华民族传统体育文化的真意，将成为制约中华民族传统体育文化在全球传播发展的关键因素。

生活在不同文化语境的人们，因文化差异以及由此产生的文化误读，加剧了相互之间的沟通交流。这些差异和文化误读也制约民族传统体育文化的国际传播实践。尽管这些因文化差异所造成的文化误读能够通过用语言沟通的方法慢慢减少，但由文化差异所形成的误读却是无法通过这种方式得以消释的。在当下民族传统体育文化国际传播过程中，为了减少因文化差异所造成文化误读，完成民族传统体育文化在真正意义上的国际传播，就必然是"任重而道远"。

新时代中华民族传统体育文化在对世界其他国家进行跨文化宣传之际，往往因为文化的差异性存在而造成文化间的误读和排斥，从而使得中华优秀传统体育文化的国际传播严重受阻。如果深究其原因，导致各种差异文化间的文化误读或曲解的因素绝非顽疾而无法去除，只是由于世界他者差异文化的不熟悉或缺乏深入理解，而导致的自我文化保守的一种文化排斥现象。这个现象并不仅仅只是挑战，同样也是难得的发展机遇，只要合理看待并妥善处理好民族文化差异性的内涵关系，并进一步实地了解民族的文化特征，在宣传策略和传播路径

---

① 李明：《"一带一路"倡议下民族传统体育文化的国际传播策略研究》，《遵义师范学院学报》2019 年第 1 期。

选择上加以创新，积极探索民族深度融合的新文化机制，处理好传统体育文化的民族性和世界性相互统一的关系等，都将在较大程度上减少各种异文化之间的文化误读现象，从而推动民族传统体育文化国际传播，并与其他异文化建立良好的交流和融通关系。

（二）民族传统体育文化的自觉性不足

"文化自觉"是费孝通先生于 1997 年在北大社会学人类学研究院开办的第二届社会文化人类学高等研讨会上首次明确提出的，认为"文化自觉"是一项艰难的发展过程，人类只有在了解自身的社会历史文化、认识并接触不同文化的基础上，才有条件在多元文化的世界里确立自身的社会位置，进而进行文化自主适应，和其他文化进行取长补短，从而共同形成一种共同认可的基本社会秩序和一个不同文化之间都能和谐共处、发挥所长、同心协力蓬勃发展的社会文化共处准则。中华文化是表现国家竞争力的主要标志，从民族文化自觉到文化自信，已不仅仅是理论的觉悟，更要成为实际的认识。近代以来华人社会，在经历了百余年的衰弱时期以后，国人对自我文明价值的质疑与否定也如影随形，科技落后、文明发展滞后的社会形象也使国民对中国传统文化的价值产生了怀疑。由于新中国的建立，我国社会政治学、国民经济等各领域逐渐恢复，但自晚清洋务运动以来的"西学"大大地负面影响着国人的思维方式与价值理念，西方文明的"优越论"时至今日仍留存于不少国人的心中。所以，中华民族传统体育文化在国际传播中虽受到诸多外界因素的制约，但最基本的问题就是人们对自身文化认识不客观、不全面。我国传统体育项目有 977 种，其中汉民族有 301 种，其他各民族多达 676 种①。对于如此博大精深的古老体育项目，目前人们在进一步挖掘、整合、宣传、研究等方面都还有严重不足。但纵观中国体育运动发展的大形势，"唯奥运论"的项目建设导致中国许多传统体育项目逐步趋于衰微。而在 1994 年第七届

---

① 韩衍金：《中华民族传统体育文化"走出去"的核心要素与策略》，《体育文化导刊》2020 年第 3 期。

全运会上，由于废除了历史源远流长、民众基础深厚的传统中国式摔跤项目，使得此项目的发展陷入谷底，直至 2016 年 1 月 16 日，在多方要求下，国家体育总局举重摔跤柔道运动管理中心才恢复成立了中国摔跤联合会、竞赛委员会和宣传推广委员会。

民间组织的种族优良传统体育文化国际传播行为较少，有些国际宣传和传播活动也是打着民族传统体育文化国际传播的旗帜谋取私利，以民族传统体育文化产品国际化之名出口转内销。不少中国武术团体国际宣传的目的都是为了在海外镀金，或仅仅是要获得一个在国外武术指导工作的经历，但实际上为中华民族传统体育在海外传播做出贡献的却很少。而这种近似于"镀金"的民族传统体育文化国际传播，将对民族传统体育文化的软实力、影响力、竞争力产生负面影响，非但没有让我国民族传统体育文化实实在在地"走出去"，反而正是对我国民族传统体育文化缺乏自觉和文化自信的表现。

（三）民族传统体育文化"硬实力""软实力"的认知模糊不清

中国文化"走出去"不应囿于展现其物化形式的中国文化"硬实力"，更要增强其社会价值形式的中国文化"软实力"，即文化"硬实力"与"软实力"并驾齐驱。毋庸置疑，中华民族传统体育文化的"硬实力"在以创建经济性为重要目的的同时，还侧面彰显出中华民族传统体育文化的核心价值观导向，并服务于以追求社会发展效果为重要目的的中华民族传统体育文化软实力，因此其在中华民族传统体育文化建设工程中的战略地位至关重要。目前由于中华民族传统体育文化国际传播的行动主体对"文化软实力"的把握出现认知偏误与定位模糊，形成了误解中华民族传统体育文化"硬实力"与"软实力"的错误倾向。

官方在民族传统体育文化国际传播的部分宣传活动中，出现了一系列重形象轻内容、重排场轻内涵、重表达轻传播的现状，从表层上看民族传统体育文化国际传播内容丰富多彩、形态多样，实质上由于民族传统体育文化博大精深，底蕴厚重其选取的国际传播的民族传统

体育文化内容能否具备一定深度性、侧重性、规划性，以及民族传统
体育历史文化国际传播的方法能否有效消除与西方体育文化交流的障
碍，以及民族传统体育文化国际传播的有效度能否被域外受众所认识
和接纳等，均值得考察。

由于对民族传统体育运动的文化价值挖掘缺失，民族传统体育文
化涵盖了价值观念、行为方式、物质产品等诸多层次，融合民族传统
体育运动的技能、思想、礼式、服装、器材及相应衍生商品于一身，
并非独立的文化概念。在当前的中华民族传统体育运动文化传承观中，
总是把中华民族传统体育运动的技术传播等同于文化传播，这在广度
与深度上是有所欠缺的。对中华民族传统体育文化价值的挖掘不足，
在目前传播模式中体现在以下两个方面：其一，没有把中华民族传统
运动技术与其所承载的丰富内涵、文化价值较好地融为一体。以孔子
学院的传播情况为例，中华民族传统体育在孔子学院对外教育中存在
的真正意义并不仅在于传播特定项目的运动技能并提高其技术水平，
而在于以中华民族传统体育这种身体语言，把我国传统文化思想、行
为方式、仪式规则、价值观念等对外输出。片面地重视运动技术，把
传统体育的对外教育课变为单纯的技术教学，又或者片面地讲授思想
内容而忽略技术的承载功能，都会影响传统体育文化对外传播的实际
效果。其二，对服装、器材的文化传播价值关注不够。民族传统体育
在国际传播中所涉及的器械、器材、服装最直观地反映着中华民族文
化的品质与特征，在海外文化宣传中具有不容忽视的作用。以中国武
术发展为例，从当前的国际武术比赛活动服饰和器物艺术文化性、艺
术审美性的欠缺就可发现，服装与器具的艺术文化价值还未受到足
够的关注，还没有实现服装与器具在民族传统体育文化传播中的应
有价值。

众所周知，我国民族传统体育的国际传播不仅是技术传播，更应
该包含对中华民族传统体育文化的传播。而中华民族传统体育运动的
国际传播需要建立在对民族传统体育运动所蕴含的深层文化底蕴的认

识和理解上，而按照文化的层级理论，每一种文化都包含了表面文化、中层文化、深层文化。同理，中华民族传统体育运动既是中华文化的一种，也应该包含"物器技术层""制度习俗层""心理价值层" 3 个层面。其中，"物器技术层"为表层的构成，一般包含民族传统体育技术和器械等具体内容；"制度习俗层"为中心层，一般包含民族传统体育组织方式、礼仪等等；"心理价值层"是民族传统体育文化精神最深层的形态组成，象征了中国人民对物我探寻的哲学思想和自我超越的精神向往。

总的来说，民族传统体育文化的物器技术层面和社会制度习俗层面都是能够借助物质状态化的媒介加以表达，具有较强的渗透力，也就是说民族传统体育的各种技击方式和民族传统体育文化的社会制度方面是可以借助媒介加以表达的，在民族传统体育文明的国际传播进程中更加容易流传和普及。而深层文化则由于"不具有'物态化'的特征，其穿透力相对比较弱"，因此在民族传统体育的文化精神传递过程中，民族传统体育运动的深层文化精神也难于传递。

民族传统体育最深层文化所反映体现的民族个性、民族心态、民族精神等，也就是由人们在社会实践和社会文化认识活动中孕育产生的思想理念、审美趣味、思想方式等，都是中华民族精神的真实写照，是中华民族文化与他者民族文化间的差异性，是民族特色的最重要反映。但现阶段关于民族传统体育的传播着眼于民族运动技术的推广，而将其看作一种体育技术加以宣传，这是对民族传统体育运动的片面认识，这也是最不利于民族传统体育运动国际化传播的。对民族传统体育深层文化的传播是其发展的主要任务，如果在民族传统体育传播过程中，受众还没有认识到民族传统体育的深度文化内涵，就不能认识民族传统体育的重要意义。民族传统体育文化国际化传播的实现，有赖于受众是否对民族传统体育所承载的中国文化内涵的正确理解，所以如何达成受众对民族传统体育深度文化内涵的正确理解至关重要。

（四）民族传统体育文化国际认可度偏低，未建构优势话语权

我国民族传统体育文化由于发展的国际知名度相对偏低，缺少国

家方面的统筹规划和布局，且其与国际文化的比较具有相对偏弱的文化发展实力。有调研统计数据指出，在一份"对中国文化认知度的受访者调查中，有78.4%的人对中华文化认知度较低，其总体感知程度仅停滞在初级阶段。因此，现阶段感知或者理解的中国传统文化符号都相应较少"。由此可见，我国文化的整体知名度还是这么低，更何况是对于体育文化中的总体认知度，或者更为小众的中华民族传统体育文化的认知度，也就可以说对中华民族传统体育文化尚未建立起普适性、更高的国际认同感。

毋庸置疑，国外受众对中国传统体育物质文化符号的认可度相对较高，如中国武术套路等，但对中华民族传统体育运动文化的技术发展、社会制度习俗如技术动作等中层物质精神符号认可度则较低，而对于中华民族传统体育文化的精神价值观念如"包容"等高层次精神文化符号的认可度则较低。所以，影响民族传统体育文化国际传播的核心要素——国际跨文化交往的积极认可度和接受度并不高。而判断民族传统体育文化国际传播成功与否的另一项关键因素，便是国外受众对中国民族传统体育文化的积极认可和接纳程度的高低。

当然，这也与我国民族传统体育国际话语权微弱有关。当我国民族传统体育国际话语权高时，可以不考虑国外受众对民族文化的认可度，可以直接通过"灌输式"的方式将优势民族传统文化输出，从而形成我国民族传统体育文化认同。弗里德曼所指出的四个文化认同层次，即"生活方式认同""现代族群认同""传统族群认同"和"种族认同"的持续增强，造就中国民族传统体育文化与西方体育文化乃至全球体育文化的认识差距，迟迟未能获得全球体育文化体系认可。因此，需要尽快构建民族传统体育文化认同，达成"求同存异"的国际传播文化共识。

（五）民族传统体育文化传播渠道间协同不足

在全球一体化的进程中，民族传统体育文化目前在国际体育舞台上缺少与国力相匹配的话语权。从内而言，传统体育运动文化的发扬中没有形成完善的信息流通与经验借鉴，许多传统体育运动项目也没能形成自身的完善与提高，在技术的传播中也存在着断层，在理论与技能的传播中缺乏规范化、系统化。以中国武术项目为例，通过采取活动观摩与座谈，在对来华留学人员以及国外武术课程学生进行问卷调查后发现，相当一部分学生在经历一个阶段的武术学习之后，对学习内容存有迷茫、畏难等情绪，对中国武术的有关定义、规范等也产生了认知偏差。产生这种现象的原因主要是由于缺少对留学生人群需要的深入研究与定位，以及没有在行业内严格的遵循标准。由外而言，传统体育文化对外宣传的传播途径单一、相互隔离，缺乏有效的融合与协调，官方与民间机构在对外宣传中也各具优点、各存缺陷，在宣传方针与具体实施方面未能形成完善的融合协调制度，也未能形成日本柔道、朝鲜跆拳道那样的官、民、商合一的宣传执行制度，这都明显不利于不同途径优势资源的充分发挥与对外宣传资源的最佳利用，也制约我国传统体育文化产业蓬勃发展的创造力及最终合力的形成。

此外，民族传统体育因现代交流媒体应用不畅而隐性交流缺失。就中国民族传统体育文化国际传播媒介来看，在体育运动领域的现代媒体应用途径尚未畅通。目前民族传统体育尽管也已经成立了几个较为完善的栏目，如《武林风》《武林大会》《昆仑决》等，但其栏目模式大都雷同或者相互仿效，而理应利用现代媒体传递的实时性强、覆盖面广、双向传递快等优点，打造更具有中华民族特色的民族传统体育运动文化现代交流传播，以确保民族传统体育文化在现代媒体传递上更具有消费化、文明化和娱乐性。美国 NBA、欧冠等世界赛事的体育节目，职业化水平极高，赛事完善，观赏性、传播力极强，隐性国际传播强大。

在这种情况下，中华民族传统体育文化国际传播似乎是逆流而上，但这是一种文明认同和互信体系问题，民族传统体育文化可借助"一带一路"倡议走出去，从而不被全球体育文化体系所遗忘，中华民族传统体育文化应为促进中华民族辉煌奉献微薄之力。目前，需要尝试把中华民族体育运动文化搭载于现代媒介上，如在移动网络和通过抖音、快手、哔哩哔哩等短视频的形式展现中华民族体育运动内容，展示中华民族体育文化内涵，推动民族传统体育文化国际传播。因此民族传统体育文化交流媒介归根结底是方法问题，是如何传播的问题。我们要寻求民族传统体育文化信息释放的途径，提高民族传统体育文化传播品质。

## 第二节 民族传统体育文化国际传播框架分析

深入研究民族传统体育文化的国际传播问题，我们必须对基本的传递架构加以分析，或者借用经典的线性传播模型加以架构解析。线性传播模型（SW）是由美国政治学家拉斯韦尔在其 1948 年出版的《宣传在经济社会发展中的结构与功能》一文中明确提出的，"5W"模式对传播学的研究范畴和内涵作出了定义，即"谁（Who）、说什么（Says What）、经过哪些路径（In Which Channel）、对谁（to Whom）、达到什么效应（With what effects）"，从而建立了传播学理论研发的五个基础领域——控制研究、内容分析、新媒体研究、受众调查和效应研究。依据这一理论，在中国民族传统体育文化的国际传播中要确立传播主题、构建传播内涵、分析传播对象、优选传播途径、注重传播效益[1]。

### 一 民族传统体育国际传播"传播主体"多元化

研究民族传统体育运动的国际传播首先要确定谁在传播，以及哪些主体在民族传统体育运动传播过程中承担着民族传统体育运动资讯的获取、加工和传播的主要任务。在当今时代人们可以发现，对民族

---

[1] 薛文忠：《"一带一路"战略下我国民族传统体育的国际传播基本体系研究》，《南京体育学院学报》（社会科学版）2017 年第 2 期。

传统体育运动的传承与发扬，既是国家和政府的一项政治自觉，又是对民族传统体育的一种生存呼唤。所以，在中国民族传统体育文化传播的实践中应形成多元化的"传播主体"，以建立中华民族传统体育弘扬的社会合力①。就当前而言，对中国的民族传统体育运动的国际传播仍主要依赖政府力量，因为政府在民族传统体育运动发展中仍是一个重要行动推动和保底的角色，而要了解中国民族传统体育运动的内容丰富、形式多样、意义深远，单靠政府的宣传力量是远远不够的，若想民族传统体育运动取得更有效的国际传播效果，需要充分发挥政府、企业、社会等多方的作用，以形成国际宣传合力。"一带一路"的逐步实施和深入，使沿途各国政府和人民的互动更加密切，交流方式也更加多元，涉及经贸的交流、社会的沟通、国际的交流等，为民族文化体育多方面的介入创造了机会，要加强与世界各国人民交往、国际各界的交流与沟通，更要加强国家文化和政策的导向功能。

（一）传播者：通识教育与精专培养并重

传播人才的教育是民族传统体育国际传播的基础环节。民族传统体育文化主要通过运动项目的传播为媒介，既包括运动的多样化、差异化，又包括体育运动的包容性和共同性。所以，我国民族传统体育文化对外传播人员的培训应注重两个方向：一是以民族传统体育文化发展为背景的通识教学；二是以民族传统体育项目来定位的技能教育，前者是从"育"的视角提高宣传人员应具备的专业知识的广度和交叉专业的综合能力；后者是从"教"的视角，针对民族传统体育文化发展中的各个项目的实际要求，提高推广人员的专项技术能力，有针对性地训练具备各种专项技术能力的特色人员。

与此同时，也应充分发挥高等教育体制的优点，在高校体育中加强定向培养。近年来，民办高校在此领域中所起到的作用也不容忽视。截至 2019 年，仅在河南登封市的民办武术学院就有接近 12

① 蔡莉：《全球化背景下民族传统体育的国际交流与传播》，《沈阳体育学院学报》2014 年第 3 期。

万学生，其中塔沟武术学校下设的嵩山少林武术职业学校以武术在对外传播中的定位与需求为导向，重点实施应用型专业技能培养，并设立了汉语、艺术表演、市场营销、运动健康管理等学科。目前，少林塔沟教育集团武术学校已成为国家汉办外派教育人才的主要培养基地，在民族传统体育文化对外人才培养资源普遍缺乏的当下，民办学校这一强大的后备资源将被充分发掘和关注。

（二）民族传统体育国际传播"传播内容"丰富化

文化自戕式是文化学中对于文化自毁式现象的一种界定，是指由对自我文化的认识缺失或错误，在遇到外来文化入侵时进行的一次文化"阉割"，为适应外来文化而主动放弃自己文化，这种行为严重损害了文化的本源性和整体性。中国民族传统体育运动的传播与发展过程中便存在着强烈的民族文化自戕现象：其一，民族传统体育的传播内容相对单调，一般大众所熟悉的民族传统体育项目无外乎武术、太极拳、舞龙舞狮、健身气功等，但中国的民族传统体育运动本身项目繁杂、民族文化内涵丰富，仅在民族运动会上的传统民俗项目就有180项之多，因而在体育项目选取上往往存在强烈的文化自戕；其二，在同一项目中的内容流失现象较为严重。武术一直是中华民族极力倡导的民族项目，因此无论是民间传播活动还是电影电视等宣传手法中都广泛出现了武术的影子，而武术却并未逃过自裁的境遇。在中国清代武坛上源流有序、拳理明确、风格鲜明、自成一体的拳种129个[①]，在《中国武术百科全书》中列出的拳种有87种，但如今越来越少见。由此可看出我国武术种类的大量流失[②]。所以，在民族传统体育国际传播的进程中应进一步地发掘中华民族传统运动内涵，充实传播内容。

民族传统体育国际传播内容应兼具"包容"与"独特"。由于中华民族传统体育诞生、孕育、演变于中国，也是世界文明的组成部分，

---

① 《中国武术百科全书》编撰委员会：《中国武术百科全书》，中国大百科全书出版社1998年版，第20页。

② 张思敏：《新时代武术文化国际传播战略构建研究》，《武术研究》2020年第1期。

因此，对外传播的本质意义不在于要表达它的特殊性，而在于要凸显它的包容性和独特性。在传播内容的选取与设置过程中既要向世界展示民族的内涵，又要与他国文化互通有无。"包容"是指民族传统体育文化在走向国际的进程中要针对世界各个国家的历史、人文、经济、政治、宗教等客观条件的定位，进行整体规划，并根据对各地的国情特点进行宣传项目的选取，并针对当地风俗习惯特点进行宣传项目的调整。

"独特"则是要表现民族传统体育文化中独具的美感、现代艺术等人文思维和情感，如太极拳运动、八段锦、龙狮运动等，无不反映了传统文化中所包含的养练融合、身体双修、天人一体的价值理念。同样，要针对传递信息内容做出"本土化"创新，在传播具体内容中应坚持实效性、直观性、完整性。所谓实效性，是指体育运动所传播的信息对于其受众人群的身心健康发展及生命价值产生促进作用，体育运动需要依据当地的文化特点与需求做出重新审视与思考，在重视传播本土民族传统体育文化的同时，在信息的运用与表达上突出宣扬中华民族传统体育文化的健身价值、社会价值和文化价值；直观性是指在传递活动中应充分考虑受众人群的客观条件，不论是直接传播还是间接传播，都必须准确定向，形成系统的、合理的、便捷的传播方式，以尽可能地提升学习效果，适应现代面授和远程教育的不同需求；整体性是指传播的内容应概念清晰、科学全面、技法完善，具备教育、培养、评估功能的完善体系。

（三）民族传统体育国际传播"传播渠道"交互化

传播渠道是指信息传播所需要通过的中介或所使用的物质载体。对于中国民族传统体育运动的国际传播而言，途径必不可少，途径的选择直接影响着文化内容的传播与接受程度。现代传播技术的迅猛发展为传播创造了无限可能，中国民族传统体育在国际传播的进程中应力图实现方法多元化、符号电子化、形式交互化。

目前，传播模式存在优势资源缺少交流与融合的情况。体现在许多个体传播者虽拥有大量的传播经验和成果，却没有当地主流的宣传平台与网络资源；组织机构传播人员虽具有传播途径与辅助资源，但没有具备专业能力与丰富传播经验的优秀人才，各渠道之间优势资源缺少流通融合是制约中国传统体育文化国际传播形成合力的关键问题。因此，应该在各种传播模式之间建立广泛而深度的互动机制，在拓宽国内外传播途径的同时，使散落在各个渠道之间的优势资源实现互动融合，以达到宣传整体效益的最大化目标。如，运用大数据分析技术手段构建中国民族传统体育人力资源数据库，将优质的人才资源在网络上实现互联互通；如将传统大学等学校教育的优秀课堂、成果、优秀创意项目等，转变为对国外传统教育资源的补充；如将中国民族特色突出的传统文化产品、较受欢迎的运动比赛等加以商业化运营，以提高中华民族传统体育文化国际传播效率与效力。

中华民族传统体育的传播方式更多的是依赖民间的口口传播，在信息化社会和网络时代，由于人们的接受习惯已经发生了巨大的变化，也更加视觉化、网络化、交互化，所以要建立中华民族传统体育运动向国际传播的综合性现代化"传播渠道体系"，国家《文化科技创新工程纲要》中明确提出要建立非物质文化遗产的数字化保护系统工程，该系统工程将致力于将中华民族的非物质文化遗产实现数字化管理，并利用照片、录像、音频等各种资源加以保存，为中华民族传统体育国际传播创造了便捷的传播环境。依托这些数字资源，还可以在"一带一路"沿线形成"人人互动"＋"报刊、广播、电视节目、网络、移动手机等新闻媒体"的多元化传播渠道互动。

（四）民族传统体育国际传播"传播对象"广泛化

民族传统体育在国际传播中的"对外"是相对于"对内"来说的，指我国以及包括海外华人在内的所有国家的普通民众，是一种相对广义的概念。在将这一概念作为传播的主要受众时，除却从宏观层次上要意识到相对于中国人来说的"内外之别"，更要全面意识到产生在不同国度、不同种族、不同年龄段、不同传播环节下的受众人群的广泛性，在不断扩大已有受众人群的基础上积极发展潜在的新受众人群，以进一步拓展民族传统体育国际传播的主要受众范围。

受民族传统体育人际传播的特性限制，以往民族传统体育文化交流和推广主要针对的人群是线下教学条件的学习者，在内容的设置、形式的选取方面都是以线下面授的方式进行。但是，在步入 21 世纪后，伴随着互联网信息技术崛起的广大"Z 世代"青少年，思想更加活跃，追逐时尚，崇尚自我和个性。这一代人由于对网络以及新媒介的了解而在新社会下掌握了更大的话语权，同时又成为各个国家互联网话题舆论的主要创造者。所以，未来民族传统体育文化在国际传播中不但要挖掘有利于青少年发展的传统体育项目，而且要在传播内容的选取、设置和传播媒介上，充分考虑这一代受众人群的多样化需求。

如："一带一路"横贯整个欧亚、西太平洋和印度洋，以我国为辐射核心，向西北地区可达波罗的海三国，东北方向达俄罗斯和蒙古国，向西南地区拖延至埃及和也门，向东南可到印度尼西亚，所辐射的国家区域广阔。基于已有文献研究过的关于"一带一路"沿途各国所做的划分，和根据沿线合作国家对中国民族传统体育政策意向，在这一区域范围划分为东南亚、南亚、中亚、非洲中东和中东欧地区的 64 个成员国（未含中国），沿线包括了上海合作组织、东南亚国家联盟、南亚国家联盟、欧亚经济联盟、独联体经济联盟等多个区域性经济组织的成员①。众多的沿线合作国家也为中国民族传统体育运动的国际传播工作创造了难得的机遇，在开展国际传播的过程中一方面要努力做到传播对象的宽泛化。另一方面，也要更加努力地扩大对象，从当前中国民族传统体育运动传播情况出发，对象大多为海外华人以及对中国文化比较有兴趣的海外朋友，虽然受众群体面相对较窄，但中国元素的诸如《卧虎藏龙》《花木兰》《功夫中国熊猫》等电影的盛行，表明了中国民族传统体育文化在海外还是有着比较广泛市场的，

---

① 薛文忠：《"一带一路"战略下我国民族传统体育的国际传播基本体系研究》，《南京体育学院学报》（社会科学版）2017 年第 2 期。

因此要针对沿线国家扩大传播范围。但是，虽然国际化传播给我们创造一个基础性环境与平台，可在开展海外传播时还是应深入研究当地民众的心理、阅读习惯、人文意识，致力于消除文化传播中的"文化折扣"问题。

（五）传播效果：完善效果反馈与评价机制

习近平总书记在 2017 年 8 月会见全国群众体育先进单位、先进个人代表的讲话中指出"体育承载着国家强盛、民族振兴的梦想，体育强则中国强，国运兴则体育兴。"[1] 传承体育文化是体育事业的组成部分，在民族传统体育文化国际化传播过程中，也需要以满足民众健康需求为目标、以展示我国文化软实力为依据、以主动投身建设人类命运共同体为理念，并完善对外传递的汇报和评估机制。一是自觉服务于我国总体发展规划。传统体育文化宣传工作人员要加强站位，充分认识自身开展工作的重要意义，不断提升自身的专业知识水平和理论修养，并力求在日常教育、赛事交流等活动中，进一步提升民族传统体育运动的文化魅力、进一步扩展参赛群体的受众面，充分展现好民族传统体育文化的内涵和魅力。二是加快推动宣传改革与创新步伐。逐步改变对外宣传理念，将消费者的欢迎程度、接受情况作为宣传主要依据，防止说教式、刻板化，努力做到亲切随和、自然亲切。三是不断完善宣传评价反馈制度。可以从三个方面加以考量：其一，围绕传播有效性这一终极目的，通过总结新闻传播学等有关领域经验，形成比较科学、合理的传播反馈评价准则；其二，重视对传播反馈效应的正反两方面的剖析，提炼实际经验与所存问题；其三，努力打通传播有效反馈与改善设计过程之间的壁垒，建立有效反馈、改善设计、再反馈、再完善的系统化管理机制，并持续地以实际中的问题为导向开展后续的设计与完善工作，以实践中的经验问题作为后续设计的重要依据。

---

① 李辰：《全球化背景下民族传统体育文化传播路径探究》，《运动精品》2020 年第 1 期。

## 第三节　民族传统体育文化国际传播策略

实施中华民族传统体育的国际传播必须统筹考虑诸多因素，既要考虑传播主题、传播功能因素，又要兼顾传播方式和传播媒介因素。

## 一　构建民族传统体育文化国际传播多元化主体要素

改革以国家政府部门及国家体育总局为主导的民族传统体育文化国际传播体系，形成以政府部门为主，体育协会、体育社会机构和非政府团体以及体育公司、体育明星、专业人员等个体和多元力量协同参加的民族传统体育文化国际传播多元化网络要素。在跨文化发展视野内，积极探索民族传统体育文化在海外交流中适合的主体，逐步跳出民族传统体育文化的传统壁垒，积极进行民族传统体育文化的国际化传播。

（一）充分发挥政府部门的主导力量

开展民族传统体育优秀文化国际传播交流活动、外访演出、国际研讨会等项目，地方政府部门还是要发挥在民族传统体育优秀文化国际传播中的"最大资源聚集效应"。比如中国河南省相关政府部门联合举办的"国际少林武术节"、中国河南省文化和旅游厅与嵩山少林寺武僧团训练基地教学团队联合组织共建的"中国河南省海外艺术交流培训基地"，充分发挥地方官方机构在民族传统体育优秀文化国际传播中的基础性、导向性功能。官方机构主要承担中国民族传统体育文化的对外交流顶层策略设计，并指导体育协会、体育机构等非官方组织以及体育运动公司、体育明星等个体机构，在中国民族传统体育文化的传播传递过程中积极举办并开展各类中国民族传统体育文化交流活动。

（二）积极培育非政府组织

非政府组织主要服务于一个特殊民族文化区域，在这一特殊民族文化区域的对外交流中有很强的专业性，所以就必须培育一些非政府机构积极参与民族传统体育文化的海外传播。而体育运动协会、体育研究机构等非政府团体，在对民族传统体育文化的海外传播过程中，则应展现出更强的社会文化亲和力，加之在其对民族传统体育文化海外传播中的灵活多样、渗透性强等优点，才可以为官方民族传统体育文化的对外传播构成巨大合力。从而充分发挥各类研究组织的智库功能，构建民族传统体育文化国际传播的长效机制。各地方政府在制定民族传统体育文化国际传播计划、方案时，要依托有关项目专门的研究部门如国家体育总局科研机构、高校研究机构等组织研究国外的宣传方法，以增强民族传统体育文化在国外运动科学宣传的有效性。另外，还要制订好民族传统体育文化的国外长期宣传计划，分阶段、分层次、分重点地做好我国的民族传统体育文化海外交流。

（三）加大对体育企业和明星等社会中坚力量的激励力度

体育国际化与信息全球化的时期，体育组织、体育明星、专业人才要积极担当起中华民族传统体育文明向国际传播的责任。对体育公司来说，引导中小体育公司进行民族传统体育文化国际宣传，可以引导公司的海外员工掌握民族传统体育文化基本知识，从而建立体育公司内部的民族传统体育文化自觉意识。引导我国体育企业在与国外的体育企业对话时，保持"经济效益"与"社会文化"双轨并行，在争取经济效益的同时产生社会发展效益。就体育明星而论，由体育明星直接主导，并鼓励个人积极参与，逐步形成民族传统体育文化的国际传播主体。就专业技能人员而论，大力培养一支民族传统体育文化国际传播专业人才，形成结构合理、精干有效的民族传统体育文化国际传播团队。培养民族传统体育文化的国际传播能力，奠定民族传统体育文化的国际传播思想基石，启迪民族传统体育文化的海外传承与发展思路。在新冠的常态化防控时期，要把民族传统体育文化的国际传播转化到"互联网"上，全面利用"互联网"开展民族传统体育文化交流活动，做好民族传统体育文化线上的国际传播，促进民族传统体育文化线上传播成为新常态。

## 二 整合多样化的民族传统体育文化国际传播内容要素

中华民族传统体育文化的国际传播，要强调物质文化、体制文化、精神文化的相互融合。在民族传统体育文化向国外宣传时，首先要注意采用海外听众比较容易了解接受的传播方法，让民族传统体育文化向全球宣传无障碍传播，其基本就是中国文化介质的语种输出汉语、汉字，所以首先要充分总结汉语传播的成功经验，将汉语、汉字的全球化宣传视为民族传统体育文化交流重大策略，要搭上语种输出便车传播民族传统体育文化。

"文化因差异而冲突，因冲突而交流，因交流而发展，因发展而保持个性，因保持个性张扬而多样发展"[①]，中华民族传统体育文化在全球传播与辐射范围相当广阔，涵盖世界各国少数民族众多，且具有截然不同的宗教、社会形态、人文根基、民族文化传播态势等。全球不同国家在各自民族文化的滋养下产生了截然不同的价值判断与人文意识，所以，在开展中国民族传统体育国际传播活动的过程中，必须重视各个国家民族文化的实然状态。唯有重视这种差异性的存在，人们才能有机会据此调整传播方式与传递策略，使所要传递的信息能够为另一文化圈中的人类所认知和接收，即使用另一文化圈中人类所可以接受的方法，来编辑自己所希望传递的讯息。在中国民族传统体育文化传承的过程中，长期以来，人们都有着相当强烈的自卑心理，对西方体育文化也有着一定的巴结现象，而为了入奥对中国的传统武术文化实行体操化改造就是很好的说明，很可惜的是在失去自身的同时却又未能实现预期的目的。同时，在中华民族传统体育文化国际传承中一定要做到既要重视本国的传统文化教育，还要确保本国的文化地

---

① 余玲玲：《民族传统体育文化国际传播的新挑战与应对策略》，《黑河学院学报》2016 年第 7 期。

位，同时要重视其他国家的社会传统、文明形态和价值认同。营造一种文明平等、和睦交流、共同促进的良好氛围，为建立文明共同体奠定基石，这是中华民族传统文化传播的逻辑起点。

然后，要清晰阐明民族传统体育文化与他国体育文化之间的内在价值共通性，如儒家"仁"与西方"博爱"之间的内在价值共通。开展中华民族传统体育跨文化交流活动要在逻辑上讲清楚原因，取得西方文化世界各国以及全球人民的接纳与理解。也就是说，双方要通过理解"对方的体育文化"，说服域外体育传统文化欣然接受中国民族传统体育文化。坚持中华民族传统体育文化的国际传播，促进中华民族传统体育积极融入文化全球化发展的新时代潮流，提高文化相关发展与战略主体的世界能力和全球眼光，合理引领全球中华民族传统体育互动化、相关化发展，使全球区域内的中华民族传统体育文化释放整体生命力，从而实现中华民族传统体育全面振兴。坚持对中华民族传统体育优秀文化的国际传播，更有利于体现民族特色，因为民族性只有在与异质传统优秀文化之间的比照中，才能明确清晰地显现出来；坚持民族传统体育优秀文化的全球性传承，也有助于中华文化发展的独立自主与文化主权的独特性，亦即，通过增进各个民族传统体育发展与实施主体之间的对话协作、利益沟通，也有助于化解民族传统体育中存在的各种文化安全问题，例如，当前全球大部分发达国家与地方政府在共同实施的"非物质文化遗产保护"正是人类克服在国际化进程中的各种文化霸权、传统文化殖民和传统文化安全等实际问题的一个现实方法。

再次，全面发掘民族传统体育文化中如武术、健身气功、舞龙舞狮等国际传播背后的精神意蕴与人文基因，以提高民族传统体育文化国际传播的更深层次特征，以传达对中华民族传统体育文化国际传播的继承性。中华民族传统体育文化精神内容和人文基因表现为"内敛"，而西方体育文化则表现为"冲突"，两者之矛盾难以实现和平对话。所以，应当强调中华民族传统体育文化对外交往在保持趣味性、健身性底色的同时，积极创新中华民族传统体育文化交流内涵，以寻求适应与西方野蛮性、暴力性、战争性质体育文化交流的契合点。

在当今国际化的历史背景下，国际交流问题日益突出，而东西方体育文化交流的碰撞和融合往往是同时出现的。当两个不同文明开展交往合作时，注意双方认识之间的差异，寻找文化融合的契合点，优势互补，共同推动文明交融与传播。在全球多元文化体育文明的交往合作和协作过程中，相互移植的文化体育项目也有着更多案例，而中国的传统体育文明在化解西方体育文明影响的过程中，也充分发挥着自身的魅力。与此同时，在世界各地认真学习汲取中国民族传统与现代体育艺术文化的人群也愈来愈多，传播面也在扩大。如在英国大学举办的多人皮划艇工程项目，其实质上就是借鉴了中国民族传统体育文化中的国际赛龙舟工程项目，其强调了赛龙舟工程项目团体式的特色，并透过对船舶的改装，从组合形式和规则使用等方面学习借鉴了中国赛龙舟工程项目，这一案例反映了中国民族传统体育运动文化及其对当今世界深远影响的增强，其魅力也得到了全球民众的广泛认同与欢迎。所以，在国家发展自信的大背景下，必须要提高中华民族传统体育文化传承能力，起到潜移默化的柔性效果，了解中华民族的体育文化就必须学会改变思维方式和换位思维，打破了以往体育文化宣传中过度强调"防范和自我保护"的错误认识，以及一个现代化强国应具有的胸怀与气度；同时也要进一步反思自己面临的困难与差距，主动拓展体育文化宣传途径，进一步增强中国传统体育文化的魅力与感召力。我们认为，经历千百年积淀而成的中华民族传统体育文明，既能够让创造这个文明的我国民众享受和继承，又能够让全球民众享受和继承，为奥林匹克文明增添光彩。

中华民族传统体育优秀文化，作为中国民族传统体育的经典代表，是推动当代中华先进文明对外宣传的重要特色窗口，它所具有的卫生价值和人文价值已经为世界各个国度的广大民众所理解和认同。中华民族传统体育优秀文化集身体、文化符号于一身，集儒道佛三家理念于一身，以"健康理念"服务人类社会。文化并无绝对疆界，优质文明更应该向国际传播。中华民族传统体育文化精神扎根于中国传统文化哲学原理，历经时光的洗涤迎接了全新时代，展示出了我国传统文明的现代风貌。其丰富的伦理道德内涵、人性修养准则对于推动人类健康发展、减少全球文明矛盾、建构良好的大国形象、真诚服务于世界命运共同体，有着重要意义。以太极拳为代表的中华民族文明在立足于自我发扬的同时，将以世界战略高地的目标不断发掘有益于国际文化发展的伟大精神，并通过跨区域文化传承向全球传播文化圣火，以期为国际社会整体和平发展贡献绵薄之力。

最后，树立高度文化自尊和文化自觉意识，讲好中国的民族传统体育文化精神故事。文化自觉论，是由中国著名学者费孝通先生在1997年提出的理论，是指生存在某个社会文化发展圈里的人对该自身文化发展有自知之明，并对其发展历史与未来方向有充分的认识。换言之，是中国文化的自身觉悟，自身反省，自身创造。费孝通先生笔下的中国文化自觉是根据当前世界文化全球化的实际，面临中国文学的特殊处境而提出来的，是处理与异域文学关系的有益方法探索。一方面需要对他者思想文化发展产生更宽容性的心态，另一方面需要对自身的思想文化发展产生更深认识，也需要了解自己思想文化的发展背景、起源等，并在对彼此宽容中促进共同的思想社会文化发展。费孝通先生的文化自觉观念，与在当前国际传播"一带一路"进程中建设世界文化共同体的重要观念相合①。在中国民族传统体育文化向国际传播的流程中必须要形成文化自觉，要对自身文化价值有足够的认识，防止民族文化自卑和民族文化自戕，要提炼出自己的文化精髓，引导文化多样发挥、多样化表达，防止传统文化的自我阉割。在中华民族传统体育"一带一路"传播中要进行有益的民族文化整合，并把自己文化与沿途友好各国文化相互融通；同时，也要在民族传统运动

---

① 林伟：《我国民族传统体育文化国际传播的 SWOT 分析——基于"一带一路"视角》，《体育科学研究》2021 年第 6 期。

传统性的基础上加以有益的现代性改革，从形式和内涵两个层面入手，推动少数民族体育运动的现代化发展，使之更符合国际传播胃口，更符合现代化传播规律与受众的接受品位。

用在国际传播中耳熟能详的警句和俗语、名人名言，讲述中华民族传统体育文化的价值观点、价值、故事，通过讲好民族传统体育文化故事调动境外听众的情感，并借助感性而非理性的力量，来提升中华民族传统体育文化国际宣传的效果和说服力。在民族传统体育文化跨文化交流中，要设法使境外受众走进民族传统体育文化的海外传递情景中，从而让境外受众所信仰的体育文化可以和民族传统体育文化形成情感共振，进而实现中华民族传统体育文化的海外传递。

### 三 塑造优质化的民族传统体育文化国际传播品牌要素

促进中国民族传统体育文化国际传播，既要形成精品化的中国民族传统体育文化产业项目，也要产生优质的中国民族传统体育文化国际传播产业。

首先，通过搭建多元传统体育文化的网络沟通平台，以消除传统文化误解。民族传统体育文化国际传播要多元化的网络宣传平台，要建立多元的人文交流网络平台。但当今时代，大众传媒的社会影响仍然巨大，新型文化交互媒介的影响也日益增强，而传统民间互动的口口传递、面面相传的效应也仍然巨大。在此前提下，中国民族传统体育文化将形成包括全民自发沟通、企业互动、行政官员沟通、传统媒体、新传媒组成的多元化宣传渠道。中国文化自主与国际交流，是指通过国家政策导向增进国民与民族传统体育国际习练者的沟通和接触，发掘民间艺术品牌，从而实现与海外互动和沟通，以各省市为单位把若干当地的吸引力大、宣传效果显著、文化水准好的中华民族传统体育文化资源打造成中华民族传统体育文化海外发展的精品，从而形成"差异化"的中华民族传统体育文化品牌，以提升中华民族传统体育文化在海外推广的吸引力与效果。加强中华民族传统体育文化国际传播的包装工作，后疫情时期将通过"线上＋线下"融合发展的方法运营中华民族传统体育文化国际市场，推进中华民族传统体育文化产品"走出去"。在社会领域引导培育民族传统体育市场，引导市场积极开展国家民族传统体育运动文化的商业化，拓展民族传统体育运动商业合作平台，共促社会文化产业发展；利用民族传统媒体和新媒介开展传播活动，要提升文化产业的传播内涵，通过制造符合不同国家公民社会文化接受习惯的新媒介商品，比如能够通过影视、动画、艺术品等实现文化产业的广泛传递。它能够发动互联网用户通过虚拟社区的建设和互动与丝路国家进行沟通，增进信任，鼓励共享。必须明确的是不管何种形式的平台都要尊重当地的风俗习惯和受众接受习惯，生产、宣传符合本民族口味的体育文化商品，以防止文化误解，甚至文化反感。通过民族传统体育的世界巡展、纪录片、国际大会等宣传活动，以及通过"国家年""文化年""交流年"等重大国际文化交流赛事，共同打造民族传统体育文化交流的新品牌。

其次，要优化民族传统体育文化市场机制。建设民族传统体育文化要素交换市场，以改善中国原有民族传统体育文化"能力导向型"国际传播形式，以金融服务于中国民族传统体育文化国际传播市场的金融服务能力。加快中国民族传统体育文化的对外贸易发展并优化其产业结构，以建设出完整畅通的民族传统体育文化供应链条，从而增强其创新力和竞争力，并创新发展民族传统体育文化的对外贸易新模式，比如建立中国民族传统体育文化的国际传播贸易基地、定期举办全球民族传统体育文化国际博览大会等。搭乘"一带一路"倡议，加大国内民族传统体育文化与沿途各国体育运动交流活动，促进民族传统体育文化高水平交流活动，并且用心发掘、创造民族体育文化精神，成为富有竞争力的民族体育文化精神。在全球化传播的进程中建立话语交流平台和国际性比赛舞台，讲好华人故事、宣传好华人发声、增加在社会文化宣传中的大国媒体话语权，是增加中华民族传统体育优秀历史文化在世界上知名度的快速路径。在全球多元化的体育文化交流中，语言交流与互换环节是中国民族传统体育文化走向世界的关键。按照人类卫生与健康共同体宗旨，为做好以健身促进健康的全球学术协作和国际交流工作，要坚持对武术、健身气功、龙狮舞蹈等中国代表性民族传统体育文化发展的有关图书进行编译与出版，并共同在全球主要学术期刊发布相应的学术研究成果，把特点较突出的中国少数民族传统体育文化的内容体系，创造性地转换为影视作品、网络游戏、电子杂志或图书等的艺术表现形式，运用国际化语言加以宣传，增进世界各族人民对中国代表性民族传统体育文化的认识和学习。

以武术进入北京青奥会为契机，大力开展中华民族传统体育的国际性比赛活动，为全球各国人民创造切磋技术的平台，方便全世界民众了解我国民族传统体育的文化内容和精华，并以此推进中华民族传统体育文化的全球化传播。截至 2020 年底，中国·焦作国际太极拳文化交流大赛已经成功举办了十届，通过开展国际化比赛，推广了我国太极运动所蕴含的"天人一体"思想及其特有的文化精神吸引力，提升了民族传统体育优秀文化在世界范围的深远影响。中国·焦作国际太极拳文化交流大赛多次被评为"中国体育旅游精品赛事"。

再次，将民族传统体育文化融合旅游行业发展，推动文化协同传播。近年来，随着世界整体经济的发展，以及中国人生活水平及生存状况、价值观等的变化，越来越多的中国人在解决了最基本的物质需求的基础上，也开始追求更高的精神文化的需求，并开始寻求更好的娱乐及体验性消费。而体育旅游是当前人们普遍向往的一种生活方式和节假日的休闲方式，这种需求正逐渐从国内的个人需求发展为更多的全球需要，因此国外旅游的规模日益扩大，国家外汇管理局、国家旅游局等有关部门的统计资料表明，2015 年中国出境游游客数量达到了 1.2 亿人次，旅游消费达到了 2495 亿美元，比 2014 年增长了将近 50%。由于丝路国家的很多地方是我国民众的主要旅游目的地，中国游客为当地经济的发展作出了巨大贡献，因此中国游客的价值也日益受到了更多的国家政府和公民的欢迎与关注。规模如此大的出境游成为中国向海外文化输出的主要窗口，有助于培养我国旅游者的主要自觉意识和在旅游途中有意无意的文化宣传。不仅如此，我国也成为海外旅游者的主要旅游目的地之一，根据中国旅游研究院发布的数据，2015 年中国接待入境游旅客 1.33 亿人次，同比增长 4%；入境游外汇收入 1175.7 亿美元，同比增长 0.6%①。广大国外游客在旅行过程中享受我国的名川大山、风土人情的同时，为中国民族传统体育文化的宣传创造了极好的传播机遇。所以，我们可以会同国家旅游主管部门共同打造更多的中国少数民族传统体育文化旅游项目，涵盖观赏性项目、参与性项目等，在增加旅游观光内容的同时，也增加了中国民族传统体育文化的国际传播，通过国外旅游者切身体验我国的少数民族传统体育文化魅力，并利用自身的良好口碑实现本土化宣传。

最后，依托中国"一带一路"发展倡议，推动民族传统体育文化全球性推广。由于中国的整体国力及国际影响力日益增强，民族自信与日俱增，我们有信心在全球事业上担负起更多的职责和意义，而民族传统体育文化推广是"文化先行"战略中的重要一环。2020 年 12 月 17 日，联合国教科文组织非物质文化遗产保护政府部门间理事会经过会议决定，将中国申请的"太极拳"项目纳入了联合国教科文组织人类非物质文化遗产代表作名录，这无疑证实了中华民族传统体育文化已经获得了各国人民的广泛认同。中国民族传统体育文化传承将以"一带一路"沿线国家为基本盘，共同打造互相包容和平等沟通的"中国民族运动文化共同体"。利用这个重大历史机遇，传承优秀中华民族传统体育历史文化精神，创造性地发展新时期的中华文化实力，汇聚中华民族的同心力，产生中华民族传统文化的现代功力，进而扩展中华民族传统体育文化的世界传承区域，进一步凸显中华民族传统体育文化的整体影响力。

---

① 杨春：《我国民族传统体育文化国际传播的问题与对策研究》，《中华武术（研究）》2019 年第 8 期。

## 四 "互联网"重塑民族传统体育文化国际传播媒介要素

以大数据、虚拟现实、物联网为核心的互联网信息日益发展，"互联网"成为促进中华民族传统体育文化向国际传播的主要本质。所以，打造民族传统体育文化高品质沟通的另一大基本要素是互联网媒体，利用"互联网"技术实现与民族传统体育文化的对外高品质沟通。一是区划国家的交流。利用大数据分析、云计算等先进手段，对民族传统体育文化为对外传播的各国进行了有效甄别和排序，分地区、分阶段、分层次，面向不同地域、不同阶段、不同类型的各个国家，实施不同的民族传统体育文化活动。二是建立合作平台。充分运用"互联网"和新媒体交流媒介，拓展民族传统体育文化国际传播渠道，搭建"互联网+民族传统体育文化国际传播"新平台，积极推动民族传统体育文化国际宣传网络化建设，努力攻克民族传统体育文化的全球宣传现实壁垒。结合与抖音、快手、哔哩哔哩等短视频高频交互的轻松娱乐交流与互动的优势，进一步提高中华民族对传统体育文化国际传播的互动性和参与性。同时也要疏通中华民族传统体育文化向海外传递的渠道，并兼容全球体育文化交流规范，使中华民族传统体育文化"走出去""走得远"。三是充实交流信息。"互联网"背景下，现代交流传媒将在原有文本、图片、文字现场化国际传播的方式基础上，借助影像、直播、VR 等新方式，让民族传统体育文化的国际传播方式变得更加鲜活生动，如同身临其境一般。加之现代媒体如自媒体的点赞、点评、转载、连接等作用，将更有效地丰富民族传统体育文化的国际传播形式，进而实现民族传统体育文化的国际传播。四是加强交流维护工作。"互联网"有助于重塑中华民族优秀传统体育文化国际传播媒介要素，要重视对中华民族优秀传统体育运动文化的产权保护，提升中华民族传统体育文化国际传播安全性。现代媒介易滋生中华民族优秀传统体育运动思想文化舆情风险问题，所以应在"互联网"语境下提升中华民族优秀传统体育文化在海外传播的舆情应对能力，从而有效应对或遏制西方现代运动文明对中华民族优秀传统体育文化的攻击与抹黑，形成中华民族优秀传统体育文化在海外交流的良好生态环境，以捍卫民族利益、国家权益与声誉。

融合媒介创新了民族传统体育优秀文化全球传播模式，而当前，传媒界正大力推进媒体融合，将各种媒体交叉渗透、相互作用，构成了一种相对独特的新媒体环境。利用融合媒介的跨媒介"体验性"功能，进一步增强传统体育传媒的传播能力、扩大宣传平台，是民族传统体育优秀文化实现全球性传递不可或缺的部分。在宣扬中华民族传统体育文化过程中，充分发挥了融合媒介的"高有效性、碎块化、互动式、深度性、短视性、颠覆性"等主要特点，针对不同的宣传对象选取具体的、有针对性的宣传内容放在融合媒介宣传渠道中，把国际、国内开展的传统武术、舞龙舞狮、健康气功、龙舟、中国式摔跤等中华民族传统体育比赛活动，以及节日庆祝的龙狮、民族体育活动等宣传内容放在融合媒介技术精心制作，呈现在全世界民众眼前，让人感受身临其境的现场氛围，从而取得引人入胜的宣传效果。

融合媒介极强的"交互性"特征，能加强民族传统体育文化传播的信息传单，使我们不断地调适传播信息内容、改善传递方式，最后达到促进民族传统体育文化全球化宣扬的目的。体育媒介化时代，体育运动界和新闻传媒界的交汇和相互作用，是民族传统体育社会文化宣扬蓬勃发展的趋势，更是民族传统体育文化宣扬的主要组织基础和途径。河南嵩山少林寺的少林拳法就是根据这一历史背景，以融媒体方法将少林拳法部分内容以"直播""小视频"等多种形式传向了国内外，从而提高了少林拳法乃至少林寺的社会美誉度。蒙古族的"那达慕"盛会也是采用了有着很高体验性的融媒体传播途径而走向世界，因此历年的"那达慕"盛会才受到了国内外人士的重视。

# 第五章　民族传统体育产业融合协同传播

## 第一节　民族传统体育产业融合

民族传统体育产业是以弘扬民族体育文化与满足人们的体育需求为目的，同时具有消费和服务功能的新型产业。民族传统体育产业化是推广我国民族文化、提升文化软实力的必由之路，更是新时代背景下由"体育大国"迈向"体育强国"的重要途径。然而，长期以来我国民族传统体育产业的发展根基薄弱，而且缺乏前瞻性，品牌价值缺失、市场供需矛盾突出、经济效益不高等问题严重制约其发展。2018年1月，国家民委、国家体育总局印发的《关于进一步加强少数民族传统体育工作的指导意见》提出民族传统体育产业的发展方向："推进少数民族传统体育与旅游、文化等融合发展"①。基于此，融合发展重新定位了民族传统体育与其他行业之间的关系，并要求分工合理，以促进产业系统结构的融合发展与功能的优化升级，推动不同产业之间的共生共存与互惠互利。新时代背景下，融合发展是推动我国民族传统体育产业转型与发展的出路。

---

① 郝家春：《新时代我国民族传统体育学学科的调适与发展》，《西安体育学院学报》2019年第5期。

## 一 民族传统体育产业融合发展的意义

（一）有利于创造适合民族传统体育产业的发展模式与生存空间

民族传统体育产业的融合发展，即民族传统体育产业与其他产业发生交集时，既能促进自身行业的发展，又能解决其他行业发展的痛点，通过优势互补的方式，达成多方共赢的局面。以近年来热门的"体育养生"为例，随着中国老龄化社会的日益明显，"体育养生"的价值重新被挖掘出来，深层原因是大众对品质生活的追求以及延年益寿的需求越来越强烈。随着"全民健身"上升为国家战略，太极拳、五禽戏等民族传统体育的产业化价值也被发掘。例如2019年5月，河北人社厅引进太极拳作为职工的运动处方。毫无疑问，太极拳、五禽戏等具有养生价值的民族体育项目在"体医结合"理念的推动下，将寻求适合发展的生存空间。当前，还可以探索民族传统体育产业与绿道休闲体育、社区体育、体育小镇融合发展的可能性，不断拓展我国民族传统体育产业的生存空间，并精准创建发展模式，以满足大众的体育养生需求。

（二）有利于挖掘全民共享民族传统体育的新价值

新时代背景下，各行各业交叉发展的特点突出，不能采用单一学科、理论和方法看待民族传统体育，融合发展才是推动民族传统体育产业向前发展，并实现其价值的根本出路。互联网是推动民族传统体育产业融合发展的新"武器"，将大数据、云计算、物联网等现代信息技术应用于民族传统体育产业，根据大数据的分析结果，精准发现客户的潜在需求，并开发与客户需求挂钩的相关产品，更能满足大众对民族传统体育产品的潜在需求。以太极拳产业发展为例，通过互联网的合作平台，建立全国以及海外的太极拳协会和组织为依托的联盟机构，以节事、赛事为载体，通过联盟机构开办"太极拳 + 教育培训""太极拳 + 制造业""太极拳 + 旅游业""太极拳 + 传媒""太极拳＋医疗保健""太极拳＋文化"等融合发展的子产业，既盘活了太极拳资源，又提高了用户的黏性。民族传统体育产业与互联网的融合发展，需要涵盖顶层设计、规划设计、数据人才、商业模式、客户资源等多种资源的跨界融合与资源共享，有利于解决以往民族传统体育产业化的结构单一、专业技术人才不足等问题，有利于提高用户黏性，同时促进新时代民族传统体育产业的繁荣与发展。互联网与民族传统体育产业的融合发展已经有了实践的先例，2017 年 1 月在武当山举办的"第二届健康中国和太极文化产业论坛"提出"主题旅游线路"和"环太极产业经济带"两个发展点，以及"商城私教课""文化金融""健康保障系""太极之旅"，开创了民族传统体育产业融合发展的先锋[1]。从长远看，这种商业模式推动了民族传统体育产业与其他行业的全方位、默契协同的融合发展态势，开拓了体育经济的新模式。

（三）有利于拉动大众消费

2014 年 10 月，国务院发布的《关于加快发展体育产业促进体育消费的若干意见》提出了"促进体育产业与其他产业相互融合"的基本原则，以及"积极拓展业态、促进康体结合、鼓励交互融通"的要求，也为我国民族传统体育产业的发展指明了方向[2]。近年来，民族传统体育产业与其他产业的融合发展初显成效，出现了民族传统体育产业与传媒、文化、旅游等产业融合发展的新趋势，如 2016 年 2 月武当红旗下的移动电商平台"武当红金顶汇俱乐部"上线仅 20 天就突破了 3 万名用户[3]。民族传统体育产业与其他产业的融合发展之路正在不断实践与接受检验，如 2019 年 8 月在河南省郑州市举办的"民族盛宴——中国（郑州）民族传统特色美食节"活动，现场汇聚了少数民族的多种传统体育表演，以及承载地方特色的美食，快速拉动餐饮、

---

① 王岗、刘现、柯茜：《民族传统体育学的多维研究》，《武汉体育学院学报》2016 年第 4 期。

② 邱丽元：《产业融合环境下内蒙古体育旅游产业发展思路探析》，《内蒙古科技与经济》2018 年第 2 期。

③ 王柯、刘其龙、黄坚：《"产业融合"背景下广西民族体育文化产业与旅游产业开发与融合研究》，《体育科技》2018 年第 4 期。

交通、旅游等行业的发展。此外，民族传统体育与商业演出的融合发展也能够另辟蹊径。如广东省佛山市自 2019 年 12 月底开发了夜晚的祖庙，并增加"黄飞鸿纪念馆"的武术、舞狮夜场表演，目的是带动佛山"夜间经济"的发展。当前，民族传统体育作为拉动大众消费的一种形式内容，已逐渐被认识。在新时代背景下，民族传统体育产业的融合发展正在进入上升通道，未来也将对拉动大众体育消费起到重要作用。

## 二　民族传统体育产业融合发展的困境

### （一）融合发展的驱动力不足，向上突破面临瓶颈

目前，驱动我国民族传统体育产业向前发展的力量不足。一方面，尽管民族传统体育通过乡村地区的节庆活动继续传承下去，且丰富了本土居民的精神生活，但向上突破面临瓶颈。另一方面，大部分民族传统体育项目无法随着节庆活动流传下来，甚至出现部分民族传统体育项目失传或濒临失传的现象。一篇来自 2016 年 5 月 24 日的"人民网"的报告《高台舞狮——一种濒临消失的仡佬文化》深刻揭示了我国民族传统体育失传的原因：高台舞狮传承存在无资金扶持，无系统性保护，边缘化，保护人、传承人断层，人才缺乏，保护和被保护断裂等问题①。当前，民族传统体育传承难的根本原因在于缺乏融合发展的平台，由此导致民族传统体育的产业化程度低，具体表现出产业链断层、相关配套产业零碎、集聚效应不高等特征。尽管我国民族传统体育具有娱乐性、休闲性的相对优势，但是缺乏市场开发，用户的黏性低，以致民族传统体育资源也得不到有效流通，传承难，突破更难。

### （二）缺乏"以人为本"的核心力量，整体经济效益不高

民族传统体育产业的融合发展是否能够精准满足大众的精神文化需求，这是决定供给侧改革是否成功的关键。过去，民族传统体育产

---

① 周平、刘婷、熊少波：《民族传统节庆体育与旅游产业融合发展研究——以黔东南苗族传统节庆体育为例》，《广州体育学院学报》2017 年第 11 期。

业与其他产业的融合发展并没有牢牢抓住群众的需求，大多数的民族体育旅游项目停滞在传统民族风情的展演层面，缺乏游客的互动参与，由此导致体育消费的渠道不畅通，融合产业的整体经济效益也不高。近年来，云南省旅游业一直在下滑，除旅游行业服务质量跟不上外，还有一个重要因素就是"以人为本"理念的缺失。云南省民族传统体育用品生产企业、民族传统体育文化传播企业、民族传统体育旅游服务企业，民族传统体育会展博览、旅游精品赛事活动的策划和运营并没有围绕人的实际需求开展，更多地停留在展示或表演形式。此外，康体养生与旅游产业融合发展的程度也不高，赛龙舟、射弩、秋千等适合游客参与互动的民族传统体育项目也没有发展起来①。如云南是旅游大省，可以依托民族传统体育资源打造康养小镇以及户外运动基地，并向游客开放体育消费的渠道，但文旅项目仍缺乏"以人为本"的核心力量。尽管游客也能够获得观赏美景和民俗活动的美好体验，但这种缺乏互动的旅游产业并没有深入人心，也因缺乏产业的融合发展机制，导致整体经济效益不高。

（三）融合模式单一，缺乏文化品牌项目的号召力

当前我国民族传统体育产业的影响力小，还没有形成真正的文化品牌。究其原因，主要是民族传统体育产业的融合模式单一，规模小，经营分散化的状态，缺乏具有市场号召力的品牌项目。尽管赛龙舟、舞狮、抢花炮等项目的观赏性较强，但旅游消费者难以体验到赛事活动的乐趣。"互动性差"是民族传统体育产业化程度不高的主要原因，以赛龙舟为例，当代龙舟比赛丢失了传统赛龙舟融合发展的文化内涵。传统活动涉及物质文化层面的独木龙舟、行为文化层面的巡游和竞渡以及宗族文化层面的祭祀活动，均具有较强的互动性。如广东的龙舟在端午前要从水下起出，祭过南海神庙中的南海神后，安上龙头、龙尾，再准备竞渡，还要买一对纸制小公鸡置于龙船上，以保佑船只平

---

① 汤薇：《民族传统体育与新兴产业融合存在的问题及对策》，《商》2013 年第 16 期。

安。而四川、贵州等地的风俗则是在河边祭龙头，杀鸡滴血于龙头之上。这些传统仪式表达了人们祈求农业丰收、风调雨顺、划船平安的美好愿望。然而，发展至今的赛龙舟丧失了最基本的互动性，剥离了传统赛龙舟、祭祀活动、祭龙头、祈求仪式、吃龙舟饭等活动的融合发展。被剥离以后的龙舟竞赛缺乏文化品牌的号召力，许多地方的赛龙舟成为一种表演形式，严重威胁着民族文化的丰富个性与创造性，这也是民族传统体育难以为继，以及难以重塑文化品牌的根本原因。

（四）与文化传承剥离，缺乏文化精神方面的影响力

自古以来，传承民族传统体育离不开文化精神的如影随形。2016年12月，在国家体育总局群体司支持、北京体育大学和浙江丽水学院承办的"首届民族传统体育发展论坛"上，杭州师范大学的曹守和教授指出民族传统体育的发展"不仅仅要从健身的角度去思考，更要从文化认同的角度去推广。[1]"然而，现今的民族传统体育渐渐变成了一种单一流传的形式，如当地的龙舟竞赛，年轻人很少了解其文化起源。尽管剥离以后的龙舟竞赛也能营造一种紧张、刺激的气氛，但是在举办民俗活动中，缺乏文化渗透的民族传统体育表演节目仿佛少了"灵魂"，也不能给观众留下深刻的印象。此外，在发展以文化为主题的民俗旅游产业中，民族传统体育表演作为其中的一个项目，传承文化精神的重要意义没有凸显出来。在调研三家互联网旅游销售门店中发现，民族传统体育文化精神的价值传递并不到位。尽管导游也会向游客介绍民族传统体育表演的文化特点，但是由于导游的跨专业知识不足，游客对民族传统体育文化精神的领悟也不深刻。实际上，剥离文化传承的民族传统体育产业很难壮大起来，原因是民族传统体育与文化内涵是"血浓于水"的关系。大众的文化消费需求是潜在的，在互联网时代，腾讯QQ、微信客户端等现今流行的网络社交工具就是扩大民族传统体育产业及文化影响力的重要渠道，但有关部门或体育企业

① 闫慧、李爱菊：《新时代民族传统体育产业融合发展研究》，《体育文化导刊》2020年第3期。

很少使用微信群、小程序以及运动类的 App 向用户推送民族传统体育文化的相关信息，由此导致民族传统体育无法深入人心，产业的市场化程度也不高。

## 三 新时代民族传统体育产业融合发展的路径

### （一）深化政府宏观调控的作用，创造产业融合发展"三驱动"平台

民族传统体育产业存在原创不足、活力不够、发展不强等诸多问题，其根本原因是行业垄断现象由来已久，无法驱动民族传统体育产业的融合发展。需要紧抓《中共中央关于制定国民经济和社会发展第十三个五年规划的建议》带来的机遇，积极推动政府宏观调控的力度，创造产业融合发展的"三驱动"平台[1]。第一，由政府统筹与宏观调控，驱动民族传统体育产业的融合发展，如统筹建设以民族传统体育为手段、以养生为目标的体育小镇。在"体医融合"的时代背景下，将具有养生功能的民族传统体育项目融入体育小镇，并在交通、住宿、机票价格等方面给予游客一定的优惠，这都离不开政府的统筹与宏观调控。第二，政府驱动互联网与民族传统体育产业的融合发展，让更多人通过互联网平台来认识民族传统体育产业基地、体育特色小镇、培训机构等，不仅扩大民族传统体育产业融合发展的影响力，还有利于引起海内外投资者的关注。第三，政府通过政策的惠利吸引企业，驱动民族传统体育产业的 PPP 合作，不仅解决了民族传统体育产业运营成本高的问题，还有利于形成体育带动旅游业、旅游业带动经济发展、经济发展反哺体育的良性关系。只有借助政府宏观调控的驱动力，创造融合发展的平台，才能激活民族传统体育产业的活力，释放更大的经济效益。

### （二）掌握大众的锻炼需求，打造产业融合发展的"蓝海"

拓宽民族传统体育消费市场的前提是"以人为本"，在掌握大众

---

[1] 蒋辉：《民族体育产业：文化产业与体育产业的经济共生体》，《运动》2017 年第 7 期。

体育需求的基础上，发掘融合发展的民族传统体育产业。现代社会竞争激烈，人们的生活紧张，精神压力也大，如果不能很好地解决这一问题，社会问题可能由此滋生，这是民族体育产业融合发展需要"以人为本"的根本原因。民族传统体育不仅能够调节人的生理机能，还注重人的心理健康，这些特质都是构成当代休闲体育的基础，也具有潜在的市场需求。如以调形为主要运动形式的五禽戏、八段锦、太极，以调息为主的放松功、内养功、强壮功、站桩功、保健功等民族传统体育，不仅具有缓解现代人精神压力的功效，还表现出"内外合一"的特征。

从发展民族传统体育产业的角度而言，利用大数据掌握大众的锻炼需求，有利于开辟"以人为本"的产业链。首先，创新民族传统体育产业融合发展的表现形式，以满足大众对休闲娱乐的需求。以西南地区的打磨秋为例，可以根据不同场地对器械进行改造，还可以创新打磨秋的玩法，如开展打磨秋比赛，晋级者获得参与下一轮的游戏，增强其娱乐性，有利于吸引消费者参与该活动。实际上，将具有游戏性质的传统民族体育创新为一种新型的娱乐节目，融入城市迷你马拉松或"落户"体育小镇，十分符合年轻人猎奇、爱好休闲娱乐活动的心理。其次，增强民族传统体育产业的营销能力，提高消费者的满意程度。民族传统体育从民俗活动中一种形式过渡到新时代背景下产业化的商品，其间需要增加商品价值及附加值，如开展赛龙舟的体验活动，奖励得胜者的团体吃龙舟饭，或赠送其他民族传统体育的活动卷，引导人们参与更多的民族传统体育活动。在这个活动中，不仅发展民族传统体育产业，还促进餐饮、交通、纪念品等多种产业的共生发展，同时满足人们的多层次消费需求。

（三）探索产业融合发展的多种渠道，开创多元发展的新格局

"努力打造少数民族传统体育综合化、集群化的产业价值链"，是2018 年1 月国家民委、国家体育总局发布《关于进一步加强少数民族传统体育工作的指导意见》提出的新要求，也是盘活民族传统体育产

业的重要指导思想。当前，我国民族传统体育产业无法独自前行，需要通过建立多元融合发展的模式，全力以赴创建龙头产业。第一，民族传统体育产业的融合发展应"取其精华，弃其糟粕"，如在举办赛龙舟的同时，河岸上还可以举行赛马、斗牛、斗雀、踩鼓等民俗体育活动。在新时代背景下，应强化群众参与项目的互动功能，使其成为旅游者观赏、亲身体验和购买的产品。如广州市白云区传统的舞火龙，可将其发展成可供群众体验的项目，在传统的中秋节前后引进广州长隆欢乐世界大型游乐场，并调动长隆动物世界的雀鸟过来表演斗雀，同时引进踩鼓、英歌等具有地方特色的民族传统体育项目。这种"嵌入式"的融合发展，实际运营成本并不高，却能够盘活民族传统体育产业的市场机制，同时打造出了综合型的经济产业。第二，考察大众对民族传统体育关联产品的需求，创建品牌级别的融合产业。在新时代的背景下，要达到盘活民族传统体育产业市场机制并提升体育经济的运营效益的目的，就必须进行相应的产品改良与升级，以提高与民族传统体育关联产品的价值与收藏性[①]。以传统的赛龙舟为例，如水手头上的斗笠、身上的蓑衣、挂在船头上的猪、鸡、鸭、鹅等礼品，都可以视为代表吉祥寓意的实物产品。将佛山的石湾陶瓷与佛山赛龙舟融合发展，设计符合现代人审美意识的陶瓷龙舟精品，并赋以吉祥寓意，再结合当地旅游业，推动多种产业的融合发展与双赢。第三，整理、挖掘、研发民族传统体育的品牌课程。尽管民族传统体育具有地域性、季节性、竞技性、娱乐性、健身性、多样性等特点，在互联网时代，仍可将研发出来的民族传统体育课程以商品的形式，推送到学校、健身俱乐部、社区体育中心等单位，学校根据培养学生的需求，选择适合学生的民族传统体育课程，如太极拳、五禽戏等民族传统体育极具潜力，可从传统的 VCD 播放光盘升级为线上付费课程。综上所述，民族传统体育旅游产业的融合发展应该是多元的，涵盖传统民俗

---

① 周平、白晋湘：《民族传统节庆体育与旅游产业融合机理及效应——以内蒙古那达慕为个案》，《西安体育学院学报》2018 年第 1 期。

活动、旅游业、社区体育、学校体育等范围，通过建立多头发展的局面，共同打造民族传统体育的文化品牌。

（四）创新与文化融合发展的途径，弘扬优秀体育文化

创新是破解民族传统体育产业发展困境的根本出路，在新时代背景下，如何将优秀的文化精神融入民族传统体育的产业化道路中？这是时代交予民族体育创业者的任务。第一，发展多资源、多形式融合发展的产业。如在黔东南苗族地区创建"传统节庆体育文化创意＋自然资源＋互动体验"的模式，开展以赛龙舟、游青岩古镇、吃苗家酸汤鱼等系列活动，尤其要将民族传统体育打造成为苗族文化旅游节中的重要内容[1]。这种新型的融合发展产业模式需要加大宣传的力度，可以通过微信、腾讯QQ等网民活跃的渠道，推送民族体育旅游路线，还可以借助拼单优惠、即时下单的便利，吸引更多的消费者[2]。第二，创新民族传统体育产业融合发展的投资渠道。如通过互联网的平台组织举办民族传统体育论坛，并实现在线直播与线上参与互动等功能，吸引社会、个人，乃至海外人士的关注，改变当前民族传统体育信息闭塞、产业投资渠道单一以及资金匮乏等现象。第三，在不断创新中促进民族传统体育产业与民族精神的融合发展，提升产业的文化精神价值。在新时代的背景下发展民族传统体育产业，还肩负着继承经典文化与创新文化内涵的双重责任，不仅要挽救民族传统体育从原有的仪式性、日常性和自娱性向展演、市场化和节庆化转变过程中文化底蕴的丧失，还应设计出体现民族传统体育精神的各种新型产业，"老树出新枝"，不断扩大中国优秀民族传统体育文化的当代影响力。

---

① 刘捷：《广西民族体育产业与互联网产业的融合研究》，《当代体育科技》2017年第7期。
② 刘米娜：《融合与独立：信息化时代下体育方法学的变革——"体育元理论与方法论——跨学科体育方法学建设"论坛综述》，《体育与科学》2015年第11期。

## 第二节 民族传统体育与旅游产业协同传播

### 一 民族传统体育与旅游产业的融合可行性分析

民族传统体育是一种具有民族特色的文化表现形式。它源于民族地区民众日常生产生活，体现并记载着民族地区民众的生活状况、思维方式、生存智慧和人文价值等。作为民族传统文化的代表性标志，它能够集中、有效地反映民族地区民众生活的演变与历史文化发展，体现自身作为一种文化形态的发展过程，因而具有鲜明的社会人文属性。此外，由于民族传统体育还具备着强烈的社会现实性和可参与性，因此它可以为内外部相互传递物质与信息文化搭建桥梁，构建开放性的文化传播系统，吸纳其他民族文化系统主体积极参与到文化互动与交流过程中，从而形成民族区域彰显民族文化、传承特色文化的展示窗口。民族传统体育具有深厚的人文属性和高度参与性，是民族文化综合表现形态体系中的典型代表民族传统体育作为充分展示民族特色文化的重要组成部分，体现出较强的民族旅游资源价值。即民族传统体育生动展示出现实中的活态民族文化，依托于民族传统体育将民族文化融入民族旅游当中而得以弘扬和昭彰，而民族旅游文化也因为民族传统体育的融入而更为多姿多彩，民族旅游业与民族传统体育二者的相互融合，源于民族传统体育浓厚的文化属性，具有强烈的相互耦合性。

全球化发展战略背景下为民族传统体育与旅游业的融合提供了新的发展契机。民族传统体育主体性越来越突出，与旅游产业的融合契合度也不断提高。在以往的产业融合过程中，民族传统体育在民族旅游业中往往被作为普通环节对待。虽然民族传统体育中包含了大量的文化旅游资源，但深入挖掘和传承民族传统体育丰富文化内涵的产业较少，对民族传统体育旅游业的探索也呈现出浮光掠影、不求甚解的状况。民族传统体育也无从谈起。因此民族传统体育与旅游业的高质量融合应注重实现商业化、人文化和品牌化的统一实现，切不可过分强调旅游业的商业性质而忽视了民族传统体育所蕴含的丰富民族文化。

而在经济全球化发展的历史机遇期，我国"一带一路"倡议中"民心融通"的导向为旅游业品牌化发展提供了政策保障，民族区域各族群民众的主体地位和认同感亦将伴随着经济社会的深入发展和战略措施的有效贯彻实现由"自发性"到"自觉性"的转变。民族传统体育融入旅游业的发展趋向预示着将有效改革以商品旅游活动为主导的商业体系状况。随着民族主体的意识觉醒，从而形成以民族传统体育为切口的中华民族文化传播，实现由商业旅游产品市场向民族传统文化产业市场的转型，民族旅游商品的开发和旅游品牌的建立过程将充分体现出高度民族自觉和民族自信的主动参与过程。民族地区群体更为积极，也更有实力打造具有本民族特色的文化旅游产品，民族传统体育文化将在旅游产业中发挥举足轻重的作用，成为建设品牌效应的有机组成部分，充分展示民族传统体育文化的开放性、包容性和独特性。

## 二　民族传统体育与旅游业的融合机理

### （一）民族传统体育与旅游业的资源配置共商机理

伴随着人民的生活水平和文化生活需要的不断提升，当前的旅游商品已不能适应大众对差异化、多样化、个性化旅游商品和旅游服务的需求。消费者越来越要求多样化的旅游产品体验和服务，民族风情体验游、民族传统人文生态游在旅游细分领域内广受人们的青睐，龙舟、射箭等运动赛事活动形式以及放风筝、荡秋千等参与式民族传统体育项目是体育旅游产品中的热门项目。这也为民族传统体育文化寓于现代旅游产业中，并彰显其独特风貌与文化体验功能奠定了实践基础。然而，在浩如烟海的旅游商品与游览项目选择中，如何选择体验深刻、参与度高、服务水平高，并适合自身个性化发展的旅游商品是大众开展体育旅游需要考虑的关键问题，这一问题的难以抉择主要是由于民族传统体育要素不突出、民族地方旅游市场运营不够成熟、精品民族旅游产品和服务不完善导致的。民族传统体育与旅游业的有机融合，有利于拓展旅游文化资源、巩固市场基础、拓展文旅服务产品，大大增强市场竞争力，从而打造出具备强大优势和发展潜力的创新性特色旅游品牌。由于市场发展存在一定的滞后性，资源会择优先进入发展水平高、基础建设稳固、高效回报率的领域。市场开发者必须针对目前消费者的个性化要求和自身状况，及时更新和完善市场运作方式，打造满足人们需求的旅游产品，打破固有的民族传统体育与旅游业态间的捆绑和制约模式，促进新业态模式的产生和发展。国际化发展战略的历史机遇期，正是为这些新型服务业的产生与发展提供了良好的环境和基础条件，各种经营要素才得以在战略辐射范围内全面自主有序地流转。当前，市场需求是促进民族传统体育文化和旅游业相互融合发展的原动力，将民族传统要素有机融入旅游业中就是旅游品牌建立的有效实施策略，市场需求与创新改革路径的相互促进有效刺激多元化主体利益间的对话，使民族传统体育文化资源和旅游业资本相碰撞，从而迸发出绚丽的产业火花。在二者融合过程中，应充分重视民族传统体育文化主观性的发挥，围绕民族传统体育的地域性、民族性、文化性、特征挖掘和提炼出深刻内在价值的优势资源，将民族传统体育运动文化内涵始终寓于旅游产业品牌建设过程中，从而满足人们对体育旅游的多元化需求，实现体育旅游产业个性化、精品化、差异化。同时，不断探索和践行创新性的产业融合机制，根据民族地方特色打造旅游品牌，充分发挥市场经济与政策导向的协同调节作用。

（二）民族传统体育与旅游产业的协同效应共建机理

国际化发展战略所产生的强大辐射区域和协同效应为民族传统体育文化旅游产业的交融和拓展创建了勃勃生机的开放性环境。这一战略的提出与实施，为民族传统体育旅游业的共商共建和共享提供了发展导向，提供了完善的基础设施支持体系。随着国际化战略机遇的到来同时也面临着新的挑战。由于国际化发展涉及范围广泛、民族特性多样复杂，利益主体的关切重点差异度高，因此需要充分考虑旅游业开发、管理与营销过程中涉及的主体间多种权益，力争多元利益平衡以寻求民族区域合作最佳公约数。例如在"一带一路"发展倡议背景下强大的协调功能体系已日益凸显，在其辐射范围区域，伴随着国家基础设施建设的推进，民族传统体育旅游精品线上各业态也逐步盘活，其中民族传统体育文化在区域内的传播实力也在逐步提升，民族传统体育文化传播体系也日趋完善。民族传统体育具有较强的参与性和互动性，可将内容丰富多样的传统运动项目融入民族古迹、民俗节日的旅游体验过程中，打造精品游览线路，塑造特色民族传统体育旅游品牌，将其作为进一步挖掘和整合民族传统体育旅游业新增长点的突破点。同时，旅游与民族文化产业建设的紧密贴合涵盖了民族传统体育文化传播，市场价值与效率也被逐渐优化，民族文化产业公共服务能力得到进一步增强，以民族传统体育运动项目为核心内容而构建的文化旅游新业态逐渐兴起。我国幅员辽阔、人文资源丰富，各地蕴藏着形式多样的民族传统体育旅游资源，例如我国广西是壮族、苗族、瑶族、侗族等少数民族分布较为集中的自治区，它是连接丝绸之路经济带的重要桥梁，将广西少数民族板鞋、射弩、荡秋千、抢花炮、打磨秋等民族传统体育项目融入旅游产品开发过程中，既可让民族的传统体育文化习俗得以传承，又具备了极大的艺术欣赏和体验性价值，还可以丰富旅游线路的文化内涵，吸纳不同层次的体育旅游爱好者，开发市场经济新势力，进一步促进民族传统体育特色品牌的打造。

（三）民族传统体育与旅游业的发展成果共享机理

国际化发展战略下的民族体育旅游开发，将使战略辐射区域内的广大民众共同参与到国际旅游市场当中，不仅有利于民族传统体育文化与独特民族旅游资源的共享，也使更多的利益主体能够共享市场融合在民族地区经济、人文与环境等方面创造的多重发展成果。由于中东部地区和少数民族地区的要素禀赋不同，相对资源优势差别显著，通过利用市场要素的自我调节和流转可以增进中东部地区与少数民族地区的协调与合作关系，为民族区域的稳步发展提供充足的经济与文化保障，促进民族团结与兴旺。各民族之间也可利用差异性要素协同发展以打造民族传统体育为代表性标识的旅游品牌，通过以民族地区为重心拓展周边辐射区域，扩大民族传统体育旅游的开发力度、广度和深度，增强普惠性的共建成果，在共享产业融合成果的基础上吸纳广大民众积极参与到民族传统体育旅游发展过程中，助推民族传统体育旅游精品线路建设以及品牌效应的形成。

## 三　民族传统体育与旅游产业的协同传播对策

民族传统体育和旅游业的融合发展面临着缺少顶层设计等一系列现实问题。国际化发展战略背景下涉及的内部民族多样且复杂，区域内民族经济发展水平社会人文风俗以及价值信仰等方面均呈现一定的差异性，资源要素禀赋各异，具有高度的互补性与交融性。因此应树立明确的创新性发展理念，以高屋建瓴的战略眼光审视现实社会问题，制定民族传统体育与旅游业的长期规划。一方面深入调查市场需求，细分现有的民族传统体育产品，进行科学统计、全面整理、深入分析等一系列过程，妥善保存与记录民族传统体育文化，为今后开发利用和研究民族传统体育奠定扎实的保障基础；另一方面，民族传统体育与旅游业的融合发展应遵循统筹全局、合理利用、协同促进等原则，充分利用资源要素优势，实现资源利用最大化，善于挖掘民族传统体育特色文化，扩大文化衍射效应和社会价值，建立独特化、差别化、科学化的民族传统体育旅游精品产业。此外，要重视战略辐射区域内旅游产业整合、差异化建设的顶层设计，通过地方政府政策扶持和市场自我调控，对战略辐射区域内的旅游产品实施统筹开发与创新，使各地之间既存在联系，又存在区别。总之，在民族传统体育旅游产业的协同发展思路下，应不断加强各区域间的文化旅游合作，构建民族传统体育旅游、一体化打包服务体系，打造旅游产业品牌效应，增强民族传统体育的国际化传播力度。

另外，要充分利用民族传统体育的观赏性、体验性和教育性等特质，使民族传统体育的文化、经济和社会价值得以有效体现，把民族传统体育运动和地方民俗节日庆典相结合，不仅可以增强体育旅游的高度参与性，还可以强化民族传统体育文化的弘扬与传播力度，并以此为推广重点，通过融媒体的宣传力度打造全新的文化旅游产品，有效聚拢周边地区的市场合力，拓展民族传统体育文化旅游产业的多元化传播渠道。同时，积极申办、立项民族传统体育赛事举办资格，组织高质量民族传统体育竞赛活动，进一步加强与邻近民族地区、地方政府的文化交流、互动与合作。为民族传统体育发展创建更为广阔的合作平台，通过赛事项目联动，进一步提高民族传统体育的知名度。

最后，应进一步完善制度建设，构建创新性产业融合体系，注重引入改革性战略举措，细化各方面政策支持与实施路径。应为民族传统体育旅游产业的发展制定高效、系统、科学的区域政策支持体系，为实现民族传统体育旅游国际化发展制度导向航标。实施政策联动、信息互通，为民族传统体育旅游业的建设与发展，创设开发互动的良好环境。另外，应不断完善交通、通信、能源等基础设施建设，进一步推动旅游业的便捷化升级，借助国际精品化旅行线路的开发和建设助力国际市场的深度融合。

## 第三节　民族传统体育品牌赛事旅游业协同传播

中华民族传统体育品牌赛事是指一个集民族特色、休闲、娱乐、竞技、观光等为一体的多元文化交流活动，有着极大的市场发展潜力。民族传统体育品牌赛事产业化的基本逻辑就在于消费升级，而人们对健身和多样化休闲生活方式的追求，将为民族传统体育发展带来发展原动力。民族传统体育品牌赛事成为旅游产业中的潜力产品，既属于一种无形资产，也是赛事旅游产业的外在形象标志。民族传统体育名牌赛事具有典型的民族代表性，是在社会中具有深远影响的被广大民众认可的民族传统体育比赛项目。而民族传统体育名牌赛事要实现产业化发展就必然具备较大的市场开发潜力。首先，作为一个民族标志性传统体育项目，其经济、社会、文化影响力较为深刻和广泛，具备坚实的民众基础，因此具备着多方位的市场开发潜能；其次，民族传统体育品牌赛事融体育、文化、教育为一身，具备了多元化的文化价值特征，可以从多角度满足广大民众的休闲、健身、娱乐等需求，从而为体育产业发展引入新势力；最后，民族传统体育品牌赛事既能反映出本民族的历史人文特色，又能反映出本民族的民俗文化特质，将民族历史和民俗特征融合在比赛中，从而体现出比赛的民族独特性。民族传统体育品牌赛事的可持续发展取决于其市场潜力，民族传统体育品牌赛事的运作则取决于人们对其市场发展潜力的合理性开发。

## 一　民族传统体育品牌赛事协同内涵

### （一）民族传统体育的多元价值属性

民族传统体育运动品牌比赛的多元化价值，为民族区域形成旅游文化产业带来了极大的发展潜力。而民族传统体育发展的重要意义就是满足社会发展的需求，适应健康、休闲、审美、娱乐等方面的发展要求，而民族传统体育的多元化价值也为形成文化产业提供了孕育土壤。例如，对广西壮族会鼓、抛绣球、抢花炮运动项目，还有瑶族铜鼓等少数民族传统体育项目进行实地调研，发现上述运动项目已与当地的传统文化旅游进行了初步融合，并初见规模，尤其在广西壮族的重要节日、重大民族活动中大力开展了此类活动，民族传统体育运动品牌比赛已初显雏形。传统节日中所举办的民族传统体育项目，所包含的风俗习惯、民族文化审美观点、社会价值观念、传统礼教制度等民俗文化要素和自身的民族风情、地方文化风貌紧密联系在一起，可进一步增强民族传统体育旅游体验的多样性与鲜明性。通过民族传统体育运动的多元民俗文化和自然资源的有机融合，可以有效地从身体与心理上为游客提供多重感受，从而实现民族传统体育旅游产业的发展目的。

（二）民族传统体育赛事的品牌形象

形象定位的核心理念为：全面凸显旅游品牌特色，增强旅游者对产品的认可度，吸纳潜在旅游者的消费欲望。中华民族传统体育赛事的形象是依托于中华民族的传统体育文化和赛事文化共同形成的，并通过传播和推广活动建立了品牌影响力。例如广西红水流域凭借本地少数民族传统体育文化逐步走上了国际舞台，并进一步增强了赛事品牌的宣传力度。通过国家权威机构所颁布的荣誉称号，对民族传统体育品牌赛事形象的推广将更加有利，社会知名度也会更强，从而助力民族传统体育品牌赛事行业的健康发展。例如蚌埠市龙子湖景点内举办的"一带一路"国际龙舟邀请赛，以空竹演奏《舞动中国龙》等传统体育节目揭开了赛事帷幕，受到社会各界龙舟爱好者的推崇和喜爱。2018 年 6 月 24 日，在罗马举办了"一带一路"中欧国际龙舟比赛，由我国温州、古罗马、米兰、佛罗伦萨、普拉托等城市组建的十六支龙舟队参加，大大增强了我国与欧洲国家的体育文化交流，推动了中欧友好关系及"一带一路"的共建。2019 年 5 月 30 日，"一带一路"中国陕西·安康 2019 国际龙舟精英赛，由摩洛哥、英国、意大利、俄罗斯等四支海外队伍，以及中国的香港、澳门、福建等八支国内队伍参赛。"一带一路"倡议为我国与其他各国建立多元化交流合作发展创立了开放性的平台，将中国民族传统体育纳入其中加以推广，携手共建"中华传统体育健康丝路""中华传统体育运动和谐丝路"，进一步促进民族传统体育的国际化传播。

（三）民族传统体育赛事的"多重"文化体验

中华民族传统体育运动是民族传统文化与体育运动的集中体现，

具有高度识标度，而民族传统文化正是体育旅游产业的核心要素，其赛事产品的巨大市场潜力就在于可以提供体育旅游爱好者多重人文体验。民族传统体育运动品牌赛事所形成的旅游产品的内核无疑是"民族文化"，而这种"民族文化"又是民族传统体育所具备的特色"传统文化"及地域民俗"历史文化"，这两者为民族传统体育旅游产业价值提升提供了丰富文化资源。人文感受是旅行中最关键的环节，也是体育旅游客户的主要动机和需求。开展民族传统体育品牌赛事旅游活动，最合理的模式不但要赋予参与者在身心上的活动体验，而且还要赋予参赛者视觉上、情景上的感受，在参加传统体育赛事旅游过程中全方位认识和理解民族传统体育赛事的文化。例如赛龙舟是中国端午节的传统文化习俗，它作为端午节最主要的民俗活动方式之一，在我国南方流传广泛，而中国北方地区也有划旱龙舟的习惯。对于其来历，有各种解释，有祭奠曹娥、祭奠屈原以及祭奠水神或龙神等祭奠说法，其源头可回追溯至原始社会末期，现已被列为国家非物质文化遗产名单。赛龙舟曾先后传到日本、越南等地，龙舟竞渡以其地方人文特色、乡土民俗增强游客的体验感，促进区域旅游消费。民族传统体育品牌赛事带给体验者"多重"文化感受是其形成体育旅游产业的核心价值①。

## 二 民族传统体育品牌旅游开发的路径

民族传统体育品牌赛事旅游发展的方向要根据区域文化、地区经济等综合要素，并充分考虑自然因素、投资因素、人才因素、旅游因素、文化因素、区域因素，以区域资源优势为依据，发展生态型旅游。以民族传统体育品牌赛事为突破点开发旅游产业，具有多方面的资源优势，自然环境、人文环境、民族文化等因素为传统体育旅游开发创

---

① 胡建忠、邱海洪、邓水坚：《"体育＋旅游"视角下民族传统体育品牌赛事产业化研究》，《首都体育学院学报》2018 年第 1 期。

造了一定的基础条件。目前民族传统体育旅游主要向三个方向发展：1）体育参与式旅游；2）体育观赏式旅游；3）参与性 + 观赏式旅游。而每一种开发方式均有不同形式的旅游，其中各体育旅游类型又和当地民族、风俗特色、区域风貌息息相关。

（一）体育参与式旅游

体育参与式旅游尤为重视游客对民族传统体育活动的参与性，旅游者的首要目的就是在目的地参加民族传统体育活动，并感受民族传统运动带来的休闲娱乐性，以实现身心体验的目的。依照民族传统体育的类别来看，民族传统运动主要有休闲型、竞赛型、表演型、仪式型等多种形式。可将民族传统体育参与式旅游分成休闲度假式旅游、传统节日式旅游、体育 + 观赏式旅游。体育参与式旅游主要借助参加者对运动的喜爱，使其享受运动带来的身心愉悦促进体育旅游的运转，这一类体育爱好者构成的产业还存在较大的发展空间，目前已初具雏形。

1. 体育休闲度假式旅游

体育休闲度假式旅游是以参加体育运动为主要娱乐内容的外出进行令人身心愉快、放松的娱乐方式。体育休闲度假式旅游的主要目的是健康锻炼、休息疗养、愉悦放松，是在体育景区进行较低流动性的参与运动型消费。体育休闲度假式旅游重在强调健身、安全、舒适、丰富多彩的体育锻炼娱乐活动，并最后实现休闲娱乐的目的。我国体育休闲度假式旅游地丰富多样，例如南丹县歌谷思娅区少数民族传统体育娱乐度假村、白马山县弄拉族传统体育运动娱乐旅游度假区等，这两个地区主要是以壮族的抛绣球、会鼓、打扁担、踩高跷、板鞋运动等娱乐项目综合景点资源加以开发，是少数民族地区发展情况较佳、游客体验较高的度假村。

2. 传统节日式旅游

民众在民族文化节庆旅游中不但能够体验当地乡土人情、风俗习惯，而且能够享受少数民族文化运动的休闲体验。例如，潍坊全球风筝节（会）于每年固定日期四月二十日至二十五日在潍坊市举办，共有来自国内外的三百多个国家和地区单位参加，形成了中国第一个"国际"并被国外社会广为认可的重大地方节会。再如广西壮族"三月三"是全区最重要的民族传统体育节假日，借助于国家政策与地方政府的大力支持，"三月三"已变成了广西壮族的法定假日。而每逢三月三，广西壮族就会遵循传统习俗，在全区举办民族传统体育活动，包括表演型、竞技型、欣赏型、休闲型、健康型、民俗型的各种体育运动项目等。在广西民族传统节日式旅游中，参与民族传统体育已然成为较为流行的旅游形式。

（二）体育观赏型旅游

民族传统体育旅游除到现场参加体育锻炼的目的以外，它的另一种含义就是观看传统体育节目、传统体育比赛和传统体育运动中的仪式性活动。民族传统体育运动所带给人类的视觉享受，就是其作为体育旅游产品的主要潜质之一，而民族传统体育运动旅游的主要意义就是参加体育活动、欣赏体育活动，所以，民族传统体育运动所具有的视觉效果就成为其作为体育旅游产品的必要条件。中国民族传统体育品种众多，服务项目也各具特点，比如，内蒙古那达慕、全国武术竞赛、舞龙舞狮、赛龙舟、抢花炮等活动中就会产生不同的视觉体验，让人体会到不同的民族文化。按民族传统运动类型和视觉效果，可将民族传统体育观赏类分为演出型旅游、观赏体育比赛型旅游、观赏仪式型旅游三种，每一类观赏式旅游都代表了游客的参与动机和消费目的。民族传统体育运动观赏式旅游侧重强调在旅游中的欣赏行为，并注重在观赏过程中深度认识民族传统体育活动，从而欣赏民族传统体育的艺术魅力，在实践中受到民族精神的启发和影响。

## 三 民族传统体育旅游运转的困境

（一）体育旅游发展较晚，消费群体范围窄

民族传统体育品牌赛事旅游服务较其他旅游业来说各方面还未

完善，因此民族传统体育品牌赛事旅游知名度推广还不足，在国内外认可度也不高，还未建立规模化的消费主体和消费圈。近几年，由于民族传统体育品牌赛事的消费对象仍然集中在国内范围，对于国际市场的推广乏力。因此要拓展民族传统体育品牌赛事旅游的传播范围，就需要进一步扩大产业消费需求，与其他文化旅游产业相融合，并汲取其他旅游产业的成功发展经验，寻求适合其需求的创新性发展路径。

（二）体育旅游消费市场尚未十分成熟

由于民族传统体育旅游业起步较晚，所以民族传统体育旅游运动体系尚未健全，产业内消费市场和消费水平不均衡。从民族传统体育品牌文化、节庆旅游消费、寒暑假旅游消费以及国家法定假期消费行为等几部分加以分析，目前，民族传统体育旅游消费行业大部分聚集于端午节日、文化食品节、法定节假日以及暑期旅游休闲假日。民族传统体育旅游消费市场的不完善主要是由于业内民族体育资源整合比较混乱，旅游行业的发展规模和分布尚未形成系统，且行业经验不足，又缺乏国家政策法规作为支撑和保障，仅靠商业投入和宣传广告，运作机制尚未成熟。从制约消费市场的各种因素分析，民族传统体育品牌赛事市场不完善，受旅游消费主体的影响较大，而消费主体则受自然因素、地域因素、推广因素、资金投入因素等因素影响，虽然自然地域等因素对于民族传统体育品牌竞赛来说具有一定的客观方面影响和制约，但推广因素、资金投入等因素对于民族传统体育旅游消费市场的完善却有着直接的影响作用。

（三）体育旅游与其他旅游协调程度偏低

民族传统体育品牌赛事通过和其他旅游融合发展，不但能够汲取其他旅游的发展成功经验，还能够将二者的优势互补，产生全新的发展动向。然而由于目前民族传统体育品牌赛事旅游发展方向还相对单一，主要凭借自身的优势来赢得市场，而且由于民族传统体育旅游在自身行业经验不足，还未能寻找到稳定增长模式。从目前民族传统体育运动品牌赛事发展的实际状况而言，将民族传统体育运动与旅游景点融合发展较为普遍。由于当前民族传统体育品牌赛事一般都是在旅游景点内举办，借助景区的品牌优势发展和提升。而民族传统体育品牌赛事旅游资源和其他旅游协调程度还不够，亟待统筹规划和合理开发，以实现旅游资源优势互补，增强民族传统体育品牌赛事知名度。

## 四 民族传统体育旅游产业化的发展策略

### （一）依托政策，建设富有地方特点的体育旅游示范基地

国务院出台的《国务院关于加快发展体育产业促进体育消费的若干意见》、《国务院关于促进旅游业改革发展的若干意见》等文件中都指出体育旅游文化发展的重要性。《国务院关于加快发展体育产业促进体育消费的若干意见》中提出，"打造体育贸易展示平台，办好体育用品、体育文化、体育旅游等博览会"[1]，特别是《国务院关于促进旅游业改革发展的若干意见》提出，"积极推动体育旅游，加强竞赛表演、健身休闲与旅游活动的融合发展，支持和引导有条件的体育运动场所面向游客开展体育旅游服务"。《国务院办公厅关于加快发展生活性服务业促进消费结构升级的指导意见》提出，"重点培育健身休闲、竞赛表演、场馆服务、中介培训等体育服务业，促进康体结合，推动体育旅游、体育传媒、体育会展等相关业态融合发展"[2]。这些政策为体育产业和旅游业的整合开发提供了导向扶持和基础保障，也为民族传统体育运动的项目产业化奠定了基础。从民族传统体育品牌赛事来说，在优先发展体育旅游的基础上，要充分发挥民族传统体育运动在旅游观光中的资源优势，围绕各区域自然、人文特色，例如水上

---

① 国务院：《国务院关于加快发展体育产业促进体育消费的若干意见》，2020 年 4 月 21 日，http://www.gxzf：gov.cn/xwlbh/gxjkfztysy/bjzU201507/t20150717474681.htm。
② 国务院办公厅：《国务院办公厅关于加快发展生活性服务业促进消费结构升级的指导意见》，2020 年 4 月 11 日，http://www.mofgovcn/zhengwuxinxi/zhengcefibu/201511/t20151123-1576938.htm。

项目、高山项目、休闲娱乐项目，结合民族传统体育运动品牌赛事的欣赏型、参与型和"体育参与＋欣赏式"的综合，应吸纳广泛的参与主体，让游客群体验民族传统体育旅游的文化内蕴、赛事特色、民族地域特色、民俗风情等，充分发挥民族传统体育运动旅游特点，积极建设富有地域特色的体育旅游展示基地，使民族传统体育品牌赛事旅游成为缓解旅游景区资源同质化问题的重要途径。

（二）发挥信息产业优势，推广体育旅游资源

目前，民族传统体育旅游市场还未形成完善的运行体制，与网络融合程度较低，对产品的宣传推广程度不足，旅游资源传播效率也不高。但随着网络信息技术的迅猛发展，"互联网＋"的理念逐渐成为产业经济效益的重要支柱，"互联网＋"在旅游业发展中变成不容忽视的关键因素，这就为民族传统体育旅游品牌赛事发展提供了新的发展思路。民族传统体育品牌赛事应借助互联网平台优势和技术支持打造"互联网＋体育"系列产品和服务，运用网络平台技术对民族传统体育品牌赛事加以宣传和推广，并搭建网络运营平台。由于我国民族传统体育项目种类较多，加之地域、环境、景区等差异性制约，民族传统体育品牌赛事旅游资源经"互联网"技术的整合、开发与评估，并运用网络技术加以传播和推广，打造具有民族传统体育资源优势的旅游网络平台，对民族传统体育旅游进行网络宣传，使民族传统体育品牌赛事文化旅游资源为景区发展增添色彩，大幅提高体育旅游的传播竞争力。

（三）形成地域性产业链，推进民族传统体育旅游产业

民族传统体育旅游的高质量发展需要建立起本区域内富有特点的产业链，从技术、服务、市场等方面入手，逐步建立一个清晰的产业链。当前，"互联网＋体育＋旅游"思维仍是民族体育旅行事业快速发展的有效路径。但民族传统体育旅游产业在技术、运营、管理和市场方面还存在较大的发展空间，而互联网行业、传统体育产业、旅游行业三者之间还没有实现深入融合。民族传统体育旅游的开发途径主

要是将民族传统体育特色乡村、民族传统体育特色村落、民族传统体育展示基地搭配城镇、村落的旅游热点进行开发，形成民族传统体育品牌项目的产业化开发方式。然而由于传播力度不足，境外来旅游者较少，还未形成一定的消费主体规模，因此，应运用"互联网＋体育＋旅游"的思想对民族传统体育加以整合，从而形成民族传统体育旅游产业链，对民族传统体育旅游市场的研发、经营、传播和推广等加以创新和改革，进一步深化发展民族传统体育品牌赛事产业。由于我国少数民族传统的体育旅游资源丰富，分布范围广泛，可利用信息网络对少数民族传统体育运动赛事资源加以梳理，对国际品牌赛事加以遴选，依据地方资源优势、少数民族地域特点，选取文化底蕴丰富而又富有观赏性、群众参与性较高的赛事旅游资源加以整合，与历史人文、自然观光融合，形成"消费点—消费者—消费手段"的一体化发展模式，形成地域产业链，从而有效推动地方民族传统体育旅游高质量发展，为我国民族传统体育品牌赛事旅游资源建设和景点融合转型与升级创造良好市场环境。

（四）建设体育旅游综合体，拓展产业发展路径

"体育旅游综合体"是将体育与旅游融合的创新性发展模式，这一新兴模式不但引入自然风景区等一系列自然旅游资源优势，还融入了体育休闲健身功能，集度假、健身、休闲、疗养与娱乐等特点于一身，真正体现了放松身心、陶冶情操的生态旅游，是现代新型体育旅游形式。我国拥有得天独厚的自然风光和地域优势，山水、人文、历史独具特色，所以，将我国民族传统体育与本地区域特色人文环境加以结合，在此基础上，与水、陆、空等体育旅游项目加以整合，构建"体育旅游"综合体，打造休闲、健身、娱乐等全方位一体化体育旅游，实现体育旅游与民族传统体育资源的有机融合。民族传统体育品牌赛事产业化建设要通过其他旅游业促进体育旅游消费进一步拓展，民族传统体育品牌赛事产业化建设，要通过其他旅游业促进体育旅游消费数量和消费人群的增长。在体育旅游消费综合体中，充分发挥民

族传统体育品牌赛事旅游行业的特点，利用与旅游观光的产业优势互补，进一步提升民族传统体育品牌赛事旅游产业的社会认知度，以推动民族传统体育品牌赛事旅游业的高质量发展，进一步促进民族传统体育品牌赛事产业化发展，以期实现创新突破。

# 第六章　民族传统体育文化的新媒体国际传播

## 第一节　民族传统体育文化的媒介生态传播

在中华民族几千年的农耕文明中，各族人民经过长期的生产实践，基于特定的自然条件、地理环境和文化空间，创造了灿烂的民族文化，而孕育在"民族文化共同体"中的民族传统体育承载着各民族的生活方式、价值取向和文化心理印记，集中展示了其主体存在，并伴随着社会历史的变迁与发展，被不同时期的人们赋予集体性文化意义与价值，成为中华民族文化精神"活"的呈现[1]，时至今日，透过其发展脉络，从表演器物、制度规则到表现形态依然能探寻到民族文化孕育形成的原始信息和历史线索，呈现出迥异于当今时代的文化精神，清晰地传达了"我们是谁"的文化价值取向。

时至今日，在传播技术的不断推动下，现代传播媒介把过去拉到现在，媒介成为反映社会的镜子[2]，逐步成为人们认知、再现和建构文化身份的重要途径与资源。令人遗憾的是，今天，我们无论从哪个角度切入中国的体育媒介空间，映入我们眼帘的更多是一道道由现代西方体育绘制而成的色彩斑斓的风景线，各种现代体育报道精彩纷呈；

---

[1]　白晋湘、万义、龙佩林：《探寻传统体育文化之根传承现代体育文明之魂：非物质文化遗产视角下民族传统体育研究的述评》，《北京体育大学学报》2017年第1期。

[2]　姚必鲜、蔡骥：《论新媒介生态下受众、媒体和社会的多维互动》，《求索》2011年第6期。

种类繁多的竞技比赛琳琅满目；奥运会、世界杯等大型赛事直播更是让人趋之若鹜……而有着悠久历史的众多民族传统体育项目却似明日黄花，有些被保护起来，束之高阁；有些则在媒介中隐遁不见，难觅踪影；有些虽展露身影，却似乎模糊了样态。在文化强国战略背景下，基于文化媒介化的现实，如何正确解读当下民族传统体育文化的边缘化态势？如何从媒介生态学的整体视角构建起中华民族传统体育文化的新表征？

## 一　媒介生态学介入民族传统体育文化传播问题的学理性

### （一）媒介生态和媒介生态学

生态（ECO）是指一切生物的生存状态，体现了不同生命体之间、生命体与环境之间相互依存的关系，强调自然界生命体之间的整体互动与依存、进化与平衡。在媒介文化研究中，加入"生态"观念和方法的是最早来自欧美的学者，他们将"生物圈"和"环境"的概念引入媒介研究，在充分重视媒介技术价值的同时，将相关研究植入一个更宏观、无处不在的环境中。由于在现实生活中，媒介如同自然生态一样，"它通过自身的生命活力及其与社会大'生命'系统的信号和物质交流保持自己的生存、发展和相对的动态平衡，从而重建了人与自然、人与媒介、人与社会、媒介与社会之间的亲和关系，因此，这就几乎把所有与社会相关的各种传播活动都纳入了媒介生态的研究范畴"，可以认为，媒介生态是"在一定社会环境中，媒介各构成要素之间、媒介之间、媒介与外部环境之间关联互动，从而达到一种相对平衡、和谐的结构状态"[①]，体现了"生态学"在媒介研究领域的"人文转向"。

基于媒介研究的生态学考量，尼尔·波兹曼（Neil Postman）将媒

---

[①] 邵培仁：《媒介生态学研究的新视野：媒介作为绿色生态的研究》，《徐州师范大学学报》2008 年第 1 期。

介看作一个生态系统，关注与其生存发展环境以及人与媒介环境、社会环境之间的相互关系，并将"媒介生态学"定义为把"媒介作为环境的研究"；美国学者大卫·阿什德在重申媒介技术重要性的同时，也更加注重观察和思考社会现象和传播过程，并认为媒介生态学应建立在因生态环境改变而引发的意义的追问上。可以说"媒介生态学是对符号、媒介、文化之间错综复杂的相互关系的研究"①，是用生态学的观点和方法来探索和揭示人与媒介、社会、自然四者之间的相互关系及其发展变化的本质和规律的科学团，是从生态学角度对于传播学问题进行重新审视的结果。在多元媒介形态与多样传播空间并存的当下情势，伴随着媒介影响力的日趋增强以及人们对于媒介影响、社会生态格局等方面的关注，相关媒介生态研究的重要性进一步凸显。

（二）现实语境与逻辑基点：民族传统体育文化媒介生态研究的正当性

"现代传播媒介是一种对个人和社会进行影响、操纵、支配的力量，它具有界定事物、论述事物、解释事物、形成或塑造公共认知行为和价值判断的能力"②。正是基于现代人"媒介化生存"的社会现实，由现代传媒塑造的"拟态环境"，为人们的文化体验和生活实践提供了广阔空间，持续改写了人们对于习俗、传统、社会关系以及生活方式等的细微感受，影响着人们对特定事物的价值、观念和信仰，产生显著的文化影响。而媒介体育的内容、呈现的方式、报道的观点等，也将同样被表征为各种"象征性现实"，潜移默化地影响着人们对体育文化的感知、态度和行为，培育着不同"想象共同体"的形成。

巴赫金说过："一切文化都可称为符号，因此，一切文化总是表现为各种各样的符号，文化的创造在某种意义上说就是符号的创造。"③ 在此意义上，民族传统体育文化传播过程是"符号化"和"符

---

① 葛耀君、张业安、李海：《媒介生态视阈下我国民族传统体育文化传播问题研究》，《北京体育大学学报》2018 年第 10 期。

② 陈龙：《媒介文化通论》，江苏教育出版社 2011 年版，第 84 页。

③ 萧净宇：《超越语言学》，上海人民出版社 2007 年版，第 179 页。

号解读"的双向互动过程，通过这一过程，其所内隐的为广大社会成员所分享的共享意义得以延续。可以说，没有传播，就没有文化，传播就是文化的实现。现代社会，大众传媒占有超量的体育信息资源和受众资源，能调控自身相关体育信息的传播结构，有针对性地进行体育信息分配，进而塑造特定的"符号—意义"体系，实现对受众的隐性支配，并基于"受众—媒介—社会—自然"四者间的关联互动与优化整合，呈现出丰富的体育媒介生态，而其中某些要素的改变，也必然引起体育文化生态的失衡甚至解体。可以说，当代人"媒介化生存"的社会现实已然构成我们理解相关民族传统体育文化存续发展问题的现实语境，而从媒介生态学视域综合考量媒介与民族传统体育文化的联动状态，也理应成为分析民族传统体育文化认同危机、文化失范等问题的逻辑基点。

## 二  我国民族传统体育文化媒介生态的现实表征

（一）传媒化与同质化：媒介体育的信息偏向与符号权利表达

文化传媒化是指所有的文化都凭借各种形态、介质的传媒方式进行保存、过滤、传承而产生的一种技术主导性的文化再现过程[①]。在现代传播科技的推动下，体育文化的传承已跃上社会性传播的新层面，体育的媒介化早已是不争的事实，借由媒介的强大力量，多元的体育价值观和多样的体育文化形态在各种媒介中得以表现，极大丰富了体育文化的内涵，拓展了体育的文化空间，使不同的体育文化被放大、改变、普及与创造，使当代体育文化呈现出很强的延展性和生成力。

体育与媒介的互动，极大推进着体育的社会化进程，但也要清醒地认识到媒介与体育互动发展中的文化"马太效应"。1）体育媒介化在一定程度上消解了以时间和历史为主轴的文化传承关系，旨在将不

---

[①]  蒋晓丽、冯乐：《文化的传媒化与传媒的文化：现状、症候与反思》，《当代文坛》2012年第 5 期。

同体育整合成一种超越文化差异、兼具世界性与现代性的文化样态。伴随着媒介的视觉化转向，以电视为代表的大众传媒，更加剧了这一态势，推动着体育同质化的形成。西方竞技体育所蕴含的对抗性、挑战性、偶然性和戏剧性由于契合了这种传播特性，受到了现代传媒的格外关注，并逐步形成以体育报道、赛事转播、体育专题为主要的叙事内容和日渐趋同的传播范式，而有着悠久历史和丰富内涵的民族传统体育由于重习得和底蕴，偏重伦理、审美和感性，缺乏可观照的客观尺度，逐渐淡出媒介视野，或异化了模样，在媒介生态中难觅身影。

2）由于媒介体育文化传播必然诉诸广大受众，因此，媒介体育文化的生成也必然包含文化的比较与选择，在这一过程当中，其隐性的"符号权利"得以声张，并在日常化、制度化、仪式化的传播过程中，实现了对体育符号资源的不断积累，而特定体育文化的类属以及呈现方式也不断被象征性地强调，深刻影响着人们对体育的媒介体验与文化认同。正是由于民族传统体育在媒介的缺席，使"民族传统体育/过时"与"竞技体育/现代"之间的类属不断被确认，而只有"竞技"才是"体育"的媒介刻板印象，也伴随着受众对民族传统体育的误读，受到广泛体认。可以认为，民族传统体育在媒介生态的缺位或者弱化，表面上是现代"媒介体育种群"中西方现代体育对民族传统体育"弱肉强食"的结果，实则源于大众传媒强大的传播潜能，源于其界定体育现实的强大力量，正是体育传媒的主动"献媚"，并借助于传播过程中其符号权力的生成，实现了与西方现代体育的"共谋"，并呈现出"自然化"的面貌。

（二）娱乐化与碎片化：媒介体育消费的市场逻辑

传媒产业加快了文化的去魅化过程，体育与媒介的联姻，使各种体育产品迅速"议程设置"为公众流行，成为赚取受众意义消费的重要资源。詹姆逊把晚期资本主义社会与消费社会联系起来，认为消费社会就是完全多元并且抛弃了单一规范的放任社会，在消费社会里，文化也开始商品化，正是媒介体育文化的消费逻辑，强化了大众体育的娱乐化走向，成为当下中国体育媒介生态的重要特征。

由于体育文化的特殊性，媒介体育的娱乐性往往表现为一种快感文化。所谓快感文化即"大众的快感通过身体来运作，并经由身体被体验或被表达，所以对身体的意义与行为的控制，便成为一种主要的规训机器"①，例如通过观看电视中的摔跤可以使观众获得冒犯式的身体快感，而媒体的"对抗、斩首、秒杀、屠戮、绝杀"等话语表达，也契合了受众对快感文化的消费心理需求。自20世纪90年代以来，以电视为代表的大众传媒通过典型的快感叙事，推动了媒介体育样态的多样化呈现，使民族传统体育文化呈现出视觉化的、感性主义形态。福建电视台的"功夫"、深圳卫视的"功夫之星"、河南电视台的"武林风"等电视栏目均采取了技击武术打斗的"真人秀"类型，抽掉了中国传统武术文化的精神内核，而本着"还原真实武林，传承功夫精髓"为主旨的CCTV-5"武林大会"栏目，作为对回归和弘扬我国传统武术多样性的创新与尝试，在历经9年后，也抛开了"说武论技""无差别竞技""功力赛""套路赛"等表现形式，舍弃了区分"拳种流派"的特点，而以举办"CKF中国功夫争霸赛"作为主要表现形式，呈现出标准的"快感式"改造，民族传统体育文化的深度在不断被消解中走向平面。

如果说娱乐性决定了民族传统体育在媒介中的文化走向，那么碎片化则是其媒介生存状态的真实写照。一方面，媒介瞬间就可实现不同文本的合并，通过无规则地组合各种图像、信息和符号，以提供给受众最浅表的感官体验为宗旨，致使民族传统体育从一种整体性的文化存在转向表层的、非连续的碎片式表达；许多民族传统体育在电视报道中零星地杂糅在综艺节目或新闻节目中，或是浮光掠影式地散见于报端，缺乏对相关主题持续性关注。另一方面，碎片化的内容又分割了受众，伴随着新媒体尤其是自媒体的发展，比特叙事的融合性与交互性特征凸显，在某种意义上有利于增加民族传统体育媒介叙事的

---

① ［美］约翰·费斯克：《理解大众文化》，王晓钰、宋伟杰译，中央编译出版社2001年版，第78页。

作用力和多样性，但由于"自媒体人"知识结构的局限，使民族传统体育文化传播出现"风险悖论"。由于掌握技术的人不了解民族传统体育文化，而掌握民族传统体育文化的人却不会技术，以西方竞技体育为主要舆情的媒介生态进一步失衡，受众对中西方体育认知的"知识鸿沟"持续扩大。同时，众多"自媒体人"以原发性、创造性的微叙事方式，通过对民族传统体育文化的嫁接、挪用、改造以及文本意义的解读，更加模糊了民族传统体育文化本身"能指"与"所指"的界限，使其媒介生态呈现出更为零散状态。

## 三 民族传统体育文化媒介生态的构建

基于媒介的现实影响力以及现代社会人对媒介的依赖关系，可以表述为"媒介即文化"，民族传统体育文化的日渐式微，归根到底在于民族传统体育文化媒介生态的失衡。要实现民族传统体育文化的发展，不仅要综合考虑媒介系统内各要素的有机联系，还要充分重视媒介系统与外部环境互动、共生的整体关系，以使媒介生态内外各要素共同演进、协调发展。

（一）市场性与公益性的平衡：民族传统体育文化传播的"双重检视"

基于文化消费主义和产业化运作的社会背景，受众的细分为民族传统体育媒介产品的营销提供了契机，相关民族传统体育文化题材的创造以及媒介衍生产品的线下销售也为媒介的产业运作提供了无限可能。媒介必须遵循市场化运作规律，主动适应大众需求，深入挖掘民族传统体育文化资源，拓展媒介实践领域，通过对民族传统体育系列文化符号的选择、设计与包装，实现创造性转化和创新性发展，不断强化文化品牌和市场价值，使边缘化的民族传统体育文化符号成为具有资本增值特性的文化产品。同时，作为一种社会公器，大众传媒有义务承担起文化传承的社会责任，对民族传统体育文化传播充满自信，并充分体现对人文理想的坚守，大力弘扬"天人合一""身心一统"

"内外兼修""温良恭谦"等核心价值，并转化为媒体的自觉行动。

民族传统体育文化媒介传播的"市场性"与"公益性"之间并非简单的二元悖论关系，绿色、多元的传播内容是实现二者有效衔接的基础；科学的传播理念是实现协调发展的重要前提；媒介的传播策略与技巧是推动媒介生态可持续发展的重要抓手。1）在内容方面，汉族地区的秧歌、腰鼓、太极拳、木兰扇等，少数民族地区的霸王鞭、跳竹竿、民族摔跤等丰富多彩的民族传统体育项目已超越民族为更多的群众所喜爱，为媒介传播提供了宝贵的文化资源。2）要树立人文传播观，在展现民族传统体育健身、益智、修身、养性等现实价值的同时，要注重对技艺、技能、才艺背后的故事和命运的关注，通过价值凝练，推进节目形态创新，通过诠释人文精神，凸显文化赋权，提高受众的文化认同。3）在传播策略上，要立足民族传统体育文化的特点，加强题材分析，凝练创作主题，在电视传播过程中，可通过巧妙设定场景、规则，利用情景还原、纪实跟拍、游戏推进等手法，不断提高栏目的娱乐性与欣赏性；通过加强技术共享、信息融合，不断提高相关议题的凝聚力。4）要充分重视人性化的媒介使用策略，发挥"意见领袖"的作用，通过平台互动，不断提高公众的参与度。唯有不断加强对民族传统体育文化传播的创新实践，才可以真正将"有意义的主题"做到"有意思的传播"，在营造民族传统体育文化媒介生态的同时，实现经济价值与社会价值的共赢。

（二）审慎的自由与文化保护：民族传统体育文化传媒管理的"二维策略"

媒介生态学理论突出强调了媒介的"独立性"和"生命体"特征，在赋予其生命性的同时，也体现了媒介获取生命能量的必要性以及实现自我价值所必需的合法地位与权力。新媒体语境下，由媒介融合、自媒体发展带来信息传播渠道急剧扩张的同时，也带来行业竞争的加剧，而大众"麦克风"时代的来临，也使大众社会的异质性和社会阶层的复杂性受到空前强调。发行量、收视率、点击率成为大众传媒衡量自身实力、获取广告赞助和产品制作的主要参考，而转发率、阅读量也已成为衡量自媒体影响力的重要维度，在媒介空间内，多元化的信息诉求与多渠道的信息供给持续并存，大量复制抄袭、追求刺激煽情的节目充分暴露了媒介的短视效应，人们从禁锢中解放出来，消费文化、娱乐文化成为当下媒介生态的重要特征网。

　　媒介生态的目标就是为了找到保持媒介生态平衡的对策，或者说是控制媒介生态系统失衡的度，使其成为推动社会文化进步的动力而不是绊脚石。国家新闻出版广电总局于 2014 年 1 月 23 日和 2016 年 6 月 20 日分别下发的《关于积极开办原创文化节目弘扬和传承优秀传统文化的通知》和《关于大力推动广播电视节目自主创新工作的通知》中突出强调了传统文化的重要性，鼓励加强节目原创，提高文化自信。针对民族传统体育文化传播，1）坚持"开放性保护"。坚持"国家导向、市场主体，社会参与"的原则，加强供给侧结构改革，充分发挥传统媒介在人、财、物方面的优势，落实市场准入，研究制定"制播分离"背景下社会媒介参与相关媒介产品的自主生产与管理机制，建立多层次文化产品和要素市场，推动民族传统体育文化媒介产业链建设，打造文化精品。2）加强"政策性保护"。积极借鉴国外先进经验，例如：法国要求所有广播电视节目播出时间的 60% 必须用于播出欧洲的节目作品，在报刊管理中规定，不得接受外国政府的资金或优惠，同时国家对报刊给予直接或间接的资金援助。通过优化民族传统体育媒介产品评价标准，建立成本补偿机制，扩大政府对相关产品的文化资助和文化采购。要加强政府部门间的协同，联合体育、传媒、旅游等部门，设立联合专项资金，鼓励优秀民族传统体育动漫题材、影视作品等开发，优先支持濒危民族传统体育媒介产品的开发，并加强版权保护。3）加强"特色保护"。针对受众"分众化"态势，通过设立民族传统体育公共频道或报刊专栏，推行民族传统体育文化的网络化、数字化保护，建立专门网站、网上博物馆等，改变当下媒介体育生态信息失衡的现状。4）要重视大众传媒的"把关人"作用，强化传媒人员的专业素养和责任意识，通过对民族传统体育文化的客观、专业解读，为受众提供具有权威性的信息，并使之成为个人信息发布的解释依据。

（三）多样传播形态与多元媒介生态位：民族传统体育文化传播的多向度调整

生态位是指一个种群在生态系统中，在时间空间上所占据的位置及其与相关种群之间的功能关系与作用。在完整的传媒生态系统中，不同媒介均占据独特的生态位，占据时间生态位的媒介有电影、电视和广播；占据空间生态位的媒介是报纸、杂志和书籍，它们在各自的生态位有特色鲜明的受众资源，可以说，任何一种媒介和任何一个时代的受众都必须保持与环境相应的生态位，挖掘其生存与发展的最佳平衡条件网。鉴于此，在民族传统体育文化传播中，须充分考虑媒介生态位的特点，加强不同文化产品在相应生态位的优化布局，不断拓展渠道资源，形成覆盖广泛、特色鲜明的立体传播体系。

在纵向生态位建设上，民族传统体育文化的传播要针对不同生态位媒介的特点和优势，形成内容广泛、特色鲜明的内容体系。借助时间生态位媒介可以将民族传统体育文化资源转换为电影、电视剧、电视节目和网络游戏，有利于争取更多的视觉受众资源。以武术文化资源为基础进行创作的电影《少林寺》《精武门》《英雄》《十面埋伏》和国产游戏《仙剑奇侠传》《轩辕剑》等，虽然在某种程度上消解了传统体育文化的深度，但却拓展了武术文化的媒介空间。同样，依托空间生态位的报纸、杂志、书籍进行传播，虽然会具有一定的滞后性、枯燥性，但在报道的深度、广度上却可以弥补时间生态位媒介的缺陷，使民族传统体育文化的传播更具连续性和系统性。另外，微博、微信、移动客户端等新媒体的交互性传播特性以及"碎片式学习时代"的来临，也必将催生对"微电影""微视频"等文化产品的需求，吸引更多的受众的关注。"少林寺官方网站"的微博，已有八万粉丝，对少林武术文化的推广功不可没。因此，实施不同生态位控制，创新文化形式，是民族传统体育文化繁衍发展的必然要求，也将为媒介生态的种群发展提供丰富的物种基础。

在横向生态位布局上，要加强在同一生态位上不同媒介产品的开发与设计。目前民族传统体育文化的媒介产品还相对单一，在电视传播中主要以竞技武术、龙舟、舞龙舞狮以及健身气功为主，众多的民族传统体育项目被遮蔽，在媒介生态中呈现"信息真空"的状态，这也是蹴鞠、捶丸、投壶、打花棍、板凳龙等民族传统体育文化消弭的重要原因。近年来，马球在西北地区文化旅游产业中作为重要的文化标志被成功利用，充分展现了民族传统体育文化的当代价值。另外，针对同一生态位民族传统体育媒介产品形式匮乏的现状，要结合不同项目的特点，细分受众，打造多样的文化表现形式。例如在电视传播类型方面，针对龙舟、武术、高脚竞速、马术等竞技性较强的项目，可以通过"赛事直播""专题庆典""真人秀"配合以"人物专访""民族传统体育纪录片"等方式进行传播；针对围棋、太极等益智养生类项目，应主要以保健原理、保健方式、项目普及为诉求点，以文化专题片或人物访谈类节目形态为主进行传播。

（四）本土化与国际化的契合：民族传统体育文化传播的"二重定位"

媒介生态学突出强调了媒介与人类间的互动并给予文化以特性的方式，也使文化保持象征性意义的平衡，从这个意义上讲媒介生态实际上是"一个社会文化研究领域"。发轫于农耕文明的民族传统体育，作为一种特殊的社会记忆文本，其独特的意义和价值植根于特定的历史时空和生活场域，具有浓郁的乡土情怀。因此，民族传统体育文化传播实践必须动态地考量其特定场域和空间中的发展与变迁，科学而理性地进行文化价值的解读与扬弃，在对那些历久弥新的核心价值予以坚守的同时，使媒介产品无论在文化意义的承载还是产品的展示上，能够与国家导向、公众诉求紧密相连，并呈现出广阔的国际化视野。

CCTV-5《体育人间》栏目制作的大型武术纪录片《今风·细雨·江湖》正是契合了这种原创精神，将节目的可看性与思想性有机结合，实现了"有温度、有态度"的媒介表达，引起了受众的普遍共鸣，这不仅是《今风细雨江湖·建德》获评第 21 届国际体育电影电视节体育纪录片评委会大奖的重要原因，也是民族传统体育媒介成功传播的重要实践。而以武术为创造题材的大型舞台动作剧《功夫传奇》《少林雄风》《风中少郴》《禅宗少林·音乐大典》等，通过深入挖掘传统武术文化底蕴"以武化舞、以文化心"，好评如潮。同样，央视的《中国汉字听写大会》《中国成语大会》、浙江卫视的《中华好故事》、贵州卫视的《最爱是中华》等节目获得成功的原因也在于对本土文化的坚守。而美国通过对中国武术文化和民间故事的挖掘，使电影《功夫熊猫》和《花木兰》风靡全球，更从侧面揭示出本土文化资源的重要性。

任何文化越是民族的，就越是世界的。罗兰·罗伯森认为"全球资本主义既促进文化同质性，又促进文化异质性，而且既受到文化同质性制约，又受到文化异质性制约"。全球化背景下媒介体育生态体系必然包含不同体育文化种群间的对抗与调适，要时刻警惕"弱肉强食"的霸权主义思想，对西方体育文化现代化和文化"他者化"伎俩保持清醒认识，既要避免过度评价，又要避免无端轻视。在民族传统体育文化媒介传播中，要积极挖掘不同体育文化中既有共性，又有"距离感"的资源，探寻文化"契合点"，既要体现民族传统体育文化的传统性、地域性和民族性，又要立足全球化语境，体现出娱乐性、时代性和世界性。同时，要改变"封闭式"的言说方式，用"世界声音"讲好"中国故事"，不断提高文化地位与话语权①。

作为一种传播符号，民族传统体育具有表征过去、承载现在和开启未来的重要文化价值，而媒介生态研究为民族传统体育文化传播的相关话题提供了空间和关系的基础，突出强调了"媒介系统—受众系统—社会系统—经济系统"等不同生态因子间的整体性、互动性、协调性和可持续性，使其有机地结合在一起，相互关联。这应该成为解读当下民族传统体育文化传播娱乐化、碎片化、同质化等失范问题的

---

① 葛耀君、张业安、张胜利：《传播学视域下中华民族传统体育文化的认同》，《北京体育大学学报》2017 年第 4 期。

逻辑基点。

"媒介即文化",面对文化消费主义的现实语境,如何兼顾民族传统体育文化媒介生态的市场性与公益性;如何在尊重媒介市场规律的前提下加强文化保护;如何通过创新,实现多元立体的生态位控制;如何在坚守民族传统体育文化本土性的同时,推进国际化传播,这些议题均关乎民族传统体育文化的延续和现代阐释,在某种角度上兼具解构的意味。可喜的是,媒介生态学为解决相关问题开创了广阔的视角并提供了无限的可能。基于民族传统体育文化的传播学本质,有利于深刻阐释其文化嬗变的传播学本因,也有利于更全面、深入地认识民族传统体育文化媒介生态的特色与魅力,并为其重构提供理论依据。我们有理由相信,深邃、悠久、厚实的中华民族传统体育文化必将成为滋润世界体育之林的沃土,民族传统体育媒介生态终将焕发无限生机。

## 第二节　民族传统体育话语权新媒体传播

当前,不同的学者基于差异化的视角对提升中华民族传统体育文化话语权进行了研究,有学者从跨文化对话视角提出本土先行、尊重对方、国际合作等提升策略[1];有学者从文化符号与责任担当视角提出加强民族传统体育文化传播的话语责任来提升其国际话语权[2];还有学者从媒介记忆、互联网[3]等视角提出了提高受众审美能力、加强媒介关注社会的记忆责任与义务、线下传播向线上传播转变等民族传统体育文化话语权提升路径,而鲜见从新媒体视角去探寻提升中华民

---

① 王庆军、方晓红:《跨文化对话:中国传统体育国际化的障碍与超越》,《体育科学》2010年第6期。

② 孟涛、唐芒果:《文化符号与责任担当:中华武术国际传播的话语分析》,《上海体育学院学报》2014年第3期。

③ 李臣、赵连文:《互联网时代中国武术"走出去"的现实困境与路径选择》,《武汉体育学院学报》2017年第11期。

族传统体育国际话语权的系统分析文献。

## 一　新媒体技术：体育话语维度可依托的新平台势能

话语的研究离不开其与社会权力互相缠绕的关系，在众多的话语权理论中，法国哲学家米歇尔·福柯的"权力话语"理论是颇具影响力的，其首先将权力引入话语范式并提出话语权的概念，他认为话语权是以说话为载体的工具，人通过话语赋予自己以权力，话语权是话语—权力的简称[1]。而后，英国社会语言学家诺曼·费尔克拉夫[2]进一步丰富了话语权的内涵，他认为话语权作为一种意识形态的实践活动，在一定程度上具有建构甚至改变世界的意义。我国学者冯广艺[3]提出话语权是人们为了充分地表达思想、进行言语交际而获得和拥有说话机会的权利。张国祚[4]认为话语权从话语和权力的关系出发，意指通过说话来影响和控制舆论的权力和能力，话语权决定公众舆论的走向，还进一步影响社会的发展方向。

当今，话语权在国际传播和国际交往中起着越来越重要的作用，甚至已经同国家主权、领土主权和领空主权一样，成了一个国家尊严和国家独立的重要标志。媒体作为话语权传播和延伸的工具，其意义在于掌控话语权，主导舆论走向，它包括话语"权利"和话语"权力"。有学者[5]提出加大新闻媒体对外宣传力度对于提高我国国际话语权有着重要的促进作用；有学者[6]提出媒体是提升中国国际话语权的

---

[1]　陈开举：《话语权的文化学研究》，中山大学出版社 2012 年版，第 117 页。

[2]　[英] 诺曼·费尔克拉夫：《话语与社会变迁》，殷晓蓉译，华夏出版社 2003 年版，第 25 页。

[3]　冯广艺：《论话语权》，《福建师范大学学报》2008 年第 4 期。

[4]　张国祚：《关于"话语权"的几点思考》，《新华文摘》2009 年第 15 期。

[5]　宗庆后：《关于加强新闻媒体对外宣传力度，提高中国国际话语权的建议》，《商品与质量》2009 年第 10 期。

[6]　陆秋明：《浅析海外华文媒体在提升中国国际话语权的作用》，《东南传播》2017 年第 11 期。

重要平台，它在塑造中国新形象、消除"中国威胁论"等方面发挥着重要的作用；还有学者①提出媒体的话语权在一个国家的国际话语权上的作用无可替代，主要体现在维护国家利益、赢取国际公信力、传播主流意识形态价值观等方面。可见，媒体的发展对于话语权的掌控和提升、舆论的引导都将产生重要的影响。

随着移动互联技术的发展，无论是一般的草根民众还是社会精英，都不约而同地步入了新媒体时代。新媒体是相对于传统媒体而提出的概念，是以利用数字技术、移动技术和网络技术，通过互联网、宽带局域网、无线通信网和卫星等渠道，以数字电视、电脑和手机为主要输出端，向用户提供视频、音频、语音等信息和服务的新媒体传播形态。新媒体变革了传统媒体的传播方式，开启了用户互动传播的新时代，使得"人人都是通讯社，人人都有麦克风"，让传播走向了多向度的综合传播。其在技术上是以网络技术、移动技术、数字技术为核心，通过信息传播媒介而使公众掌握并理解，具有及时性、互动性、海量性和共享性等特点。从主体上看，体现了平等化和去中心化②。新媒体技术解放了传者，打破了中心化的媒体传播格局，创造了自由、平等和开放的传播空间秩序。从内容上看，呈现出个性化与便捷化③。新媒体技术为用户提供了自制短视频、自拍图片秀、网络直播等个性化的展示平台，可以方便用户及时发布并传播自己的观点。从传播方式上看，凸显多元化和互动化④。以微博、微信、论坛为代表的多样化新媒体平台实现了主体与受众之间的深入互动和交流。新媒体技术的迅猛发展，催生出了一大批融合各种巧妙的文字、图片与动画于一体的新型社交工具，极大地拓宽了话语传播渠道和空间。从传播速度

---

① 范红燕、路艳丽：《浅谈媒体对美国赢取国际话语权的影响》，《青年科学》（教师版）2013 年第 5 期。

② 俞鹏飞、王庆军：《新媒体时代中国冰雪运动文化传播的机遇、困境及其路径研究》，《体育学刊》2020 年第 1 期。

③ 李梁成：《新媒体环境下大学生思想政治教育话语权式微及重建策略》，《教育与职业》2019 年第 7 期。

④ 李伟娜：《新媒体时代电视新闻的优势》，《传播力研究》2018 年第 2 期。

上看，呈现出裂变化①。新媒体依托高度发达的互联网技术，不仅成为信息传播的集散地和社会舆论的发酵地，而且使得信息传播呈现出裂变性的特点。从用户角度看，用户表现出信息消费者和生产者的统一性，实现了信息"产销一体化"。

当前，随着体育全球化的不断推进，体育话语权在国际传播和国家交往中起着越来越重要的作用，现已成为国家软实力的重要组成部分。新媒体技术打破了传统体育媒体的话语权垄断，迎来了"个人赋权"的体育媒体话语权新格局；改变了体育话语传播方式和渠道的单一性、传播空间的局限性等劣势，创造了体育话语传播方式和渠道的多元性、互动性、及时性等新优势，为体育话语权的提升提供了新的平台。

## 二　新媒体时代提升中华民族传统体育国际话语权的诸多机遇

### （一）丰富了中华民族传统体育话语的内容体系和表达体系

米歇尔·福柯认为，话语不仅仅是思维符号和交际工具，而且是掌握权力的关键②。权利通过话语的内容和表达得到巩固和加强，话语已成为为权利服务的手段③。我国对国际话语权的研究始于 2004 年，而对于体育国际话语权中的民族传统体育国际话语权研究还处于起步阶段，对于提升中华民族传统体育国际话语权的意识刚刚觉醒。民族传统体育是中华民族数千年来生产劳动的结晶，蕴含着我国优秀传统文化精神，也是我国体育走向世界的橱窗。尽管中华民族传统体育历史悠久、内涵丰富、项目形式多样，但在国际化的传播过程中缺乏贴近受众的表达内容和方式，加之存在中西方语境有别于文化误读的先

---

① 俞婷、丁俊萍：《新媒体时代马克思主义意识形态话语权建构析论》，《理论导刊》2019年第 4 期。

② 冷淞等：《新形势下媒体国际传播与话语权竞争》，中国社会科学出版社 2016 年版，第56 页。

③ 刘永涛：《话语政治：符号权力和美国对外政策》，复旦大学出版社 2014 年版，第 34 页。

天屏障，比如中华武术练习中的三宝：精、气、神，对于国外受众就很难理解，且在国际化传播过程中时常被西方人理解为简单的体操，造成其传播受众理解难、关注度低、话语权式微等尴尬境遇。然而随着多媒体时代的来临，变革了传统的民族传统体育话语内容体系和表达体系。新媒体以其强大的存储和记忆功能，开辟了信息时代的新纪元，它创造、存储和传输了难以计数的海量信息，实现了信息资源在世界范围内的流动、共享与融合①。这些海量的信息与便捷的获取方式无疑为中华民族传统体育国际化传播提供了丰富的话语资源，充实了中华民族传统体育话语的内容体系，进而促进其在国际化传播中能够有效融合中西方语言文化的差异，提升其话语解释容量，减少语境误读的现象，从而提高其传播的效率。此外，新媒体时代实现了媒介的融合。新媒体以兼具文字、图片、声音、动画等传播手段以及以冲击视听感官的方式制造影像神话，可以有效增强中华民族传统体育话语的表达方式与表达手段，提升中华民族传统体育话语的感染力和吸引力，进而提供更加贴近受众时代需求的表达内容和方式，如电影《功夫熊猫》就是借助新媒体手段，将中华民族传统体育的内涵以诙谐、幽默、搞笑、戏剧等方式呈现在世界观众面前，极大地提高了中华民族传统体育的影响力。

（二）拓宽了中华民族传统体育话语传播的主体、形式和渠道

长期以来，向国外传播中华民族传统体育文化主要由国内主流传统媒体承担，其采用的传播方式不易被西方主流媒体所接受的现实尚未得到实质性的改变，进而使得中华民族传统体育国际化传播的进程缓慢、沉重而乏力。新媒体时代的来临，使得信息传播方式发生了革命性变革，新媒体技术的发展和应用消解了时间与空间的界限，大大降低了信息传播的门槛，催生出"人人都是麦克风，人人都能生产信

① 梁庆婷：《新媒体语境下思想政治教育话语体系构建研究》，中国矿业大学出版社2017年版，第83—87页。

息"的互联网群体传播时代①。新媒体所具有的即时互动性，摆脱了信息传播的地域束缚，使得"海内存知己、天涯若比邻"的美好理想成为现实。这种即时互动的传播方式不仅可以实现中华民族传统体育话语能够第一时间在世界范围内传播和分享，而且可以极大地提高受众的体验感和参与的积极性。截至 2020 年 3 月，我国网民规模已达 9.04 亿。艾媒数据中心报告显示，我国互联网体育用户将达到 5.7 亿②。借力新媒体，将会大范围地拓宽中华民族传统体育国际化传播的受众主体。

新媒体时代打破了传统媒体时代由电视统治的中华民族传统体育文化传播的自上而下一维线性传播方式，迈向了"三微一端"（微信、微博、微视和移动客户端、网络平台等新媒体终端）的立体多维非线性的传播时代，实现了中华民族传统体育文化国际化传播形式的多样化。此外，由于中华民族传统体育的流行程度和影响程度都要逊色于足球、篮球等运动项目，致使国内的主要媒体很少转播中华民族传统体育相关赛事。播放渠道的单一性严重影响了中华民族传统体育的用户群的建构，使得中华民族传统体育在国际化传播中难以增强用户黏度。而新媒体凭借 360 度全景观赛、虚拟演播室、VR 虚拟观赛等新媒体制播和观赛技术，依托先进的互联网平台，采用手机、Pad、PC 端、搜索引擎和网上社交等多样化的传播渠道，实现了全方位、立体化、全天候的中华民族传统体育赛事传播方式，丰富中华民族传统体育文化形式，极大地满足了用户观赏、交流等方面的需求，进而可有效地增强中华民族传统体育用户黏度，扩大中华民族传统体育传播范围。《2018 年中国国家形象全球调查报告》统计数据显示，海外用户通过新媒体渠道了解中国信息的比例为 33%③。这说明新媒体正在成为中

---

① 隋岩：《群体传播时代：信息生产方式的变革与影响》，《中国社会科学》2018 年第 11 期。
② 徐磊、王庆军：《新媒体时代中华武术国际话语权研究》，《武汉体育学院学报》2020 年第 11 期。
③ 徐磊、王庆军：《新媒体时代中华武术国际话语权研究》，《武汉体育学院学报》2020 年第 11 期。

华民族传统体育国际化传播的重要载体，为提升中华民族传统体育的
国际话语权创造了新的机遇。

（三）增强了中华民族传统体育话语传播的实效性

传统媒体时代信息流动的模式都是从精英流向大众，从权威流向
草根，大众传媒作为一种稀缺资源，被管理人员牢牢掌控。中华民族
传统体育在国际化传播过程中，由于经过传统媒体的二次编码、过滤、
剪辑等程序后可能会造成个体的声音被弱化，传播的本意没有能够得
到充分的呈现，同时对于受众的传播效果也不能做到及时有效的跟踪
和反馈。传播信息之间的不对称严重影响了中华民族传统体育文化国
际化传播的实效性，进而阻碍其国际话语权的提升。然而，新媒体时
代的来临颠覆了信息传播者和接收者之间的信息不对称流动模式，实
现了媒介的话语赋权，使得每个人都有机会获取信息和公平的话语表
达权利。新媒体的话语赋权使中华民族传统体育文化国际化传播的受
众不再只是传统媒体时代定位明确的信息接收者，而是由被动的接收
者转化为主动的信息生产者和消费者，享有与把关人同等的话语身份
和权力；同时因为身份的隐匿性而有了自由表达的勇气，借助新媒体
的技术和手段，对中华民族传统体育文化国际化传播的效果可以实现
实时的互动与反馈。这对中华民族传统体育文化国际化传播的主体而
言，有助于掌握受众的真实思想动态和获得话语传播的客观效果，进
而获得中华民族传统体育文化国际化传播效果评估的真实数据，保障
中华民族传统体育文化话语评估体系的建构，增强话语传播的实效性，
为中华民族传统体育文化国际话语权的提升奠定了科学的决策基础。

## 三　新媒体时代提升中华民族传统体育国际话语权所面临的潜在挑战

（一）媒介依赖过度：国内话语主体对中华民族传统体育产生认同障碍

德弗勒的媒介依赖理论认为，媒介的影响力是建立在社会系统、

媒介系统和受众系统三者的关系之上，个人对媒介的依赖性越强，媒体在个体生活中的影响力就越大，社会中依赖媒体的人越多，媒介对普通大众的影响力就越大，整个社会对媒介的依赖就越强。传统媒体时代，中华民族传统体育的话语传播媒介依赖主要表现为受众对广播、电视媒体的依赖，由于传统媒体传播渠道单一、平台单一而造成的媒体话语权式微的现实，使得受众对于传统媒介的依赖全然不觉甚至怡然自得。而在新媒体时代，比特组成的信息世界和符号化空间开启了一个全新的"数字化生存"模式，它以其多样化的传播手段和渠道，丰富了信息的生产、传递和消费，并深刻嵌入人们的生活，让人们被新媒体裹挟并欣然消费新媒体为他们制造的景观，在信息的海洋里无所适从、盲目狂欢。无疑，以手机为代表的新媒体已经让人们过度依赖和崇拜，这将会导致中华民族传统体育的话语主体丧失意识的独立性与思考的自主性，以至于对中华民族传统体育的话语信息不能进行独立的编码和解码，极易造成对新媒体所言的轻信与盲从，导致其话语主体的认同障碍。一旦新媒体中的负面信息被崇拜者所吸纳，将会严重影响到中华民族传统体育话语权的权威。如格斗狂人徐晓东击败太极宗师的事件，网上出现了一系列抨击、指责、戏谑中华民族传统体育不堪一击的舆论，导致中华民族传统体育的形象陷入崩塌。新媒体时代在通过改变中华民族传统体育的话语传播方式带来便利的同时，也产生了媒介依赖过度导致其话语主体认同障碍的困扰，这无疑将会给中华民族传统体育国际化传播和话语权的提升带来一定的阻碍。

（二）数字鸿沟现象：中华民族传统体育话语传播力度弱化

数字鸿沟是指在全球数字化进程中，不同国家、地区、行业、企业、社区之间，由于对信息、网络技术的拥有程度、应用程度以及创新能力的差别而造成的信息落差及贫富进一步两极分化的趋势。新媒体时代，数字鸿沟表现为新媒体接入、新媒体使用与新媒体知识储备方面的差距。中华民族传统体育的话语国际传播力是建立在中华民族传统体育传播媒介化的基础上，将中华民族传统体育的话语信息传播给国外受众，进而获得传播效果的能力，而传播主体对于媒介的接入和使用则会直接影响到话语的传播力。首先，随着全球化的不断推进，西方发达国家凭借强大的经济基础和先进的信息技术，牢牢地掌握着新媒体的控制权和主动权，并逐渐发展成为一种"马太效应"，造成我国的新媒体技术与西方发达国家新媒体技术之间的数字鸿沟不断扩大。这使得中华民族传统体育的话语在国际化传播中缺乏先进的新媒体技术为其支撑，导致中华民族传统体育话语传播的不平衡，难以实现中华民族传统体育话语的有效吸纳与反馈。其次，在中华民族传统体育话语国际化传播过程中，用户对于新媒体的使用差异也会影响其话语的传播力。当前我国流行的新媒体（如微信、微博、微视等）在世界普及率和使用率要远远低于西方发达国家的 Facebook、Twitter 等新媒体。虽然 2019 年我国微信用户规模达 11.12 亿，但在海外的使用率却很低，这在一定程度上会影响中华民族传统体育话语的国外传播效果。因此，中华民族传统体育话语国际化传播的主要问题是如何突破数字鸿沟，加强我国新媒体建设，扩大传播主体，以增强中华民族传统体育的话语传播力，进而提升其国际话语权。

（三）碎片传播与话语狂欢：中华民族传统体育话语传播效果欠佳

传播效果是指带有说服动机的传播行为在受传者身上引起的心理、态度和行为的变化；一般而言，衡量传播效果可依其发生的逻辑关系顺序或表现阶段分为认知、态度和行为三个层面。中华民族传统体育国际话语的新媒介传播效果指的是中华民族传统体育在新媒介上的传播对受众产生的认知、态度和行为上所产生的潜移默化的影响。就认知层面来看，新媒体时代，中华民族传统体育的话语传播呈现"碎片化"的传播特征。一是传播内容碎片化。借助新媒体平台，互联网上海量的信息生产和传递趋于泛滥化和过度化，脱离实际和哗众取宠的信息随处可见，这对于受众想要了解客观和全面的中华民族传统体育信息变得越发困难。二是传播方式的碎片化。新媒体时代实现了自我传播、人际传播、群体传播、组织传播和大众传播模式的融合，碎片化的信息经过多次转发、评论和关注，极易造成中华民族传统体育话语多向度的传播偏差，很难满足受众对于中华民族传统体育信息的精准需求，进而弱化了中华民族传统体育的话语传播效果。从态度层面来看，新媒体时代，中华民族传统体育的话语传播呈现"狂欢化"的传播特征。新媒体时代为全民狂欢提供了网络平台，它鼓励人们以网络特有的方式颠覆传统，用戏谑、讽刺、幽默、游戏等视角来解读现实生活，使全民网络话语狂欢成为一种常态。新媒体时代下网络话语狂欢化延展到中华民族传统体育的文化内涵和话语之中，解构中华民族传统体育"刚健有为、自强不息、厚德载物"的文化精神，使其落入到"戏谑、讽刺与媚俗"的狂欢之中。从微博到抖音，不乏用户利用狂欢化话语对民族传统体育进行戏谑，如把太极拳的招式话语嫁接到《最炫民族风》的神曲中，以获得更多粉丝的关注。新媒体时代下网络话语对于中华民族传统体育的戏谑，加之受到中西方话语语境差异的影响，势必会降低其话语传播的质量。从行为层面来看，新媒体时代中华民族传统体育话语传播碎片化和网络话语狂欢化在一定程度上降低了西方主流媒体对中国民族传统体育的认同，造成西方某些主流媒体时常采用片段式的选择和主观的话语来报道中国民族传统体育，进而造成中国民族传统体育外部印象与真实情况的差异。如 2019 年 10 月以英国《每日邮报》为首的西方媒体对咏春拳丁浩和散打阿虎的"传统武术 VS 现代搏击"的报道，字里行间都流露出看笑话、看所谓的中国传统武术大师出洋相的意蕴，而没有用客观的话语报道中华武术的形象。无疑，新媒体时代碎片化传播和网络话语狂欢化在一定程度上弱化了中华民族传统体育话语的传播效果能力，进而影响到中华民族传统体育国际话语权的提升。

（四）西方文化霸权：中华民族传统体育话语传播场域受扰

西方文化霸权是指以美国为首的西方国家把其物质生活方式、价值标准作为一种普世的行为准则强加给其他国家，把自己的文化作为衡量一切文化的尺度和标准。近年来，随着新媒体技术的不断变革和全球化程度不断加深，以美国为首的西方发达国家通过掌握先进的传媒科技，在全球范围内不断推行其文化霸权政策，以此来弱化其他国家文化和话语权，达到占领国际话语权制高点的目的。虽然新媒体给中华民族传统体育话语传播带来了一个全新的话语空间，提供了一个相对自由的表达平台；但在这个相对自由的话语场域里，面对西方文化霸权的不断推进，多元化社会思潮不断渗入，无疑会给中华民族传统体育话语的传播场域带来挤压和干扰。具体表现在，一是以语言为武器，西方国家确立了以英语为标准的计算机汇编语言，在网络信息传播中占据中心地位，推行其霸权文化。而作为中华民族传统体育的话语沿用的中国汉语的话语逻辑和表达方式，且中国汉语的国际化程度远远低于英语，在国际化传播过程中要先转化为国际通用话语才能让西方受众所理解。由于西方国家在网络信息中的霸权地位，对中华民族传统体育的话语国际化传播难免会造成一定的干扰。二是以文化交流为名义，推动以电影、电视剧等为主的文化产品的输出，以此来增强西方文化价值观的渗透，推动其话语传播力。如我们熟悉的美国喜剧电影《功夫熊猫》，本身是以中华民族传统体育为背景，而主角肥波却是个典型的美国文化形象，话语表达也是典型的美国式英语，这在无形之中会干扰到中华民族传统体育话语的传播场域，弱化中华民族传统体育话语的传播力。三是利用先进的体育传媒，如雅虎体育、ESPN、Bleacher Report、FoxSports 等，控制着当今世界体育的信息、赛事生产和传播，主导着国际体育的话语权和解释权。由于中国体育传媒的弱势地位，中华民族传统体育的话语传播缺乏公信力和影响力，进而阻碍其国际话语权的提升。

## 四 新媒体时代提升中华民族传统体育国际话语权的策略

（一）增强中华民族传统体育自身实力，丰富大众媒体传播素材

民族传统体育作为一种独特的文化现象，是在漫长的历史发展进

程中经过历代传承者不断创造和积累而形成的。然而，一方面，随着体育全球化、现代化、竞技化的不断加剧，人们的目光越来越多地聚焦在能体现奥林匹克所倡导的"更快、更高、更强"的现代体育精神的竞技赛场，而较少关注民族传统体育，从而给曾经作为"国术"的中华武术造成不断的挤压，导致其传统地位受到了严峻的挑战，进而使其与我们渐行渐远。另一方面，随着民族传统体育市场化、商品化的不断推进，民族传统体育昨是今非，中华民族传统体育的使用价值已由肉身搏杀不断向大众健身和休闲表演转变，致使其动作由技击化不断向舞蹈化、体操化发展，这使得民族传统体育的实战性功能离我们越来越远。同时，随着传统社会不断向现代社会和消费社会转变，中华民族传统体育的商品化和竞技化不断加剧，民族传统体育俨然成了一种商品和某些人谋生、创业的手段，这无疑会给中华民族传统体育传统的生存环境造成影响。此外，随着经济一体化和全球化趋势的加剧，外来文化的不断渗透在一定程度上影响了中国民众的体育文化价值观，青少年更倾向于跆拳道、泰拳等外来体育文化，在一定程度上冲击了中华民族传统体育的本土优势。

俗话说"绣花要得手绵巧，打铁还须自身硬"，想要切实、有效地提升中华民族传统体育国际话语权，前提是要增强民族传统体育自身实力。面对上述中华民族传统体育所面临的现状和困境，我们需要从理念、内容和形式、实践三个方面来苦练"内功"，加大中华民族传统体育传承与保护力度，进而增强其自身文化实力，为新媒体时代中华民族传统体育国际话语权的提升提供丰富的传播素材。第一，加强民族传统体育传播者对于中华民族传统体育文化理念的涵化。首先，深度挖掘中华民族传统体育所蕴含的内外兼修、知行合一、立德树人、以柔克刚等理念，并将其融入学校教育之中，以加大中华民族传统体育文化在学校的传承力度。其次，通过编写体现民族传统体育文化精神的教材、组织专业教师进行民族传统体育文化理念系统培训、发挥民族传统体育授课教师的言传身教示范作用等形式来提升中华民族传统体育文化的传承力度。第二，创新民族传统体育教育内容，打造适合当代人易于接受的民族传统体育表现形式。一方面，通过淡化套路、突出实用的理念将民族传统体育教育内容与市场相结合，使广大学生群体了解民族传统体育文化所具有的特色，建立文化认同感，以增强中华民族传统体育文化传播的深度；另一方面，结合现代体育的竞技性、表演性特征以及当下人们"新、高、美"的审美情感，将其融入民族传统体育教育内容之中，以增强中华民族传统体育现代化程度，进而促进中华民族传统体育文化的快速传播。第三，构建中华民族传统体育文化传承与保护机制。一方面，政府应加强对中华民族传统体育文化传承与保护方面的立法，为中华民族传统体育文化传播保驾护航。另一方面，加大媒体对中华民族传统体育的关注和宣传力度。发挥主流媒体和新媒体的传播优势，从传承民族传统文化、民族传统体育健身和休闲价值视角来加大对中华民族传统体育的宣传，正面推动对中华民族传统体育文化的传播。

（二）优化民族传统体育传播人才队伍，提升话语主体对话能力

中华民族传统体育的话语主体就是中华民族传统体育国际化传播过程中进行话语实践的具有能动作用的人，是中华民族传统体育话语国际化传播工作的发动者、承担者和实施者，是中华民族传统体育话语的主要生产者、传播者和评估者。新媒体时代，增强中华民族传统体育话语主体的媒介素养，不仅有利于提高中华民族传统体育的话语策划报道能力，而且有利于增强我国新媒体的国际竞争力，进而提高中华民族传统体育话语的国际化传播能力，改善国际社会对于中华民族传统体育的认识，提升中华民族传统体育国际话语权。首先，"内培"和"外引"相结合，加强新媒体队伍建设。一方面，依托国内体育高校、科研院所，加大新媒体专业技术人才的培养力度，打造一批既懂得新媒体技术，又懂得中华民族传统体育话语知识的专业基础扎实、具有国际化视野的复合型新媒体人才队伍；另一方面，学习和借鉴国外优秀新媒体传播的经验，积极引进国外优秀新媒体人才；同时

还要加强新媒体与传统媒体的融合，加强新媒体人才的国际交流与合作，推动中华民族传统体育话语国际传播能力建设的不断发展。其次，加强中华民族传统体育话语传播的新媒体意见领袖的培养。中华民族传统体育话语传播的新媒体意见领袖往往以新媒体为平台，针对中华民族传统体育话语传播相关问题、发表言论，并且可以得到新媒体用户的高度认同，从而引导新媒体中华民族传统体育话语传播的走向。一是建立中华民族传统体育话语传播的新媒体意见领袖发现和培养机制。国家相关管理部门一方面要积极地和新媒体平台上有影响力的意见领袖多沟通，加强他们对于中华民族传统体育话语传播的正面引导，使他们尽快成为中华民族传统体育话语传播的新媒体意见领袖；另一方面借力新媒体，发挥明星、优秀运动员、知名专家等名人效应，让他们成为中华民族传统体育话语传播的意见领袖，推进中华民族传统体育话语的国际化传播进程。二是国家相关部门应加强对中华民族传统体育话语传播的意见领袖的监控，净化信息源，使其传播途径规范化、合理化，给中华民族传统体育话语国际化传播的可持续发展创造良好的新媒体环境。三是加强新媒体用户的媒介素养教育。当前，互联网用户构成了新媒体时代中华民族传统体育话语传播的主体。而庞大的话语主体，对于新媒体的理解和应用能力、新媒体语境下中华民族传统体育话语的吸纳和传播能力必然参差不齐。因此加强对其进行新媒体的媒介素养教育，有助于提高对中华民族传统体育话语的认同，提升话语主体的传播能力。

（三）重构民族传统体育传播话语体系，消弭跨文化交流屏障

文化是一个国家和一个民族的灵魂。语言不仅是人们交流的工具，更是文化的载体，推动中华民族传统体育话语的国际化传播，还需要用西方受众所能理解和接受的话语体系来阐释。习近平总书记在全国宣传思想工作会议上提出了加强话语体系建设，着力打造融通中外的新概念新范畴新表述，讲好中国故事，传播好中国声音，增强在国际上的话语权的要求。因此，推动中华民族传统体育话语的国际化传播，

不能仅仅停留在舞个狮、耍套功夫上，不能仅仅满足于向国外受众提供一些表层的民族传统体育文化符号，关键是要把中华民族传统体育的文化精髓提炼出来，通过话语表达展示出来。面对中西方文化语境存在的天然屏障，我们需要充分了解西方文化特点，运用新媒体传播的技巧，把中华民族传统体育文化所蕴含的"天人合一、自强不息、厚德载物"等精神融入西方文化语境中，不断创新中华民族传统体育话语体系，实现跨文化对话，进而拓宽国外用户面。第一，创新内容生产，加强中华民族传统体育文化与西方文化语境的融合。首先，要尊重对方文化，运用新媒体多角度、多维度的呈现方式，采用影像、GIF 动图、声音和文字相结合的制作方法，通过图像表达中华民族传统体育文化，形成"我中有你"和"你中有我"的文化文本，不断完善中华民族传统体育话语内容，传播中华民族传统体育文化特色。其次，通过文化的借鉴和引进，利用新媒体多样化的传播手段和渠道，打造更多以民族传统体育为题材的影视文本，如甄子丹主演的《叶问》系列功夫片，来提升中华民族传统体育话语的国际认同度。第二，借力新媒体，创新中华民族传统体育话语表达模式。中华民族传统体育话语在国际化传播中要多注入年轻人群的语言表达习惯，发挥好新媒体的议程设置功能，转变官方话语表达方式，采用个性化、幽默化、本土化的网络话语风格，拉近与国外受众之间的距离，进而更为国外受众所理解和接受，增强中华民族传统体育话语的传播效果。

（四）打造民族传统体育国际赛事品牌，增强中华民族传统体育文化吸睛能力

自中华武术进入亚运会以来，我国民族传统体育话语的国际化传播虽然取得了一定的成绩，但缺乏实质性的进步，主要体现在尚未打造出国际主流媒体平台和经典民族传统体育国际赛事。让国际受众听到来自中华民族传统体育的声音，是提升其国际话语权的前提和基础。当前，我国现行的主流媒体，无论是央视体育、互联网新浪体育、腾

讯体育，还是各种直播吧，都还没有专门的体育国际频道，没有专门的民族传统体育外文网站，这使得中华民族传统体育的话语很难在国际上发声。此外，经典民族传统体育国际赛事的缺乏也是影响中华民族传统体育话语国际化传播的重要因素。就目前来看，作为武术顶级赛事的世界武术锦标赛在国外的收视率和影响力与国外的 NBA 赛事、欧冠足球赛、网球大满贯赛事等相比还存在巨大的差距。

因此，当务之急是利用新媒体打造一批专业的中华民族传统体育话语国际传播平台，塑造一批经典的民族传统体育国际赛事，以增强国际用户黏度，提升中华民族传统体育的话语传播能力和国际话语权。一是加强与 Facebook、Twitter 等新媒体社交软件的合作与交流，打造独立的中华民族传统体育话语国际社交的 APP 软件，利用新媒体的互动性和便利性，增强用户之间的交流和学习；同时在腾讯体育、新浪体育以及央视体育等主流体育传播媒体中设置独立的国际体育频道和国际民族传统体育报道窗口，以扩大中华民族传统体育话语的国际传播范围。二是以国际民族传统体育联合会官网为平台，构建独立的中华民族传统体育文化国际传播网站。网站以国外受众兴趣度高的民族传统体育项目为导向，如武术套路、太极拳等，以建设经典国际民族传统体育赛事品牌为理念，强调用户之间的文化交流与反馈，向国外受众传达中华民族传统体育的声音。三是利用新媒体传播的实时性、便捷性、多渠道性等优势，把国内民族传统体育品牌赛事打造成国际经典民族传统体育赛事，如《武林风》《武林大会》等，进而增强国外用户的黏性。四是以国际体育旅游为契机，利用"三微一端"等自媒体平台向国外游客传播中华民族传统体育知识和文化，并在体育旅游景区内创建民族传统体育文化传播综合体，如建立民族传统体育文化公园、塑造民族传统体育雕像、播放民族传统体育文化宣传片和开设民族传统体育文化展览馆等多种形式的传播载体，为国外用户实地观光和亲身体验民族传统体育运动创设良好的氛围和环境，进而加深他们对中华民族传统体育文化的了解和传播。五是支持海外华人新媒体平台建设，扩大传播范围。目前，有 6000 多万的华人华侨分布在 198 个国家。通过支持海外华人新媒体平台的建设，向海外受众传播中华民族传统体育文化，帮助中国民族传统体育树立良好形象，进而提升中华民族传统体育国际话语权。

（五）细分新媒体用户传播场域，营造和谐网络话语空间

新媒体的变革改变了传统媒体传播场域的单一性和空间局限性，为中华民族传统体育话语国际化传播带来了更广阔、更便利、更自由的传播场域。但面对西方文化霸权和话语霸权所带来的干扰与挤压，在中华民族传统体育话语的国际化传播中，我们应细分其传播场域，提升网络控制权，为新媒体时代中华民族传统体育话语的国际化传播营造和谐的场域环境，提高中华民族传统体育话语的国际化精准传播率，推进中华民族传统体育国际话语权提升的步伐。首先，关注西方社会思潮和文化的渗入，进行分类处理。对于西方积极的社会思潮和文化，中华民族传统体育话语国际化传播中可以借鉴和融合，创新出西方受众容易接受且又凸显出中华民族传统体育特色的话语传播形态；对于西方消极的社会思潮和文化，要加强和巩固中华民族传统体育话语传播主阵地地位，以习近平总书记的外交思想为指导，加强应对西方意识形态话语霸权的主动性，通过新媒体舆论、技术、法律等手段抵御西方霸权文化和话语的传播。其次，运用大数据实现中华民族传统体育话语的精准区域传播。面对新媒体带来的海量国外体育用户信息，一方面要运用大数据技术和手段，对中华民族传统体育话语传播的受众在媒介使用习惯、接受能力、认知能力、利益诉求等方面进行统计和分析，进而划分出不同的受众群体；另一方面构建中华民族传统体育话语传播的信息数据库，针对不同的受众群体采取不同的传播方式和策略，借力新媒体多元化的传播手段实施精准区域传播。再次，提升网络控制权，营造安全、和谐的传播场域。提升网络控制权是新媒体时代中华民族传统体育话语国际化有效传播的前提条件，是丰富中华民族传统体育话语资源和样态的有力助手，是中华民族传统体育

话语传播的场域保障。一是要加大对我国互联网基础设施建设力度，消除信息壁垒，缩小与西方发达国家之间的数字鸿沟，让中华民族传统体育话语在国际化传播中能够获得更多资源，进而抢占话语制高点。二是加强国际合作，谋求共治。互联网是人类共同的家园，加强国际合作，构建公正合理的全球互联网治理体系，为新媒体时代中华民族传统体育话语国际化传播创设良好的国际环境。

## 第三节　民族传统体育文化的数字化传播

由于生存环境的改变、全球化浪潮中西方体育文化的冲击，加之民族传统体育传承手段的复杂性、脆弱性，导致民族传统体育的传承发生了严重危机。推动民族传统体育的国际化发展，让全世界人民更深刻地了解我国独特、健康的体育文化，对于民族传统体育的保护、传承与发展有着非常重要的现实意义，而数字化为民族传统体育的国际化发展提供了有利的契机。以美国、法国、英国、日本等为代表的信息技术发达国家已经尝试运用现代信息技术进行文化遗产的保护与传播，使得人类文化遗传的保护进入了"数字化时代"。但由于受理念、技术、资金、人才匮乏等因素的困扰，我国民族传统体育国际化发展进程中的数字化手段的应用仍处于初级阶段，引入与应用数字技术，运用数字化手段推动中国传统体育的国际化，提高民族传统体育的国际化水平，是新形势下我国民族传统体育发展的必然要求，也是民族传统体育文化繁荣发展及实现中国梦的必由之路。

### 一　数字化视域下我国民族传统体育的资源

（一）民族传统体育资源数字化的意义

民族传统体育的数字化是一个复杂而庞大的工作，涉及多个学科的知识背景，即以一定的数字载体和文本、图像、音频、视频等综合形式传递民族传统体育内容的成果或作品。民族传统体育的数字化是民族传统体育保护工作的一部分，是直接面向受众的环节，它是随着数字技术的发展而产生的新的文化遗产保护方式，即数字技术以全新的方式对民族传统体育进行了重构和再现，运用计算机和网络进行传播，改变了传统的保护和传承的手段。

如今，随着 IT 技术的不断发展和进步，世界各国都加强了对体育项目特别是民族传统体育项目的信息化建设，而民族传统体育的数字化建设对于历史悠久、文化遗产异常丰富的中国来说，在多方面都具有重要意义。

第一，有助于更好地保护和管理民族传统体育文化。我国地大物博、历史悠久，民族传统体育文化资源更是数不胜数。如果这些民族传统体育资源仅仅依靠传统的保护方法和管理手段，保护和管理这些传统资源的难度和工作量是非常大的，所以将民族传统体育资源进行信息化管理、数字化储存、数据自由化检索和信息网络化传播是我们将要发展的方向。加强民族传统体育文化资源的数字化建设和改造，不但可以提高工作效率，还可以有序地管理民族传统体育资源。

第二，民族传统体育资源呈现共享模式。在历史的长河中，那些流传下来的民族传统体育文化是人类智慧和情感的结晶，它是属于全人类所共有的一种资源。虽然我国有大量的民族传统体育资源，但是，由于人才、资源、方式、手段、观念和制度等方面的种种原因，中国的民族传统体育资源的开放率和利用率极其低下。大量民族传统体育资源常年被封存在地区老艺人手中甚至是博物馆库房中，无法面向社会和公众开放。此外，因为人才、资金和技术方面的原因，大量民族传统体育资源得不到及时整理，不能为我们利用。这样的情况使得民族传统体育文化不可能得到更好的发展，要想发展民族传统体育文化资源，就必须进行数字化建设、储存和改造，通过这一系列的改革将大大提高民族传统体育资源的开放度和利用率，发挥民族传统体育资源的使用价值，有助于民族传统体育文化的传承及发展。

一直以来，中国的民族传统体育资源在国际上拥有重要的地位，民族传统体育文化的国际化是我国对外文化交流的一个重要方面，很多项目在国际上都有着广泛而深远的影响；民族传统体育资源的国际传播，加强了中国与世界各国的交流，增进了彼此的友谊，增强了中国文化在国际上的影响力，也推动了中国社会主义现代化的建设。民族传统体育资源的数字化，将为我国民族传统体育资源国际传播提供便利条件，推动中华文化对外发展和传播，也将会扩大中华文化在世界上的影响力。

（二）中国民族传统体育资源

资源的数量和质量是决定中国民族传统体育国际竞争力的基础。我国是一个统一的多民族国家，由于民族、人文、地理等因素的影响形成了多姿多彩、风格迥异的民族传统体育，1990 年出版的《中华民族传统体育志》中，记载民族传统体育项目 800 多个，采集到近 150 万字的资料①。我国民族传统体育资源以其特殊的地理位置，浓郁的民族风情及源远流长的宗教文化赋予独特的文化内涵，呈现出地域主体化、广布性分布，并且具备了自然资源、民族文化资源、人文地理资源与民族体育资源良好的配置结构，致使民族传统体育资源向着经济性、娱乐性、探险性、健身性等联动效应发展，为进一步开发与利用奠定了物质和文化基础。

我国民族传统体育虽然风格各异，但是普遍具有很强的地方特色、趣味性和表演性，具有丰富的传统文化底蕴、深厚的文化沉淀以及独特的美学价值，体现了中华民族自身的特征、内涵与价值取向，这一点是西方体育所不能比拟的。但是，西方体育形式简洁，具有较强的观赏价值与欣赏价值，在当前的审美价值与审美需求中，西方体育更符合大众的需求，在形式上更易于标准化。西方体育文明同样有悠久的历史，古希腊是西方体育文明的发源地，单纯从发展历史上看，西方体育文明可

---

① 万秀丽：《一带一路倡议下中华优秀传统文化走出去面临的挑战与对策》，《山东行政学院学报》2018 年第 2 期。

与中国体育文化相媲美。但是，西方体育文化并非一脉相承，其具有典型的断层性特征，包括时间上的断裂和文化的断层。欧洲体育文明的真正发展始于文艺复兴时期，但体育运动缺乏文化与社会的反馈和补给，导致很多项目原有的解释链条被打破，文化内涵丧失或误传。

相比之下，虽然中国民族传统体育在发展过程中经历了多个朝代的更迭，但保持了较好的继承性，这一点也是中国民族传统体育资源的实质所在。但是，中国民族传统体育在资源提供上亦有其劣势，表现在：资源分散多元，且很多传统体育项目形式复杂，难以进行统一和标准化推广，也无法开展学习与修炼，难以形成科学的体系，与现代科学、西方理性之间存在鸿沟。这导致中国民族传统体育文化在国际化发展中的劣势更加明显，民族内涵对于民族传统体育文化资源的影响要基于对民族传统体育文化内容的理解之上。在现行的国际标准下，我国传统体育项目的国际化还是比较困难的，更适用于数字化保存和保护。而部分项目如武术、龙舟等，可以借助数字化手段进行适应性的创新、变革和融合，以参与国际竞争。

## 二　我国民族传统体育国际化的资本竞争力

我国传统体育文化国际化竞争力的提升，必须要通过数字化技术手段将资源转化为资本，这种资本主要分为经济和文化两大类。

经济资本是指经济价值的总和，我国民族传统体育的经济价值体现在民族传统体育产业、产品等方面。从波特的"五力"模型看，我国民族传统体育在国际化发展中存在规模经济、产品差异及销售渠道不畅等问题。经济价值开发程度不高，在西方体育占领下的国际市场中难以有所作为，民族传统体育的经济资本在国际化发展中面临着较大的进入威胁，而数字化能解决中国传统体育国际化的这种威胁，通过数字技术在国际上的合法性特征来化解这种进入威胁，同时能通过凸显中华民族的核心文化内涵来降低替代风险，打造全新的、独特的、时尚化的民族传统体育数字化产品，降低购买者的评价议价能力，提高民族传统体育经济资本的国际化竞争力。

文化资本代表了文化软实力的差异，在民族传统体育的国际化竞争中起到了重要作用。由于我国民族传统体育在发展中科技力量、人才储备等软实力"载体"的欠缺，以及在西方的价值体系和话语权下其文化价值和感召力未得到充分认可，导致我国民族传统体育文化软实力与西方发达国家文化软实力相比仍有薄弱之处。创新中国民族传统体育国际化的发展思路，积极融入和采用数字技术，通过对我国民族传统体育的数字挖掘、数字传播和数字保护，构建具有中国特色的体育文化符号，使得民族传统体育可以迈出国门走向世界。这种数字化的发展，以"读图时代"的社会诉求为基本出发点，创造出符合大众需求的数字化载体，会引发民族传统体育文化表征系统的改变；使民族传统体育以一种更切合市场需要的载体形式面向市场；同时，由于数字技术是一种高度可靠且被国际普遍认同的合法技术，数字化在中国民族传统体育国际化发展中的应用有助于有效解决民族传统体育的合法性障碍；此外，由于数字传统的速度与广度特点，以及多样化的传播方式，能大大提升民族传统体育在国际化发展中的传播能力，从而提高其文化资本的国际竞争力。

## 三　我国民族传统体育国际化的数字鸿沟与表现

数字鸿沟是发达国家 20 世纪 90 年代在全球信息化发展中提出的一个新的概念，是指不同社会群体之间在拥有和使用现代信息技术方面存在的"信息落差"或"信息贫富差距"。

（一）我国民族传统体育文化的数字鸿沟

在数字化时代背景下，西方体育文化借助先进的数字化技术手段在国际化发展中取得了领先优势，而由于我国民族传统体育发展中理念的制约，长期以来运用数字技术的水平较低，影响了民族传统体育的传承与发展，给自身带来了生存危机。民族传统体育口传身授的传播方式已不能满足大众化的文化要求，数字化时代我国民族传统体育的国际化发展机遇与挑战并存，这种挑战既包括时间维度上数字化媒介出现所带来的挑战，也包括空间维度上西方体育文化广泛传播所带来的挑战（见图6-1）。

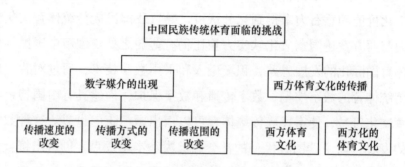

**图6-1　数字化时代中国民族传统体育面临的挑战一览图**

从时间维度看，数字媒介的出现改变了体育文化的传播方式，提高了体育文化的传播速度，扩大了体育文化的传播范围，这是西方体育文化之所以快速国际化的前提。而民族传统体育文化的发展主要受制于数字化手段运用率过低，传播手段太过陈旧和落后，部分经济落后、信息化水平较低的中西部少数民族地区更是以师傅传徒弟的形式来进行传授。

从空间维度看，西方体育文化依靠其科技优势和发达的大众媒介实现了在全球范围内的广泛传播和推广，同时传播了西方体育所蕴含的普世价值，显示出的是对他国文化的"侵略"，这种"侵略"对我们的影响显而易见，使得民族传统体育面临着"被西方体育文化所取代的危险"。此外，一些非西方的民族传统体育项目，如日本的空手道、韩国的跆拳道、起源于印度的瑜伽等项目，借鉴西方体育文化发展的经验和手法，通过学习西方化的发展形式实现了项目的快速普及和推广，这些学习西方化的体育发展模式和新兴的体育项目也加大了我国民族传统体育传播模式和项目与它们的数字鸿沟。

（二）我国民族传统体育文化数字鸿沟的表现

从我国的实情出发，民族传统体育数字鸿沟可分为技术鸿沟和语言鸿沟。

技术鸿沟是指我国民族传统体育与西方体育文化在数字技术水平、利用等方面的差异所导致的数字鸿沟。中国民族传统体育发展的技术鸿沟首先表现在数字化技术基础设施的差距，虽然近年来我国信息化发展迅速，但与发达国家相比仍有较大差距，我国民族传统体育国际化发展中的数字技术运用能力、体育文化传播能力及范围都非常有限。其次，我国民族传统体育国际化发展中对于新技术的吸收能力有限，数字化技术手段仍处于相对落后的水平，导致技术鸿沟的产生。

语言鸿沟是指我国民族传统体育在语言使用方面与英语、法语等国外语言的差距，以及由于语言差距而引发的阅读、理解、交流等方面的障碍。西方体育文化在国际化发展中，借助同样的国际化语言实现了标准化和规范化发展，而中国民族传统体育文化根植于我国优秀文化中，有很多语言符号都是我国所特有的，在英语中很难找出对应的名称。例如，中国武术散打中经常提及的"精、气、神"，很难用几个英文单词将其简单地表达出来，需要了解武术的背景知识才能够做到精确阐述。在全球化语境下，要发掘和表现中国民族传统体育潜在的文化价值，消除语言鸿沟意义深远。

## 四　我国民族传统体育文化的数字化发展策略

（一）确立民族传统体育数字化发展的规范依据

一是在相关法律法规中增加有关民族传统体育数字化保护的条款，确立民族传统体育数字化发展的地位。民族传统体育属于文化遗产的范围，目前我国在文化遗产保护方面的法律法规主要是《体育法》《非物质文化遗产法》，但这些法律法规中有关民族传统体育的针对性条款很少，民族传统体育的法律地位尚未确立，民族传统体育的数字化保护更谈不上重视。因此，应根据我国民族传统体育国际化发展的现实需要，完善相关法律法规，通过单项条例等形式明确"民族传统体育"的概念和法律地位，把数字化保护的内容写入其中，通过专门的法律法规保障确立数字化发展的地位。

二是制定规范化标准，同时鼓励国外先进数字技术的引进和应用。数字化保护的规范化标准对于推动我国民族传统体育国际化发展中数字技术的运用至关重要，通过规范化的标准来推动数字化的实施是发达国家体育文化传播的共同举措。包括民族传统体育的数字化采集、资源数据库建设、数字化标准规范等一系列可操作性的标准，这些标准是我国各地民族传统体育数字化发展具体实践的参考和依据。此外，为推动中国民族传统体育的国际化发展，中央及地方政府应从国际体育文化发展的趋势出发制定针对性的对策，倡导和鼓励各级单位采用数字技术发展民族传统体育发展，同时鼓励引入国外先进的数字技术。为确保本国体育数字文化产品拥有足够的生存发展空间，在国外数字产品或技术的引进中应设置一定的"限制原则"，通过适度的准入政策规范技术引进。

（二）提高数字技术利用率，建立民族传统体育基因信息库

当前，我国政府正在大力推进信息化国家发展战略的实施，信息基础设施不断完善，信息技术和手段不断丰富，社会信息化各项指标逐步与国际社会先进水平相接轨，为中国民族传统体育国际化发展中数字化的推进提供了良好的支撑。随着我国现代科学技术的不断发展，数字技术基础设施逐渐完善，但由于民族传统体育与西方体育文化在数字技术使用中仍存在严重的差别及不平等。因此，在推动我国民族传统体育国际化发展的进程中，要积极引入数字技术，并提高数字技术在民族传统体育发展中的应用，提高数字技术利用率，充分发挥在新媒体及新技术领域的先进优势，向技术要效益、向技术要效率迈进，巩固并完善体育文化数字传播体系，促进民族传统体育的国际化发展。

提高民族传统体育发展中数字技术利用率的目的，是建立我国民族传统体育的基因信息库。第一，可加强对我国民族传统体育的科学论证，从浩瀚的民族传统体育信息中提炼可以促进民族传统体育坚守和传承的基因信息的核心因素，通过对这些因素进行科学、客观的评估与分类，以保证我国民族传统体育文化的 DNA 在国际化道路上能够正确传播与传承；第二，采用数字化技术对民族传统体育的基因信息进行识别与抽取，可采用的数字化技术如模式识别、人工智能等，需要采集民族传统体育的起源与发展情况、地域属性、区域文化、典型项目与典型动作、时代特征等文化基因信息，在此基础上进行矢量化表示，建立民族传统体育基因信息的优质矢量数据集；第三，是基于语义特征、图形特征等技术建立一种快速、准确的图像图形检索方法，以达到准确检索、高效调用民族传统体育基因信息的目的，使民族传统体育在国际化道路上焕发活力与生命。

（三）构建多重资源网络平台，推动我国民族传统体育的有效传播

在数字时代来临的今天，体育国际化需求对于信息的传播方式、速度及广度等提出了更高的要求，显然传统的印刷媒介已经无法适应体育国际化的发展。由于数字技术集高效率、合法性、工具性等诸多特点于一体，数字信号使体育文化超越了国界、体制、制度和文化等方面的限制，能实现无障碍、标准化的传播，这是传统传播手段所无法比拟的。对于中国民族传统体育而言，依靠数字媒介的表征将成为必然的选择，这就要求我国民族传统体育在国际化进程中采取有效的数字信息技术，丰富表征载体，以创造符合大众感官的高质量的体感符号和视觉符号。

为此，国家应统一标准，建立规范化的民族传统体育文化数字库，由国家体育总局统一规划，文化和旅游部、国家民族事务委员会等多部门密切协调，并充分调动社会参与，建立起国家层面的相对完备的民族传统体育数字信息化的综合数据源，将碎片化的民族传统体育资源聚合在一起，实现数字化、可视化的建模，建立起生动再现、立体

重构的数字化民族传统体育资源体系，既有助于实现民族传统体育的保护与传承，同时又方便查询。其次，建立起特殊民族传统体育资源库体系，我国是一个历史大国和文化古国，几千年的文明使得我国民族传统体育资源异常丰富，不同时期、不同民族、不同地域都有各自鲜明的民族传统体育资源，应建立起反映不同时期、不同民族、不同地域的数字化民族传统体育资源体系，实现民族传统体育国际化发展中的特色文化的传承。此外，应提高数字技术在有关中国民族传统体育的传媒、赛事数据统计、影视、动画游戏以及科研等方方面面的应用，并以电视、电脑、通信设备等为终端形成数字体育系统，全方位地向世界传播中国民族传统体育。

（四）提高民族传统体育的数字标准化水平，克服传播中的语言障碍

影响我国民族传统体育国际化竞争力提升的根本原因在于民族传统体育虽然拥有丰富的资源，但是数字化标准水平低下，使得这些丰富的资源并未转化为能提升其竞争力的资本为我们所用。在数字时代，我国民族传统体育国际化发展重要的一环就是提高数字标准化水平，从而促进民族传统体育文化资源的转化能力，将中国民族传统体育文化的丰富资源转化为能提升国际化竞争力的经济资本、社会资本和文化资本。民族传统体育资源向资本的转化效率与体育文化的社会认可程度息息相关，西方体育文化的社会价值已经得到国际社会的普遍认可，而中国民族传统体育文化的社会价值还需要进一步提升，要在现行的国际制度和规范下发展民族传统体育，通过规范化和标准化来获得国际化的"合法身份"，进而通过媒介传播和舆论塑造获得国际社会的认同。在这一过程中，数字化技术具有毋庸置疑的合法性，在我国民族传统体育国际化身份的获得与获得国际社会认可的过程中发挥着重要的作用，而社会认同是促进民族传统体育资源向体育资本转化的重要动力。

此外，在我国民族传统体育国际化发展的制约因素中，语言上与国际的对接是所面临的所有数字鸿沟中最为主要的，提高民族传统体

育数字化标准水平的关键就是要将民族传统体育文化与国际接轨。要提升民族传统体育语言的标准化，克服汉语"低标准化以及规范化"的缺点，实现汉语和国际主要通用语言之间的对译，实现各种媒介领域广、无差别的传播要求。与此同时，随着全球化的不断发展，人们的价值选择日益丰富，对于"创新性"和"独特性"文化的倾向性选择日益凸显，中国民族传统体育在国际化发展中应借助数字技术手段，通过各种文化的有机融合，赋予中国民族传统体育新的文化内涵，这是塑造独特中国民族传统体育国际竞争力的重要举措。此外，要加强传统体育视觉传播形式的创新，借助手机媒体、互联网、动漫等新传播形式，将产业的主题、模式等转换为直观图像，大力提升相关数字化产品的竞争力。

（五）强化民族传统体育国际化发展中数字化保护的智力支持

首先，从我国民族传统体育国际化发展、数字化发展的需求出发，在高校层面加大对此方面人才的培养，培养民族传统体育国际化发展所需要的交叉复合型人才。民族传统体育在国际化发展中的数字化保护，所需要的人才是一种跨越传统文化和数字化技术的复合需求，因此要培养一批既懂传统文化特别是民族传统体育文化，又掌握或具备一定数字化技术的人才，这类人才既要有丰富的理论知识，又要具备较高的数字化实践经验，支持民族传统体育国际化发展中的数字化建设。

其次，加强数字化视阈下我国民族传统体育的国际化发展研究平台。以民族传统体育项目所在地的高校和科研院校为依托，借鉴国外民族传统体育保护技术规范体系成功经验，建立起地区民族传统体育资源数字化保护的实验平台，并密切联系地方政府、民族事务委员会等积极申报民族传统体育资源数字化项目，以项目立法的形式对民族传统体育进行数字化处理。

# 第七章 基于孔子学院的民族传统体育国际传播

## 第一节 基于孔子学院的民族传统体育
## 国际传播现状

2017 年，由中共中央办公厅、国务院办公厅制定的《实施中华优秀传统文化传承发展工程的意见》提出"充分运用海外中国文化中心、孔子学院，文化节展、文物展览、博览会、书展、电影节、体育活动、旅游推介和各类品牌活动，助推中华优秀传统文化的国际传播。支持中华医药、中华烹饪、中华武术、中华典籍、中国文物、中国园林、中国节日等代表性项目走出去"①。

民族传统体育的走出去历程经过早期的影视作品、民族传统体育明星的宣传和民族传统体育人才国际流动带来的技术传播；到中期的政府间访问展演、举办国际赛事这种有意识的宣传推广活动；再到今天更多表现出民间交流、游学等自发、互动式的学习与传播态势。民族传统体育在中国文化国际化交流过程中发挥着越来越重要的作用。2016—2017 年中国国家形象全球调查结果表明，外国人眼中最能代表中国文化的元素分别为中餐、中医药、武术。中国外文局首次发布的《中国话语海外认知度调查报告》显示，外国人最熟悉的中文词 Top100

---

① 万秀丽：《一带一路倡议下中华优秀传统文化走出去面临的挑战与对策》，《山东行政学院学报》2018 年第 2 期。

里，民族传统体育相关词汇名列前茅，如少林（排名1）、阴阳（排名2）、武术（排名6）、气（排名7）、气功（排名8）、功夫（排名16）、太极（排名17）、武侠（排名25）。说明民族传统体育在传播中国文化方面有着独特的优势。很多人都是先知道武术，想学习武术，进而开始了汉语的学习。江奔在英国奥斯特大学孔子学院进行的对比实验表明，进行武术双语教学组的YCT考试成绩明显高于对照组，说明武术双语教学可以间接地激发学生学习汉语的动力与兴趣，对国际汉语推广起着积极的推动作用①。

孔子学院促进民族传统体育跨文化交流传播。相关统计数据显示，全球78个国家共创办了240多所孔子学院，并且在其中开设了中医、武术、舞龙、舞狮、射艺、中国摔跤等中华传统文化课程，有18.5万名学员参与到相关课程活动中来。2017年5月，英国兰卡斯特大学孔子学院开展了一年一度的西北孔子学院联盟龙舟赛，曼彻斯特大学、利物浦大学、知山大学等多所大学的孔子学院积极参赛，同时还举办了书法、茶道、舞龙、舞狮、藏族舞蹈等社区活动，吸引了3000多人参加。2018年10月，中国式摔跤队巡讲团赴匈牙利罗兰大学孔子学院和波兰盖隆大学孔子学院进行文化交流，为当地学员讲解了中国式摔跤的起源、发展、精神文化等，同时进行了实地表演，使国外友人切身领略到了中国式摔跤的别样风采，促进了中华民族体育的传播推广②。

因此，国家应大力支持各国孔子学院开设更多民族传统体育实践及文化课程，要面向来华留学生开展武术、太极拳、龙舟、射艺、龙狮等民族体育的实践教学和文化推广，同时，还可以定期开展民族传统体育国际文化交流活动，以我为主，兼收并蓄，在相互学习中促进多元文化的共同发展，实现民族体育、中华文明服务于人民生活，促进思想共同体的构建。

---

① 王巾轩：《基于孔子学院的我国民族传统体育国际传播路径研究》，《体育文化导刊》2019年第9期。

② 王巾轩：《基于孔子学院的我国民族传统体育国际传播路径研究》，《体育文化导刊》2019年第9期。

民族传统体育有利于树立良好的国家形象，提升文化软实力。在孔子学院武术实践中有很多实例，通过武术体验，学生们表示对平日只能通过影视渠道见到的中国及中国武术更为亲切了，对中国传统文化也更感兴趣了。如挪威卑尔根孔子学院把武术作为办学特色，其中合作院校方北京体育大学每年派出 1—2 名专业武术教师或志愿者进行课程教学工作。使卑尔根孔院一直保持着稳定的学生数量，并有部分学员前往北京体育大学进行正规的汉语专业本科学习。在政府间访问与文化交流活动中武术表演更是常设内容，如 2017 年国家汉办、河南省教育厅和嵩山少林武校共同组织的"武林汉韵"美国巡演，2019 年北京体育大学武术表演团赴"一带一路"沿线国家巡演等类似活动每每在当地燃起一股中国热①。

综上，一方面，民族传统体育和孔子学院在传播中国文化的宗旨上具有一致性。另一方面，民族传统体育作为传统文化的代表在汉语推广过程中扮演着重要角色，孔子学院若能以民族传统体育课程和活动为纽带，整合资源，对于提升其吸引力、扩大生源将是有力的助推。

乘着孔子学院兴起的东风，有武术界人士呼吁"期望武术走进孔子学院"。2016 年 12 月在昆明召开的关于中医、武术、太极拳对外交流座谈会上宣布，全球已有 78 个国家 240 多所孔子学院在 2016 年开设武术与太极拳课程，太极拳课程已吸引注册学员 3.5 万人，18.5 万人参加了相关体验活动。孔子学院总部与国家体育总局签订了关于开展太极拳和武术对外交流的战略合作备忘录。近年来，孔子学院还开展了"三巡"活动，即文艺巡演、文化巡展、专家巡讲，主要是以弘扬传播中华文化为己任。国家汉办为宣传中国文化，组织了 40 多个中国高校学生艺术团和专业演出团，分别赴 57 个国家，260 多所孔子学院在周边地区开展文艺巡演活动 320 场，吸引观众 52 万余人。孔子学院艺术团巡演目前已经成为推广中国文化的又一新形式，通过文艺巡

---

① 谢伦灿、杨勇：《一带一路背景下中国文化走出去对策研究》，《现代传播》2017 年第 12 期。

演把中国高校和国外高校的国际交流结合起来，既宣传了中国文化，也丰富了孔子学院的文化内涵。目前，国家汉办以武术为主的巡演单位主要有北京体育大学、首都体育学院及嵩山少林武术职业学院 3 家，节目形式多样，各有特色，例如嵩山少林武术职业学院的"武林汉韵"，包含着《十八般兵器》《少林硬气功》《功夫动物》《百花争妍》等节目。再如北京体育大学巡演的武术节目主要以《狮王争霸》《太极神韵》《象形拳表演》《集体双刀》等组成。有的是以武术拳种、器械、对练形式等纯武术技术的展示，有的是以武术的典故讲述中国功夫故事，有的是以武术专题剧目，结合剧情阐述武术的内涵与哲理。除此之外，在其他高校艺术团的演出中也有个别武术项目出现①。

## 一　孔子学院民族传统体育文化传播的必要性

（一）民族传统体育文化是中国传统文化的主要部分，可依托孔子学院进行海外传播

民族传统体育文化作为中国传统文化的瑰宝，内涵深邃、源远流长、博大精深，蕴含诸多中国古典哲学、美学、伦理学、中医学等的精华，是中国传统文化的主要组成部分。孔子学院作为推广汉语和传播中国文化的机构，自 2004 年成立以来，在世界各国迅速蓬勃发展，对于海外汉语教学以及中国文化传播方面做出了巨大的贡献。若是能够依托孔子学院来推广民族传统体育文化，无论是对于孔子学院的内部建设，还是对于民族传统体育文化的弘扬与发展，都会起到积极的推动作用。

（二）民族传统体育文化进入孔子学院，可丰富孔子学院特色文化体系

通过对国家汉办项目官员、海外孔子学院院长以及一线教师进行访谈，了解到，中国民族传统体育备受世界各国人民的青睐。对于孔

---

① 万秀丽：《一带一路倡议下中华优秀传统文化走出去面临的挑战与对策》，《山东行政学院学报》2018 年第 2 期。

子学院的学生来说，单纯的学习汉语较为枯燥和乏味。若是在孔子学院的课程设置及文化活动中增添民族传统体育文化，不但可以满足学生们对于民族传统体育文化学习的需求，还可以丰富孔子学院的特色文化体系。

（三）民族传统体育文化进入孔子学院，可提升中国文化软实力

随着中国的逐渐强大，民族传统体育也被越来越多的人所熟知，这为民族传统体育文化国际化进程的发展提供了良好的契机。随着中国文化软实力的不断提升，孔子学院也得到了更好、更快的发展，受到全世界人民的关注。民族传统体育作为中华民族传统文化的瑰宝，根植于中华大地已有几千年，有着悠久的历史，汇聚着深厚的文化。借助孔子学院将中国民族传统体育文化传播到海外，不仅可以加快推进民族传统体育国际化进程的发展，还可以提升中国文化软实力。

## 二 民族传统体育在孔子学院传播的主要内容

（一）反映中国传统精神文化产品

中国民族传统体育文化的基本内涵包括"知行合一"的认识论，涵盖"反者道之动"的方法论，彰显"崇武尚德"的礼仪规范以及"天行健，君子以自强不息"的中华民族坚忍不拔的民族精神。一个简单的抱拳礼、递械礼包含着以德服人、谦虚示人以及合力团结等寓意，蕴含着丰富且质朴的中国传统文化内涵。这不仅是当今社会人际交往所需遵循的礼仪准则，更是中国几千年的礼仪文化沉淀和礼仪之邦的形象展示。中华民族的礼、德巧妙地呈现在一招一式的民族传统体育教学中，将实现文化输出的初衷和满足受众接受所需文化的愿望融合得顺其自然。

（二）传播中华民族绿色健康的生活方式

民族传统体育其养身核心思想既包含儒家的中和养气说，同时又融合了道家的守静致柔、释家的禅定参悟等诸多理论，因此民族传统

体育尤其是武术中的太极一直是民众追求强身健体、修身养性、益寿延年的首选运动项目。在注重呼吸吐纳、调养生息之余，将"摩身揉腹，气充筋壮""丹田是气海，能销吞百病""咽下嘀嘀响，百脉自调匀"等中医养身理论完美揉入武术功法习练中，发挥武术强其筋骨、祛病延年的作用，传递中华民族绿色健康的生活方式，满足世界各国人民对健康长寿的向往，对身心健康的追求①。

（三）展示中华民族特质的搏击术和健身术

基于自卫防身和生活的需要，世界各国都有结合地域特点、契合民族特质而形成的搏击术，武术就是其中的一种。刀枪剑棍等十八般兵器和刚柔并济的太极等都包含搏击技术，它不是单纯的拳脚运动，而是饱含哲理，以一种近乎完美的运动形式呈现出古老的东方哲学思想以及中华民族对"武"的理解、对"力"的巧用、对"气"的悟道。比如螳螂拳讲究出手成撮，招招相连，一招三变，劲法上讲究顺劲、巧劲、柔劲，以人之劲为劲，要求上下相随，内外合一。又如太极拳基于太极阴阳之理念，体现趋于圆融一体的至高境界，用意念统领全身，通过入静放松、以意导气的反复习练，达到修身养性、强身健体、益寿延年的目的。快节奏的生活、不堪重负的压力以及生活方式的异化导致现今的人类健康状况堪忧，人们迫切需要身体心灵融合的技术而使身心得以回归，武术无疑是这一需求的良药。

## 第二节　基于孔子学院的民族传统体育文化国际传播问题

### 一　内容障碍

文化"走出去"涉及国家文化软实力的提升，是中国崛起的必然选择和核心要义之一。在"走出去"的过程中，中国传统文化首先面

---

① 高幕峰：《对全球孔子学院武术课程设置的调查》，《体育科学研究》2013 年第 3 期。

临着的就是传播内容的问题。我们在对外传播的过程中，展示出来的通常是传统文化的外在表现形式，如功夫、书法、旗袍唐装、京剧、酒茶这些符号化的形式，而非传统文化的内在精神和价值，这就使得文化传播难以长久地深入人心，需要多以宣传的方式来展示我们想让别人知道的那部分内容。虽然世界人民"想知道中国人的世界观、人生观、价值观，想知道中国人对自然、对世界、对历史、对未来的看法，想知道中国人的喜怒哀乐，想知道中国历史传承、风俗习惯、民族特性等等"，但这些内容如何呈现，需要我们认真思考。王沪宁认为"文化的世界性传播不是一种猎奇式的爱好，而是对一种文化的内在精神和基本价值的体认"，中国文化要想更为广泛、深入地走进世界、影响世界就必须在传播内容方面进行改进①。

一方面，中国传统体育由于内容繁杂、理论深奥，很容易在推广和教学中出现传播内容选择失误和单一的问题。即仅关注于技能的输出而不进行技能所蕴含的文化输出，在技能输出的过程中，又受限于传统的教学模式。以武术为代表的民族传统体育大都学习周期较长、过程较为辛苦，如果没有文化的渗透和价值的说明，学习者很容易在苦行僧式的学习过程中失去兴趣和坚持学习的意义。

另一方面，文化误读广泛存在。由于影视作品的影响，世界人民包括相当一部分国人对武术有不切实际的期待。部分传播者在教学推广过程中，或因讲解不到位，或因要吸引眼球的需要，给学生带来误导。同时，国际语言体系的信息传播不畅通也很容易导致理解错误。这种建立在信息错误之上的兴趣是难以持续的，最终会给民族传统体育的国际传播带来较大的负面影响。

## 二　人才缺失

人才的极度匮乏是目前民族传统体育国际传播中遇到的最大的问

---

① 王巾轩：《基于孔子学院的我国民族传统体育国际传播路径研究》，《体育文化导刊》2019年第9期。

题。教学和推广需要时间，特别是以武术为代表的民族传统体育项目教学周期长，是一种精耕细作式的培养方式，需要扎根在一个地方坚持不断地进行教学工作才能收获效果。但目前国内项目管理中心的国际推广方式通常是以表演团队的形式进行宣传和短期体验式教学，能够派出专职教师进行较长时间海外教学的情况凤毛麟角。孔子学院由于管理制度的原因，教师的派出任期通常为1—2年，这个时间也仅够初步打开当地市场。即便是这样，孔子学院能够派出的教师资源也是十分有限的。已有调查显示"有武术老师"的孔子学院为28.3%；其中"有专职武术老师"的学院仅为10.9%。2017年派往英国地区的300多名公派教师中仅有3名武术教师，并且派出的教师专业能力参差不齐，缺乏能够使用外语无障碍交流的专业民族传统体育教师[①]。

## 三　传播未成体系

已有研究通过对民族传统体育在国际传播与推广过程中所采取的各种方式进行分层、归类，总结出说法不同但含义相近的几种路径。例如，孙磊认为中医导引的国际化传播主要依托气功相关机构、全球孔子学院、进入当地替代医疗体系、构建远程教育中心。徐卫伟将武术的传播途径分为人际传播、组织传播、大众传播和网络传播，其中主要依靠人际传播和组织传播。黄华明将目前民族传统体育文化的国际传播分为两种基本形式，民间传播和政府传播。民间传播包括开办培训机构、成立学校、私人授艺；政府传播则包括国际表演、开办学校、举办赛事和成立协会。

在上述传播路径中，主要依靠海外华人拳师开办的武馆、国内项目管理中心不定期的短期外派教学宣传、孔子学院的教学推广以及一些国际性赛事的拉动。虽然国际武联有142个成员国，健身气功有98

---

① 高幕峰：《对全球孔子学院武术课程设置的调查》，《体育科学研究》2013年第3期。

个会员组织，但是当地协会的管理职能并不健全。大都没有专职管理人员，且分工并不明确，工作效率不高。且现有的传播方式大都为传统形式，依赖人际交往和组织活动，缺少对新媒体技术和平台的应用，信息发布渠道不多，没有形成整合性的力量和有效的传播体系。

以孔子学院的武术教学为例。武术已在全球 1/3 的孔院开展，其存在形式多是展演、当地中小学的中国日活动、定期或不定期面向社会开放的武术课程①。首先，课程是否能够开展完全取决于师资情况。其次，课程没有统一的教学目标、大纲、内容，不仅各个孔子学院之间的武术课程差异很大，即便是同一所孔院的课程也没有连续性。这种松散的、随意的课程形式使得武术在孔子学院一直处于一种可有可无的地位，没有被纳入正式的教学体系，无法进行长期的、规范的、系统的深度传播。

## 第三节　基于孔子学院的民族传统体育国际传播路径

截至 2019 年 12 月，中国已在 162 个国家（地区）建立 550 所孔子学院和 1172 个中小学孔子课堂。孔子学院自创办以来，累计为数千万各国学员学习中文、了解中国文化提供服务，在推动国际中文教育发展方面发挥了重要作用，成为世界认识中国的一个重要平台。2009年第 4 届孔子学院大会开幕式上，国务委员刘延东明确提出要将"中医、武术、京剧"列入孔子学院的文化活动范畴②。

### 一　优选传播内容

（一）树立文化自信

文化因独特而更具魅力。民族传统体育的国际传播要坚持自己的

---

① 高幕峰：《对全球孔子学院武术课程设置的调查》，《体育科学研究》2013 年第 3 期。

② 孙磊、陆颖、李洁：《传播学视阈下中医导引国际化传播的困境与思考》，《中医药文化》2017 年第 6 期。

独特文化性，忽略自身特性而一味模仿他人，丧失了根基又没有获得竞争性，如同削足适履得不偿失。中国优秀传统文化中"阴阳"的思想揭示了万物的运行法则；"和"的主张提供了立身处事之道；"道法自然""天人合一"的思想蕴藏着解决当代人类面临难题的重要启示。作为中国传统文化的继承者和传播者，要具有文化自信。

同时，更要有清醒的认识。那就是文化是流动的，今天我们看到的文化形式早已不是它最开始的样子。目前武术在国际上最有影响力的项目太极拳就是来自创新，这种创新的成功之处在于结合了中国传统哲学思想，同时满足了人们最看重的健康需求、操作简便，因此具有生命力。《中国国家形象全球调查报告2016—2017》中显示，世界人民眼中的中国最突出的国家形象是一个历史悠久、充满魅力的东方大国。毫无疑问我们有着悠久的历史，但是不能只有历史。中国传统文化需要进行"创造性转化"与"创新性发展"，要从内容庞杂、博大精深的传统文化资源之中找到并提炼出那些能够叫得响、传得开、留得住，能够为世界人民所接受并反映人类精神诉求、具有强大生命力和影响力的文化精品[1]。

所以，在传统文化走出去的过程中，一方面要坚持民族特色，树立文化自觉与文化自信；同时，不能仅站在自己的民族立场和文化视野，而要传播世界范围内认可的普适性文化，才能实现文化理解与接纳。在选择传播内容时，要特别注意选取那些能够满足世界人民普遍需求、引发普遍共鸣的内容。

（二）发展优势项目

民族传统体育所囊括的项目成百上千，需要找出那些具有影响力、安全简单、符合时代发展需要、满足人们根本需求、具有强大生命力的优势项目重点推广。如太极拳、健身气功等，一方面具有文化吸引力，同时也应对了当今全球老龄化所带来的最主要的需求——健康。

---

① 当代中国与世界研究院：《中国国家形象全球调查报告2016—2017》，北京：2018，http://www.199it.com/archives/673248.html，2021年11月18日。

以英国谢菲尔德大学孔子学院为例，综合学员人数、出勤率和交流反馈，体育养生是所有课程门类中最受欢迎的一个，包括以英国当地普通成人为教学对象的健身气功课、以当地华人社区的中老年人为教学对象的导引养生功课①。究其原因，或许是因为无论是健身气功还是导引养生功，其动作比太极拳更为简单、需要的练习场地小、对身体条件的要求很低、运动量适中，又具有较为明显的保健作用、与中医的关联紧密，可以满足学员对中国传统文化的好奇，因此相对于其他课程更加受到学员的欢迎。

在发展优势项目的过程中首先要推动其标准化改进。从跆拳道和柔道的发展中我们可以看到，它们目前在很多地方的影响力远超中国武术，主要得益于二者均具有规范的管理、清晰的考核标准、统一的服装和严格的段位制度。

## 二 坚持人才培养

人才是最重要的竞争力。孔子学院是汉语国际推广与培训机构，是中外文化交流的桥梁。无论我们是以政府的力量推广，还是逐渐放手以商业机构的形式发展，专业性都是其占据一席之地的必备条件。打造一支专业的教学与推广团队是孔子学院发展的重要一环，包括管理团队、教师团队、表演艺术团、推广策划团队等，培养综合性人才及通过认证的合格师资。特别是重视培养本土文化骨干力量，除了通过各种方式让世界认识我们之外，更重要的是找到对我们有极大兴趣的对象重点培养。一个主动学习并乐于传播中国文化的人要比千百个被动了解信息而没有任何作为的受众所能够带来的后续效应深远而有意义得多。

要解决师资的问题，可以通过两种途径。一是增加国内专业民族

---

① 李颖：《孔子学院武术发展策略研究》，《体育文化导刊》2012 年第 4 期。

传统体育教师的派遣，并进行区别于汉语教师的有针对性的培训。如首都体育学院和北京体育大学先后成立了"国家汉办孔子学院汉语推广武术培训与研究基地"。短期内可缓解师资不足，但问题是教学缺乏连续性，一到两年任期结束后没有新的老师补上则课程难以持续，导致学生流失。二是培养海外民族传统体育专业教师，在每个地区选择有能力的孔子学院作为海外教师培养基地，定期开设培训班，招收当地华人和外国人将其培养为民族传统体育专职教师。这种途径的问题是需要的时间较久，短期内无法改变师资短缺的状况。但是若能完成培训，则可以大大改善教学连续性以及文化差异问题，从长期看来是较优方案。

## 三 构建传播体系

### （一）加强与孔子学院的合作

民族传统体育的国际化传播仅依靠民间和当地的个人力量是远远不够的，需要进行顶层设计。构建一个以扎根海外进行长期教学的培训机构为主体，"线上＋线下"统一、规范的课程结构为内容，清晰的段位考核制度为评价手段，影视作品、舞台表演、游学项目为辅助手段的系统化传播体系。就现有的几种传播途径来说，孔子学院无疑是最佳的传播主体机构。应与孔子学院建立更为密切的合作，利用民族传统体育的影响力和吸引力推广汉语，利用孔子学院的资源推广民族传统体育，将会是一种双赢的局面。让外国人找到可以长期学习的机构，进一步地吸引年轻人到中国学习、旅行、工作，而中老年人可以通过"中国武术之旅"或"中国传统养生之旅"这样的项目来到国内高校进行一种结合观光、学习、交流的体验式民族传统体育教学模式。相信这种形式的项目在给中国带来新的商机的同时，能够更好地进行中国传统体育的国际化推广。

同时，依托孔子学院成立当地民族传统体育协会，加强与各地区武术协会、健身气功协会和龙狮协会的联系，搭建起民族传统体育国际传播的网络结构，提高传播效率、加大传播力度，让民族传统体育的国际传播更有组织性，覆盖更大的群体。

1. 孔子学院民族传统体育表演团

民族传统体育表演是民族传统体育文化宣传与推广的重要形式之一，以孔子学院为载体的民族传统体育对外传播工作离不开民族传统体育表演团的建设。目前，国内武术表演团体规模逐步壮大，登封市武术表演团数量不断增长，1992 年由中国少林寺国际武学院成立的"中国少林弘扬功夫表演团"，以传播少林功夫为己任，如今已承接国内外演出数千场次，拥有专业武术表演人员数百名；2003 年武当山成立的"武当功夫表演团"，现已走遍法国、奥地利、比利时、德国、意大利、西班牙等 10 多个国家；作为民族传统体育最高职能部门的国家体育总局民族传统体育管理中心也在积极探索民族传统体育表演团发展之路①。目前发展势态良好的孔子学院也应建立自己专属的文化传播机构与独具特色的表演团体，如专业民族传统体育表演团、大学生民族传统体育表演团、民间民族传统体育表演团等，加大全球孔子学院民族传统体育宣传与推广力度，开展形式多样、风格各异的民族传统体育展演活动，这将对孔子学院对外文化发展与交流起到巨大推动作用。

2. 孔子学院民族传统体育专家团

名人，自古以来都是大众所崇拜与学习效仿的对象。民族传统体育在全球发展中被公认的武术名家并不多，国外武术爱好者更多的是通过功夫影片认识中国武术，李小龙、李连杰等武打明星是他们崇拜与学习中国功夫的主要动力。然而，中国民族传统体育文化内涵深厚，不是武侠影视片所能够完全诠释的。邓淑君在《中国武术发展问题的研究》一文中提到：武术在传播中其文化属性正在减弱，西方主流社

① 李颖：《孔子学院武术发展策略研究》，《体育文化导刊》2012 年第 4 期。

会对武术并不认同，一些人认为武术就是"舞枪弄棒"，对修身养性等功能并不了解，也分不清武术与柔道、跆拳道的区别。孔子学院武术专家团就是要将武术文化融入武术对外宣传与推广中，邀请具有一定社会影响力的武术名家、功夫明星等人定期出访全球孔子学院，进行武术文化巡讲，打开武术文化通往世界的大门，利用名人效应，推动中国跆拳道文化的大发展。

3. 孔子学院民族传统体育交流处

目前，全球已有1/3的孔子学院开展了民族传统体育课堂，随着民族传统体育课堂在全球孔子学院规模的不断扩大，民族传统体育赛事、交流与文化宣传等活动将会逐步纳入孔子学院文化交流之中，建立孔子学院民族传统体育事务专门部门是推动孔子学院民族传统体育项目发展的重要举措。通过设立孔子学院民族传统体育交流处，可实现全球孔子学院民族传统体育课堂集中管理制，确保民族传统体育课堂教学的规范化、一体化；可实现对全球孔子学院民族传统体育课堂发展现状的动态跟踪与评价，保证信息的有效性与及时性；可实现正规化的全球孔子学院民族传统体育赛事与文化交流，以形成国际民族传统体育赛事的品牌化。

（二）进行课程建设

民族传统体育的传播需要统一、规范的课程结构。首先要解决教材问题。让战斗在海外教学一线的教师们依托实际教学经验，开发本土化教材。即用当地的教师、使用当地人能够听得懂的语言、能够接受的方式和内容来进行传播。在本土化教材的基础上，由汉办和国家体育总局以课题组的形式组织一线教师进行国际民族传统体育教材编写工作，进而逐步试点推广。同时，充分利用现有武术、健身气功等项目的国际段位制度考核标准，作为教学内容、考核和评价标准的参考。注重推广标准化，建设优质国际课程，将文化内涵融于技术教学。

以孔子学院为代表的民族传统体育课堂应是集民族传统体育课程教学、民族传统体育训练、民族传统体育师资培训于一体的系统教学机构，民族传统体育教师实行准入制、民族传统体育课程教学体系规范化及民族传统体育课堂形式多样化是孔子学院民族传统体育课堂建设的重要内容。

1. 孔子学院民族传统体育教师"准入制"

孔子学院民族传统体育教师"准入制"是指凡担任孔子学院民族传统体育课程的教师必须为经过国家汉办统一选拔、培训与考核的专业民族传统体育教师，他们应具备一定的民族传统体育文化理论基础与运动经历，曾从事或正在从事民族传统体育教学与训练工作，并具备基本的语言沟通能力。国家汉办民族传统体育师资培训学员来源应为全国各大高校专业民族传统体育教师、体育院校及师范院校民族传统体育专业学生、各基层组织专业民族传统体育教练员等，通过集中系统的培训与学习，从中选拔优异者统一派往对象国实施规范化的民族传统体育课程教学工作。在教学质量监管上，国家汉办可与国家体育总局民族传统体育管理中心合作，定期派出专家团对孔子学院民族传统体育课堂教学质量进行监督与指导，对孔子学院任职民族传统体育教师教学能力与水平进行综合考评。国家汉办孔子学院民族传统体育教师"准入制"如能实施，将会推动中国民族传统体育"大发展"目标的实现，改变高等院校现行民族传统体育专业人才培养格局，为高水平民族传统体育人才提供更为广阔的发展空间，为体育院校民族传统体育专业人才就业提供更多的发展机会，带动国内习武与从武的热潮，同时亦可确保孔子学院民族传统体育课堂教学质量优化。

2. 孔子学院民族传统体育教学体系规范化

"没有规矩，不成方圆"。虽然中国民族传统体育内容博大精深，可以传授的项目有上百种，但如没有选择、没有目的地教授，只会给人一种眼花缭乱、不知所措的感觉。孔子学院民族传统体育课堂应实施规范化的教学课程，即结合孔子学院的办学方针与政策、办学条件与特点，合理编制适宜孔子学院民族传统体育课堂的专用民族传统体育教材，并以此为基准制定统一的课程教学大纲、教学进度、教学内容、教学时数和多媒体课件等。应定期向上级主管部门提交民族传统体育课程教学计划、教学总结、教学成果等材料，及时将民族传统体育课堂发展现状与问题反映给主管部门与领导，及时予以应对。

3. 孔子学院民族传统体育课堂形式多样化

孔子学院所面向的社会群体不仅集中在高等院校，更多的来自社会群体，他们对中国文化拥有浓厚的兴趣，特别对中国传统文化与艺术尤为喜爱。针对不同群体，课程内容与形式亦应有所不同。孔子学院内部课程可通过必修课、选修课等形式开设如舞狮、龙舟、太极拳（剑）、健身气功、散打、竞赛套路、传统武术、键球等实践项目，导引养生、影视武打赏析、武术服饰与文化等理论课程以及民族传统体育文化讲座与培训等特色活动，主要目的是进行中国民族传统体育文化与内容的宣传与展示。面向社会招生时则应以训练为主线，注重培养与选拔优秀民族传统体育人才参加民族传统体育赛事与表演等。可通过"俱乐部"教学的形式分设多种班型，如少年民族传统体育启蒙班、少年民族传统体育提高班、少年民族传统体育精英班、健身气功基础班、健身气功提高班、太极基础班、太极提高班等，学员可根据自身需求与水平参加学习，当达到规定学时或一定水平时可通过"段位制"考评形式晋升至上一班型。

（三）依托现代技术

在信息爆炸的网络时代，"新媒体"对固有传统文化传播模式的冲击已全面席卷而来。不能只依靠传统的报刊、户外、广播、电视等形式来进行文化传播。网络、数字杂志、数字报纸等新媒体才是大众最主要的信息来源，且不受时空、时间的限制。"在媒介融合时代，中国文化的国际传播需要政府、企业、非政府组织、媒体，甚至是个人等多元力量来参与，使其得到全方位、多元化、立体化的展示与传播"，打破因传播形式单一或封闭而造成的文化失真和误读。

孔子学院的民族传统体育课程也需要形成"线上＋线下"的模式。充分利用新媒体，如网站、公众信息平台等建设网络课程，促进其国际化传播，从而可以利用优势教师资源，打造优质国际课程，解决师资不足的问题；构建远程教育中心，让师生能够通过网络视频等方式，进行理论和实践的互动教学，大大降低地域限制，方便学员的学习和复习，有效扩大学员规模。并可将民族传统体育中的特色项目制成纪录片放在平台上，展现中国文化历史和传统文化特色，讲好中国故事。

# 第八章　民族传统体育文化国际传播人才培养

## 第一节　民族传统体育文化国际传播
## 人才培养现状

为了适应信息化社会的不断发展，民族传统体育文化的传播对于传播者的要求也越来越高，其不再以简单的形式传播，而是随着社会经济和全球化的发展而高速发展。作为民族传统体育传播的第一个环节，民族传统体育传播者的地位和重要性都毋庸置疑，对于传播过程的存在、发展和传播内容的数量与质量都具有决定性作用。民族传统体育传播者不仅仅以个人的形式存在，也可以是一个组织。中国民族传统体育的国家化传播使得中国民族传统体育迅速发展起来，其传播者呈多样化状态，各级各类的民族传统体育协会、民族传统体育从业者和其他补充代替从业者、外国学习者、民间群众、民族传统体育科研机构都是民族传统体育传播和发展的重要力量。

当前，虽然众多体育院校、民族传统体育专业队伍和一些民间民族传统体育组织都致力于培养民族传统体育文化的传播者，为我国民族传统体育文化的国际化传播作出了突出贡献，但总体而言培养情况并不理想，传播者的质量和数量都与民族传统体育国际传播实践的需要相距甚远，且民族传统体育文化国际传播者的培养机制尚不完善。

## 一 缺少系统化的传播者培养体系

目前，我国缺少民族传统体育国际传播的培养体系，对民族传统体育传播人才培养的重视程度不够。虽然各大体育专业院校具备民族传统体育文化传播者的培养优势，但忽视了民族传统体育传播者的思想、业务和作风建设，大量的优势资源尚未得到开发[①]。民族传统体育文化传播的推广链条不够成熟是其症结所在，当前我国的民族传统体育文化传播仍属于粗放型的无政府状态；培养模式落后于社会和民族传统体育的发展；民族传统体育人才与国际传播的整体趋势和社会进步的需要脱节，存在适应困难症状。以上情况进而导致了具有对外传播能力的民族传统体育人才严重匮乏，直接影响了我国民族传统体育文化的国际地位和在全世界范围内的持续推广，我国民族传统体育的国际化传播正面临着"民族传统体育文化人力资源的质量和结构尚有欠缺，缺少具备国际能力的民族传统体育传播者"的问题[②]。由于缺乏一体化、标准化的人才培养体系，虽然各大体育院校培养出了一大批具有高尚武德和较高技术水平的民族传统体育传播者，但这些传播者大多存在对西方文化的认识不够、外语沟通能力不足和国际法律知识欠缺等问题。

## 二 复合型教学师资严重匮乏

我国的民族传统体育国际传播者相关专业教育起步较晚，专业建设相对并不成熟，缺少兼备良好英语水平与出色民族传统体育专业能力的师资力量。目前参与民族传统体育国际传播者教育培养的教师可

---

① 李成：《体育院校国际化武术专业人才培养模式构建研究》，硕士学位论文，天津体育学院，2019年，第12页。
② 车璐、陈飞、王晓东：《武术文化传承的现实困境与路径选择》，《体育文化导刊》2020年第4期。

分为四类：民族传统体育理论教学教师、民族传统体育技术动作教学教师、外语常规教学教师、结合外语进行民族传统体育理论与专业技术教学的复合型教师。前三类教师并不稀缺，而能够结合外语讲授民族传统体育专业课程的教师实属难得。师资队伍建设是优化民族传统体育传播者培养体系和专业设置的关键，也是人才培养体系构建的根基所在。民族传统体育国际传播者的培养离不开复合型师资队伍的建设，要求其教师队伍具备不同的学科及专业背景。由目前我国民族传统体育国际传播人才培养师资队伍配备情况可知，现有的师资队伍具备相对扎实的民族传统体育专业知识与专业技能，但是缺乏民族传统体育国际传播理论知识及实践经历，兼有民族传统体育教学工作经验和较高外语水平的教师并不多。不仅导致教育与实践相脱节，而且民族传统体育国际传播实践中出现的新情况、新问题也不能及时充实到课程体系中去，致使课程的前沿性和实用性受到不同程度的制约。

## 三　缺乏针对性的培养战略目标

长期以来，我国民族传统体育人才的培养目标主要集中在民族传统体育教练员、科研人员、基础教育师资等方面，以满足民族传统体育运动的训练和教学的民族传统体育人才需求。新的时代背景下，民族传统体育的国际化发展进程逐渐推进，与时俱进的人才培养战略目标却尚未形成，民族传统体育传播人才的培养仍然没有列入各民族传统体育人才培养院校的培养目标和教学内容中，这也是造成高素质民族传统体育传播人才匮乏的重要原因之一。现今从事对外民族传统体育国际化传播的人员所具备的专业技术和理论知识水平并不能满足民族传统体育国际化传播的需求，存在造成民族传统体育文化认知误区等负面影响的风险。因此，重视民族传统体育国际传播人才的教育和培养是保障人才培养有效性的关键。根据需要设置计划性、针对性、实用性的民族传统体育文化国际传播者培养目标、构建科学合理的人才培养体系，是民族传统体育文化国际化传播的重要途径。

## 四　民族传统体育文化传播者水平参差不齐

目前民族传统体育文化国际化传播者具有两个特点：第一，实际传播人员结构复杂。现有的对外民族传统体育文化传播者主要涉及以下几类人员，分别为外派教练、民族传统体育爱好者、体育院校的学生、体育工作者等。由于人才过于复杂，对民族传统体育文化国际传播相关理论知识涉猎参差不齐，导致国外学习人员产生了民族传统体育文化认知的不同。第二，经过系统化培养的高素质民族传统体育国际传播者十分匮乏。有研究者指出造成以上现象的关键原因在于缺少"专门培养"[①]。各类民族传统体育人才的合理归类和甄别，确立民族传统体育竞技型、适用型、外向型人才等多维度的评价方式和培养策略，对传播者培养体系构建十分重要。一名合格的民族传统体育文化国际传播人才不仅需要具备高水平的民族传统体育专业素质和知识技能水平，同时还需具备其他外延性综合素质能力，例如中华传统文化底蕴的培养、国外语言交流方式的学习，以及对国外文化特点、风俗习惯的了解掌握等。

## 第二节　民族传统体育文化国际传播人才培养体系

### 一　民族传统体育文化国际化传播者培养体系的构建

（一）理论基础

1. 针对民族传统体育文化国际传播者的成人学习理论

民族传统体育文化国际传播者是能够对外进行实地民族传统体育

---

① 张长念：《武术国际传播人才素质需求研究》，硕士学位论文，苏州大学，2015年，第22页。

教学、展演、实践、推广的成年人，其培养体系隶属于成人教育类型。作为成年人，有着区别于儿童和青少年的学习发展规律与特点，对民族传统体育文化国际传播者进行教育、培训时必须关注其特有的学习规律及特质等。成人学习理论包括成人教育学理论、自我指导学习理论和质变学习理论①。其中自我指导学习理论在成人学习过程中的应用十分广泛且有效，其强调学习的渐进性过程，包括产生依赖、培养兴趣、积极参与、自我指导等。因此结合成人学习理论，民族传统体育文化传播者的学习过程可分为四个阶段：积极营造学习环境与氛围，确定学习需求与目标，设计、组织、管理学习过程，评价与诊断学习效果。教学的过程应以传播者自身为主，教师是整个学习过程中的引导者与解惑者，培养传播者自我发现、自我参与、自我解决的学习模式，使传播者能够形成自我知识储备和解决实际问题的能力。

2. 针对培养师资的 PCK 理论

PCK 指 Pedagogical Content Knowledge，即学科教学知识，由美国斯坦福大学教授、著名教育心理学家 Shulman 首次提出②。PCK 理论在教育学研究领域当中具有非常重要的意义，应用于世界各国教学准则的制定、教育政策的推广、教学评价等。结合 PCK 理论，对民族传统体育文化国际传播者培养体系中师资的教学活动进行分析与定位主要体现在以下几方面：第一，课程是民族传统体育文化传播教学实践的基础，包括课程设置、内容选择、组织方式等。第二，目标定位是保证传播者培养有效性的关键，教学活动的开展要符合传播者对外传播环境与教学培养目标。第三，教学方式是教师开展教学过程的具体手段与核心媒介，应结合民族传统体育文化国际传播者培养的教学定位、目标及民族传统体育项目特点选择适合的教学策略；传播者是教师教学活动的主体和中心，教学活动需考虑传播者的文化基础、学习特点、

---

① 裴森、李肖艳：《成人学习理论视角下的"教师学习"解读：回归教师的成人身份》，《教师教育研究》2014 年第 6 期。

② 古雅辉、周凰、刘昕：《PCK 视域下职前体育教师教育的反思与探究》，《北京体育大学学报》2018 年第 11 期。

态度动机、能力需求等个人情况，才能够充分发挥教师的指导作用。教学评价是教学活动的诊断与反思，属于质量保障环节，教师要充分利用对教学效果的评价情况，实时进行教学活动的诊断与调节，以发挥导向性作用。

3. 针对培养体系构建的扎根理论

扎根理论是针对某一现象或问题，通过科学系统的资料采集及分析工作，归纳式地建构、推动及验证理论的一种研究方法，既是一种质性研究方法，又是一种实证研究范式[①]。研究运用扎根理论方法，从现有的文献资料入手，采用整理、归纳、概括、提升等程序，进而形成切合实际的民族传统体育文化国际传播者培养体系。体系的构建过程强调对目前民族传统体育传播者培养所面临的实际问题的关注，区别于宏大而空洞的实体理论和片面的经验研究，较好地弥补了两者间严重脱节的缺陷，保证了其构建符合扎根理论严格的理论检验与评价标准。第一，培养体系构建所需的文献资料与研究过程可回溯，研究路径可重复，研究结果可验证；第二，培养体系中的各个组成之间应具有紧密的内部联系，构成一个不可分离的有机整体；第三，培养体系应具备较强的实用性与推广力。

4. 针对培养体系评价的 CIPP 评估模型

美国学者 Daniel Stufflebeam 及其同事提出了 CIPP 模型，即情境评估、输入评估、过程评估以及成果评估四个层次[②]。其中，民族传统体育文化国际传播者培养体系的情境评估包括了解传播者将要面对的国外环境、分析社会需求、明确人才培养目标等。输入评估包括生源的引进、考查录取及培养资源的优化，实现培养体系效益的最大化等。过程评估主要是强调对整个培养体系运行的关注，针对体系实施过程中出现的突发事件进行应急处理，以实现培养目标的达成。这个层次

---

① 臧玲玲、刘原兵、吴伟：《高校教师参与社会服务的决策机制——一个基于扎根理论的解释框架》，《高等教育研究》2020 年第 9 期。

② 刘蕾、邓逸雯：《高校公益创业教育：评价指标体系构建与现状分析》，《高校教育管理》2020 年第 1 期。

的评估将会涉及各类反馈表、调查问卷、访谈、观察等数据分析，以客观的数据结果进行体系运行的评价与完善。成果评估主要是对培养体系的成果进行检验，评价达标情况，通过传播者培养效果的及时检验与反馈，对培养体系各个环节进行修正、改进和完善。

（二）民族传统体育文化国际传播者培养体系构建的指导原则

1. 科学性原则

科学性是指民族传统体育文化国际传播者的培养体系构建和实施要符合党和国家所确定的规章制度，符合社会发展的需要和要求，遵循民族传统体育人才培养和成长的特点规律；培养体系的各个环节符合教育部关于办学的相关要求，包括招生、组织管理、教学管理、服务保障等，保证民族传统体育传播者的培养体系构建过程有法可依、有章可循，朝着正确科学的方向发展。

2. 先进性原则

先进性是指民族传统体育国际传播者的培养体系构建要紧跟时代发展，以前沿性的研究成果和理论基础作为支撑，改变陈旧单一的人才培养模式，以创新方式彰显民族传统体育传播者培养特色和教育优势，为中国民族传统体育培养具有国际先进理念和思想的传播者。

3. 实用性原则

实用性是指民族传统体育国际传播者培养体系的构建过程拥有准确的培养目标定位、清晰的体系运行流程、有效的教学活动和合理的评价反馈机制，保证体系各部分组成紧密相连，且独立运行良好、操作性强，能够依托现有社会条件环境为民族传统体育国际传播者专业能力水平的提高创造学习平台和实现路径，在中国文化传播与民族传统体育项目国际化发展中发挥积极作用。

## 二 民族传统体育文化国际传播者培养意识的树立

培养武术国际传播人才首先要解决的是意识问题。马克思辩证唯物主义认为，物质决定意识，意识具有能动作用，可见意识的重要性。

（一）战略意识

民族传统体育文化国际传播需要各部门各系统的通力协作，而不是某个部门某个系统的单兵作战，其他部门系统"无关我事"，甚至"隔岸观火"。不仅如此，国家还应倡导全社会、全民族参与进来，充分认识民族传统体育文化在全球化的背景下对于中国文化自立进而自强于世界民族之林的非同寻常的独特优势和战略意义。必须造成全民族全社会的共识和共同参与，民族传统体育文化的全面国际传播才能够真正地"走出去"和"走进去"，从而为提升我国文化软实力服务。正如汉语的国际推广，中国政府部门的设置不可谓不繁多、不可谓不完善，但是，成立一个国家领导人倡导、重视，各部门各系统通力配合的组织且冠之以"国家汉办"而非因在教育部下属而称"教育部汉办"，仍是理论上必要且事实证明是必需的。民族传统体育文化国际传播人才的培养也正需要在这样一种意识下进行。

（二）文化意识

在培养民族传统体育文化国际传播人才的过程中，要时刻意识到，民族传统体育文化不单单是一项体育运动，而且是一种文化载体，民族传统体育的发展是浸润在中国传统文化之中的。作为中国文化的绝佳载体，太极的阴阳观、各拳种套路的动静美、各拳种散手的技击美、八卦掌的周易八卦图、形意拳的五行相克等都是中国传统文化的体现。因此，民族传统体育的传播不能视作一种简单的体育项目进行传播，而是要上升到文化的高度进行传播，我们不仅要传播民族传统体育的招式与练习方法，更多的是要在民族传统体育中展示我国民族传统文化的价值观，传播有利于世界未来发展的中国文化，唯其如此才能提升国家软实力，凸显民族传统体育文化传播的文化意义。没有文化支撑的纯粹的民族传统体育技术传播，会使民族传统体育失去民族特色，民族传统体育文化国际传播必将因缺乏后劲而难以持续。萨马兰奇曾说过："奥林匹克精神就是体育加文化。"奥运会之所以成为世界性的体育盛会，与其重视体育运动中的文化内涵分不开。在民族传统体育文化国际传播时我们必须秉承民族传统体育技术与文化并举传播的理念，从而实现民族传统体育文化国际传播从表象到深层传播的转变，提升传统文化魅力，弘扬中华传统精华。让更多习练中国民族传统体育文化的外国人在掌握民族传统体育技术，体悟民族传统体育文化源远流长、博大精深的同时，达到对民族传统体育文化内在精神的修养与深层追求，从而将对民族传统体育的热爱转变为对中国传统民族传统体育文化的热爱，从而达到一种对中国民族传统体育的持久喜欢，这不仅增进了与世界各民族体育文化之间的深层次交流与互动，也达到在世界上传播和弘扬民族传统体育的目的，可谓是一举两得，何乐而不为。

（三）全球意识

民族的就是世界的，民族传统体育是中国优秀的传统文化之一，民族传统体育源于中国却应该属于世界，但是世界各国有着不同的生活环境，不同的信仰与价值观，因此在这种文化背景各异的环境中民族传统体育的传播就不能以一种单一的传播方式进行，要考虑世界环境，考虑接受民族传统体育的国家的现实环境以及价值观等。因此民族传统体育国际传播人才的培养须树立全球意识，要有文化差异的意识，并用这种意识指导民族传统体育国际传播人才的培养。也就是要换位思考，站在学习者的角度考虑问题，规划推广方案，找到适合民族传统体育推广的途径及方法，也唯有树立全球意识，并在全球意识的指导下才能真正地将民族传统体育文化国际化。

## 三　民族传统体育文化国际传播者培养体系的流程结构

如图 8-1 所示，民族传统体育文化国际传播者培养体系包括培养定位、方案制定、评价反馈三大元素。传播者的培养定位应结合实际调研数据，以了解传播者的社会需求、社会供给、素质要求等资源信息进行确定；传播者培养方案的实施要以培养定位为基本依据，通过招生、教学、保障等机制的运行以达成培养目标；评价反馈机制作为培养体系的检验与调节系统，对培养质量进行全方位评价与反馈，促进整个体系的优化与完善。

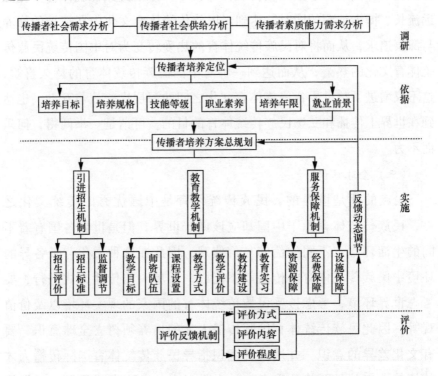

图 8 −1　民族传统体育文化国际传播者培养体系流程结构图

## 四　民族传统体育文化国家传播者培养体系的构建元素分析

（一）民族传统体育文化国际传播者培养定位分析

人才培养目标定位是保证民族传统体育文化传播者培养的针对性和实用性的有效保障，因此要以传播者自身特点和时代环境为基础，对专业、层次、类型等进行人才培养规格、培养质量、培养目标的要求①。培养目标是人才培养的实施标准和质量评价的基本依据，反映着民族传统体育文化国际传播者培养的本质特征和内在要求②。针对目前民族传统体育文化国际传播人才匮乏、知识结构单一等问题，并结合调研获得的传播者社会需求、供给、素质要求、行业特征等多方因素数据，将民族传统体育文化国际传播者培养目标确定为具备国际视野的复合型民族传统体育文化传播人才，同时可根据民族传统体育文化学科发展的前瞻性需求以及社会需求的变化，及时调整和完善，从国际化专业知识、综合能力、素质要求进行培养方案的设计。参照目前国内高等院校本科修业年限情况，将传播者培养标准年限定为 4 年，修业年限 3—6 年。重点围绕道德素质、文化素质、技术素质、双语素质和能力素质等五方面素质进行人才培养要求。培养的民族传统体育文化传播者要结合国家发展需要，致力于繁荣发展民族传统体育事业；掌握民族传统体育专业教育教学、训练、科研的基本理论与方法，拥有可持续发展的人文知识底蕴和潜能，赋予国际视野、创新精神和实践智慧，能够胜任民族传统体育教学、养生健身、训练竞赛的责任与工作。针对培养定位中"具有国际视野"的人才培养目标，可以通过请进来、走出去的方式，努力拓展传播者的国际视野，例如邀请国内外知名学者和民族传统体育爱好者进校访问，组织并资助学生对日、英、美等国的孔子学院进行短期访问、交流、实习锻炼，创造性地推进中外合作办学等项目的开展。

（二）民族传统体育文化国际传播者培养方案规划分析

1. 引进招生体系

民族传统体育文化国际传播者的招生体系应该重视顶层设计和统筹规划，构建科学的招生评价体系，以对整体招生考试制度布局进行科学的规划。将提升人才培养质量作为战略主题，为适应社会发展和

---

① 李立国、薛新龙：《建立以人才培养定位为基础的高等教育分类体系》，《教育研究》2018 年第 3 期。

② 李梦卿、邢晓：《"双高计划"背景下高等职业教育人才培养方案重构研究》，《现代教育管理》2020 年第 1 期。

国家需求，从多元化角度选拔民族传统体育文化传播人才，力求人才的专业化与多样化。引进招生体系主要包括招生评价、招生标准和监督调节3个方面。在招生标准制定中，要结合国家招生部门的相关要求，紧密围绕"为谁培养传播者""培养什么样的传播者""怎样培养传播者"展开，通过制定相关招生简章与招生制度，以实用性的招生策略吸引优秀生源。整体招生流程包括制订招生计划和方案、受理生源材料、组织专家考核、录取等。监督调节机制能够对整个招生体系进行约束和监督，对于招生期间遇到的突发事件进行合理的公平性调节和常态化的监测，以构建"评价体系一体化、评价标准科学化、监督调节公平化"的引进招生体系。

2. 服务保障体系

民族传统体育文化传播者培养经费应满足培养需求，包括教学日常运行支出和教育实践经费、教学设施设备和图书资料等更新经费。规范、安全、有效的经费使用办法是保证教学工作顺利开展的先决条件，因此每年需将教学经费投入纳入年度预算，积极筹措办学经费，保障教学日常运行经费的优先投入。设施保障要求民族传统体育文化传播者培养所需的教育教学设施完备，构建民族传统体育文化传播者技能实训平台和在线教学观摩指导平台，保证微格教学、实验教学、远程实践教学活动的顺利开展。保持教育教学设施定期管理、维护、更新和共享机制顺畅，保障学生使用便捷、充分。教学资源保障要求民族传统体育教学资源足够丰富多样、资源利用率高等。教育类纸质图书需充分满足学生学习需要，根据需要建立民族传统体育专业教材资源库和优秀教育教学案例库等。

3. 教育教学体系

民族传统体育国际传播者不仅需要具备扎实的民族传统体育技能，还应培养其过硬的理论和广泛的知识体系。

1）教学目标。应结合课程特点与人才培养特点进行设定，强调国际传播特点，突出语言学、传播学、民族传统体育学的结合与应用。

2）课程设置。教学课程包括通识教育课程、专业教育课程、教师教育课程 3 个部分，相互作用，相互联系，形成课程的基本知识体系。通识教育课程保证传播者的复合型知识结构要求；专业教育课程实现传播者的技能型知识结构要求，由学科基础课、专业主干课、毕业论文、专业系列课组成；教师教育课程重点提高传播者的教育传播综合能力。

3）师资队伍。民族传统体育文化国际化传播者培养需要具备国际化能力的民族传统体育师资力量作为支撑，教师不仅需要具备扎实的民族传统体育理论与技能，更需要具备民族传统体育国际化教学和文化传播能力。根据现有的师资队伍进行针对性的国际化教师组建，并根据教师的类型采取不同的知识结构提升策略。同时可以制定民族传统体育传播师资队伍建设规划，在师资引进、教师激励、教师培养制度等方面进行针对性改革，进一步加大国际化教师培养和引进力度；积极推荐与选派优秀教师出国访学与进修，拓宽教师国际视野；进一步开展国际合作与交流，进一步完善教师队伍建设。

4）教学方式。授课教师在系统、整体把握培养目标的基础上，不断探索适用于民族传统体育国际传播者的教学方式方法，可以采用以下几种方法，如专题化课堂讲授与小组研讨学习为主、课堂讨论与课后阅读相结合为辅；问题化与自主性学习相结合方式，强化学生课堂展示，培养学生发现问题、分析问题、解决问题的能力和探究意识；案例化与多媒体直观教学方法相结合方式；通过课堂汇报和课堂辩论，深入了解学生学习需求等。

5）教学评价。教学评价是对教学效果情况的检验，要建立统一的考核评价标准，形成日常评价、阶段性评价、终结性评价 3 层评价方式；评价内容包括学生日常行为习惯（学业表现、作业完成度、学习态度、学习能力等）、主要学业成绩考察（期中和期末考试）、实践能力（教学实践、民族传统体育基本功和技能、社会实践经历与能力等），从品德与修养、运动与健康、审美与表现等方面对学生的道德与文化素养、综合实践能力、实操能力等进行评价。并通过课堂教学评价、专项评估和检查、教学督导、学生信息反馈、毕业生满意度调查等多种方式，形成实时调控与多层反馈相结合的教学质量保障体系，确保教育教学质量。

6）教材建设。教材建设是民族传统体育文化传播者培养院校的一项基本建设工作，是衡量一所民族传统体育文化传播者培养院校办学水平高低的重要标志之一，是进一步深化教育改革、巩固教学改革成果、提高教学的质量与造就高素质人才的重要纽带。民族传统体育文化传播者的教材建设要与民族传统体育专业技能相结合，要符合学生的身心发展规律，教材内容应具有基础性、典型性和简约性，还要具有规范性、科学性、系统性等特点。

7）教育实习。民族传统体育文化国际传播者培养中教育实习是提高学生理论联系实际、分析解决现实问题、适应社会发展的综合能力和技能素质的重要途径。培养学校可以与合作单位建立权责明晰、稳定协调、合作共赢的"三位一体"协同培养机制，形成传播者培养、研究、服务、实践一体化的合作共同体。合作单位的选择上可以侧重于具有国际化特点的留学生培养学校和外资企业等，以达到锻炼学生国际传播能力的目的。

（三）民族传统体育文化国际传播者培养的评价反馈体系

"评价"是指"评定价值高低"[1]，是在评价过程中主体对客体特定的内在属性或外在表现的价值判断[2]。评价反馈机制的构建是民族传统体育文化传播者培养质量保障的关键。民族传统体育文化国际人才培养方案制定与实施的科学性、合理性、规范性、有效性的实现，有赖于建立一个完善的质量评价反馈机制。因此，结合全球化发展趋势以及社会人才需求变动，建立一个注重过程的动态管理评价机制是

---

① 中国社会科学院语言研究所词典编辑室：《现代汉语词典》，商务印书馆 2016 年版，第 1009 页。

② 刘福元：《二元维度下高校课程评价的通用指标设置——回归"评价"的原初效用》，《现代大学教育》2019 年第 5 期。

确保民族传统体育文化传播者培养质量的现实诉求和迫切需要，以凸显人才培养方案在指导、监测、诊断、优化以推进人才培养目标实现等方面的功能与价值。评价方式应注重内外评价相结合，以保证评价的客观性、科学性、权威性；内部评价主体由管理层、师生群体为主，致力于自我管理和内部质量改进；外部评价以政府主管部门、用人单位、行业企业、专家团队为主，致力于权威认证和外在质量控制。CIPP评估模型是人才培养评价中的一项优秀范式，强调评价的阶段性，具有良好的应用价值。民族传统体育文化国际传播者培养的评价程序应更注重过程性和规范性。人才培养是一个长期连续的过程，应关注实施管理、实施手段以及实施效率等各个环节的评价，切实提高评价的全面性和实效性，以确保人才培养方案的正确导向。与此同时建立人才培养体系的动态反馈调整机制，以及时修正和优化培养定位与培养方案。对内外监督、及时反馈和适时调整进行细化和完善，确保人才培养方案质量评价机制的全过程性、动态性和连续性，不断提升人才培养方案的效用。体系评价内容应注重全面性、有效性、合理性。依据教育经济效率理论，人才培养评价反馈体系是客观反映人才培养投入与产出效率的重要依据和手段，其评价内容的选择和指标的构建应能够客观全面地反映方案制定和实施的质量。评价内容的选择能够对人才培养目标、课程设置、教学模式、师资队伍等内容进行内外一体、全面多维的诊断和动态调整，并将毕业生满意度、就业率、就业质量、用人单位满意度等作为衡量民族传统体育文化传播者培养质量的重要指标。

民族传统体育文化国际传播者的培养是民族传统体育文化国际传播战略实施的重要措施，是中华民族传统体育国际化发展的一项长期性战略任务，任重道远。民族传统体育文化国际传播者培养体系的构建顺应了时代的发展和国家的需要，对于提升国家文化力量、彰显国家软实力、塑造国家形象具有重要意义。国家、社会、高校要高度重视民族传统体育文化国际传播者的培养，为中华民族传统体育走向世界提供坚实的人才质量保障。复合型、专门化、高素质的民族传统体育文化国际传播者要担负起时代赋予的责任与使命，不断为中华民族传统体育走向世界而努力奋斗。

## 第三节 高校武术国际传播人才培养

本节以民族传统体育项目——武术的高校国际传播人才培养为例。

### 一 我国高校关于武术国际传播人才培养的现状

当前，包括专业性体育院校在内培养武术国际传播人才的中国高校可谓屈指可数。经调查发现，在中国目前只有2所综合性大学（华东师范大学、河南理工大学）和2所专业性体育院校（首都体育学院、成都体育学院）在武术国际传播人才培养方面进行了实践探索。通过对以上4所高校的相关专家与学者的访谈，了解了这4所高校培养武术国际传播人才在学历层次定位、特色课程设置、校内外特色培养平台和实习平台建设等方面的情况。基于此，当前中国高校关于武术国际传播人才培养的现状如下。

表8-1　我国高校培养武术国际传播人才的教学条件调查结果

| 培养单位 | 培养学历层次 | 特色课程设置 | 专有教材 | 特色培养平台 | 校外特色实习平台 |
|---|---|---|---|---|---|
| 华东师范大学 | 硕士 | 太极拳、太极剑、英语 | 无 | 无 | 孔子学院 |
| 首都体育学院 | 本科 | 武术专业英语、对外汉语 | 《武术专业英语基础教程》 | 汉语国际推广武术培训与研究基地 | 海外实习基地、孔子学院、国外武馆、外国武术国家队 |
| 成都体育学院 | 本科 | 武术专业英语 | 《中国武术英汉用语》 | 无 | 无 |
| 河南理工大学 | 本科 | 太极拳、太极拳专业英语 | 无 | 无 | 孔子学院 |

（一）我国高校培养的武术国际传播人才的学历以本科为主

由表 8-1 可知，4 所中国高校培养的武术国际传播人才的学历以本科为主，仅有华东师范大学将培养的武术国际传播人才的学历定位在硕士研究生。华东师范大学在硕士研究生培养方案中设置了"太极拳与民族传统体育教学"的研究方向，2017 年开始招收"武术汉语国际教育硕士"。据访谈得知，该人才培养项目由华东师范大学的国际交流处和体育与健康学院共同组织实施，主要培养以传授太极拳为主的武术国际传播人才。可见，4 所中国高校培养的武术国际传播人才的学历层次主要定位在本科。

（二）我国高校培养武术国际传播人才的外语课程建设有了一定进展

在培养武术国际传播人才的特色课程设置方面，4 所中国高校均重视对武术国际传播培养方向的学生的外语运用能力特别是武术专业性英语运用能力的培养。河南理工大学将《大学英语》课程设置为《太极拳专业英语》。河南理工大学体育学院将"英语通识课"改为"太极拳专业英语课"，主要教学生如何用英语进行太极拳教学。成都体育学院较早就开始培养武术与民族传统体育专业学生的对外武术教学能力，在 21 世纪初就开设了《武术专业英语》课程，并在 2010 年出版了中国西南地区第一本武术双语教材《中国武术英汉用语》①。首都体育学院武术与民族传统体育专业最新一版培养方案中也设置了"对外武术教学"课程模块，包括《武术英语》《对外汉语》等课程，也出版了配套教材《武术专业英语基础教程》，致力于培养复合型武术国际传播人才。首都体育学院武术与表演学院 2009 年开设了《专业英语口语（武术）》（后改为《武术专业英语》）课程，这是中国第一所在武术与民族传统体育专业本科教学中开设武术专业英语的高校。

（三）我国高校培养武术国际传播人才的专业技术课程初步形成特色

在专业技术课程开设方面，华东师范大学与河南理工大学侧重于

---

① 杨啸原：《中国武术英汉用语》，四川科学技术出版社 2010 年版，第 1 页。

《太极拳》课程，由访谈得知，因太极拳在国外的需求度显著高于其他拳种，以上2所中国高校开设的其他专业技术课程除武术基本功以外基本不涉及其他拳种。河南理工大学因其所在焦作市是陈式太极拳、和式太极拳、忽雷太极拳等拳种的发源地，因此，该校重点教授太极拳特别是陈式太极拳，并将武术技术教学内容浓缩为"一拳（太极拳）一器械（太极剑）"，同时将《推手》《摔跤》课程融入太极拳教学中，以满足武术实战技击对抗教学之需。河南理工大学是4所高校中武术技术课程内容特色较为鲜明的高校，以太极拳为特色。首都体育学院和成都体育学院作为专业性体育院校，对武术专业技术课程的设置较为全面，但武术技术特色课程有待加强。

（四）我国高校培养武术国际传播人才的特色培养平台建设有待加强

4所中国高校在武术国际传播人才特色培养平台建设方面，仅有首都体育学院建立了"汉语国际推广武术培训与研究基地"，其他3所高校关于武术国际传播人才的特色培养平台建设则有待加强。首都体育学院在2012年向国家汉办/孔子学院总部申请并建立了"汉语国际推广武术培训与研究基地"，该基地的中心任务是向全球孔子学院推广武术和汉语及传播中华文化，包括对外武术师资培训、孔子学院院长培训、学员培训、孔子学院武术段位教材研编、武术全景展示中心与体验中心建设、武术对外展演、武术馆样板间建设等。借助该基地，首都体育学院应国家汉办/孔子学院总部委派，连续多年奔赴设在欧洲国家和美国的孔子学院进行武术巡演，在国际社会引起了较好的反响。在此过程中，参与巡演的大学生的对外武术英语应用能力得以提高。

（五）我国高校在武术国际传播人才的教学实习方面有待进一步加强

河南理工大学在白俄罗斯、意大利、印尼等国家建立了海外实习基地，为该校大学生"走出去"搭建了平台。该校进行合作办学，与国外合作高校互派学生、互认学分，为该校大学生到外国访学（包括攻读硕士研究生创造了条件）。但是，近几年该校赴外国访学的大学生数量在逐渐减少。原因在于近几年该校大学生符合到外国访学条件的人较少。华东师范大学体育与健康学院则是安排该校大学生到国外孔子学院教学实习,主要教授《太极拳》课程。首都体育学院于2017年开始了武术相关专业大学生赴海外教学实习的工作,主要前往美国西部以传授中国武术为主的各大武馆、武术俱乐部等进行教学实习,目前共有两届大学生在国外完成了教学实习任务。虽然4所中国高校在大学生教学实习方面都有不同程度的进展,但在满足武术国际传播人才培养要求方面总体上还有待进一步加强。

由上可见,一方面,我国培养武术国际传播人才的高校较少,在武术国际传播人才培养上还没有形成规模效应;另一方面,这些高校目前也仅是处于探索阶段。尽管武术国际传播人才培养体系尚不健全,但是,这些高校在武术相关专业学生的外语应用能力提高、国外实习经验积累以及武术文化国际传播内容建设方面已经有了一定的进展。

## 二　我国高校关于武术国际传播人才培养的困境

据《中国国家形象全球调查报告》系列研究显示,"虽然近5年中国武术的海外认可度始终处于中华文化代表性元素前三甲位置,但是其排名却出现下滑"[1]。其中的原因应该是多方面的,例如:武术文化传播者数量少,供不应求与供不适求是影响武术国际传播的重要掣肘因素。

（一）缺少与中华文化的其他元素及传播路径的融合

一方面,2所中国专业性体育院校对武术国际传播人才培养的思路不够开阔,融入的中华文化元素不足,欠缺通过与中华文化的其他元素融合"走出去"的创新。在中医诊疗中广泛运用传统武术、导引养生等的功法,成为中医理论不可分割的部分,体现了在疾病治疗方

---

[1]　陆盛华、李臣:《中国武术当代发展的现实困境与破解理路》,《山东体育学院学报》2019年第3期。

面中医疗法与民族传统体育项目融合施治的思想，中医药院校在国际传播人才培养上也体现了这一思想。在武术国际传播人才培养方面，本研究中有的高校虽然开设了中医药课程，但是在学生教学实习中却没有充分体现，从对北欧一所孔子学院院长 R 的访谈中得知，武术相关专业中国大学生在教学实习时表现出中医知识和中医临床技能较缺乏的现象。再比如首都体育学院曾将川剧中的"变脸"与武术结合，然后由一名大学生掌握后教授下一届大学生，但是最终还是没能得以传承。而首都体育学院在海外孔子学院巡演节目中将民族舞蹈与武术进行了融合，使得该节目不仅更具有观赏性，而且使该校在武术国际传播人才培养上凸显了艺术特色。由此，首都体育学院形成了"武术"和"舞蹈"同属一个学院（武术与表演学院）的办学特色，但是这样的融合是以具有多方面的资源优势为前提的。

另一方面，4 所中国高校没有充分发挥关于武术国际传播人才的两个重要培养平台的作用，即孔子学院和海外中国文化中心。1）孔子学院是增进世界人民对中华文化了解的重要窗口，中医药、武术、京剧等一直被其列为对外文化交流的重要内容。截至 2020 年 8 月 7日，全球已有 162 个国家（地区）建立了 541 所孔子学院和 1170 个孔子课堂，这已经成为世界了解中华文化的重要载体，并逐渐形成了各具特色的办学模式。孔子学院为武术的国际传播与发展提供了一条有益的途径。然而，一些孔子学院开设的武术课程却出现了"学生选择武术课，对武术感兴趣，却不喜欢学习武术"的情况，究其原因，武术课程中的武术与学生心仪向往的武术影视片中的武术大相径庭；在武术动作练习中，因有些学生身体协调性、柔韧性不足，同时如果每个动作招式内涵讲解不充分，会降低学生练习的积极性；在教学实践中，教学方法运用是否得当，教师的专业理论知识是否满足教学需要，在非母语教学环境下，对武术专有名词的解释是否贴切，都会对武术课的教学效果产生一定的影响。到目前为止，以武术为特色的孔子学院只有挪威卑尔根大学孔子学院，这所由卑尔根大学与北京体育大学合作建立的武术特色孔子学院，也是中国专业性体育院校在国外建立的唯一一所孔子学院。然而，从对国家汉办/孔子学院总部奖学金处负责人 H 的访谈中得知，与挪威卑尔根孔子学院的合作已经终止。唯一的武术特色孔子学院也就此荡然无存。2）海外中国文化中心是中华人民共和国文化部下属机构，其主要职能是推动中华文化传播，加强中国对外文化交流与合作。截至 2015 年 2 月底，中国已在全球建成 35 个海外中国文化中心，其中在"一带一路"沿线国家建有 11 个。国务院批复的《海外中国文化中心发展规划（2012—2020 年）》中提到，到 2020 年在海外建成 50 个中国文化中心，形成辐射全球主要国家或地区的中华文化对外传播推广网络①。但是，在武术国际传播过程中没有充分发挥这一平台的作用，从武术文化讲座、武术家交流不能常态化和不间断地进行，海外中国文化中心内设的图书馆关于武术的图书受各种限制以及种类和数量都不多，可见一斑。总之，4 所中国高校在武术国际传播人才培养方面未能广泛融合中华文化的其他元素，对中华文化其他国际传播途径也未能充分借力。

（二）开设的课程侧重武术技能教学而忽略综合文化素养的提升

在经济全球化背景下，世界各国的武术技术互相交融，产生了各种不同于以往任何单一武技的新的武技形态。世界武术技术的全球化融合是一种不可抵挡的趋势，但各国传统武技又日益凸显出了其独特的价值。在中华优秀传统文化中，自古以来崇尚"文武双全"。其中的"武"在广义上不仅指各种各样的体育运动形式，还指具有深邃的体育思想和厚重的运动项目文化底蕴。正如著名武术家王芗斋认为的那样，仅有技术层面直接价值的"武术"不是真正的武术，真正的武术要能够为人和社会的发展服务，要能上升到为民族、为国家的高度和思想境界②。而在武术国际传播实践中，拘泥于技术

---

① 张长念、孟涛：《对我国高校关于武术国际传播人才培养的探析》，《首都体育学院学报》2021 年第 4 期。

② 王芗斋：《意无止境》，海南出版社 2014 年版，第 41 页。

层面的传播已成为普遍现象，导致当前在武术国际传播过程中出现武术文化被淡化的困境：中华文化受西方文化冲击而产生的断裂及由此产生的价值观和思维方式的嬗变，使武术的发展产生了前所未有的认同危机。许多局限于西方文化视野的学者倾向于以西方主流体育价值观来审视武术的发展，将竞争、挑战等视作评价武术功能价值大小的主要标准。这种片面性和带有倾向性的标准使得武术的功能价值、文化内涵等受到否定和质疑，从而也对武术的国际传播产生了不利的影响。精神层面的功能价值的消弭使得武术文化的国际传播要么丧失动力，从而停留于传授技术的浅表层面，要么导致其偏离本质，走向西方竞技体育的异化之途①。武术国际传播人才是塑造中国国家形象的使者，多年来，中国的优秀武术运动员、武术教练员到国外援教，他们多是竞技运动员，虽然有很高的竞技武术技术，但总体来说并不具备很深厚的武术理论与跨文化传播理论，在国外主要通过身体运动传播武术技术，其中传统武术蕴含的文化内涵传播遭遇困境。多年来，我国一些高校的武术与民族传统体育专业将武术教育教学人才和运动训练人才作为主要培养目标，忽视了对高水平武术国际传播人才的培养。在课程设置上，能体现中华优秀传统文化的诸如《中国文化概论》《中国哲学简史》《中医学》《中国历史》等课程极少开设，同时，传授与武术相关的专业基础理论知识的《武术导论》《武术史》等课程的开设也非常有限。总之，在培养武术国际传播人才的课程设置方面，侧重于开设以武术技能为主的课程，对学生的综合文化素养的培养有待加强。

（三）缺少培养武术国际传播人才的国际合作教学实习平台

武术是中国的国粹，经过千百年的传承和实践不断得以完善，其运动形式多样、内容丰富，习练可以因人而异，倡导和平、和谐、分享、健康、自然的理念，因而，随着人们对健康生活方式的向往，太

---

① 刘转青、练碧贞、刘积德：《武术国际传播的困境及对策》，《体育文化导刊》2018 年第 9 期。

极拳等成为人们日常生活的一部分。然而，由于各国人民的历史文化背景、生活习惯、健身理念等存在差异，武术在各国的深度本真传播依然十分乏力。在国外的一些大学中，武术教育主要由大学里的武术社团、俱乐部等组织开展。目前还没有某个国家将武术纳入其学历教育体系中。甚至可以说，武术在国际社会基本没有进入人们的日常生活空间，从而处于一种无序的散乱传播状态。在国外，各种规模的武馆、武校扎堆出现，从事武术国际传播的人员水平参差不齐，传播的内容五花八门，"武术段位"认证方式花样百出，各武馆之间恶性竞争时有发生，这些对中国武术的国际推广也产生了严重影响。以上现象说明武术国际传播缺少权威性的平台。而在武术国际传播人才培养方面，即便是首都体育学院这样率先为武术专项大学生海外教学实习创造条件，其海外教学实习平台也仅以华人所开武馆为主，缺少与其他国家合作建立的大学教学实习平台。

## 三　北京中医药大学培养中医药国际传播人才的经验

中医药与武术存在共性，都是中华文化代表性元素。本研究选取中医药人才培养的"领航者"——北京中医药大学对中医药国际传播人才的培养经验作为个案进行分析，以期为武术国际传播人才培养提供经验借鉴。北京中医药大学是一所以中医药学为主干学科的全国重点大学，是唯一一所进入国家"211工程"建设的高等中医药院校，是国家"985工程优势学科创新平台"建设高校①。北京中医药大学兼顾传统传承与现代教育相得益彰的人才培养模式，可谓中医药国际传播人才培养的典范。在传统传承方面，探索并坚持现代中医药高等教育与传统师承教育相融合的人才培养模式。在现代教育方面，较早就开设了中医英语专业，并引入了跨文化教育理念。该校提出了在国际

---

① 张长念、孟涛：《对我国高校关于武术国际传播人才培养的探析》，《首都体育学院学报》2021年第4期。

化背景下中医复合人才的培养方案，即加强顶层设计，整合不同培养阶段的课程形成课程体系。同时，转变教学模式，引导学生主动学习、自主学习，为学生多元发展成才提供平台。此外，积极培养"中医＋""＋中医""中西医结合"人才，探索通过中西医等多学科的交叉融合形成整合式教育体系。

（一）探索建立中医药文化"走出去"的平台，融合传播武术文化

北京中医药大学在"传统传承"教育基础上融合了中华文化其他元素，不断探索创新国际化发展新模式，加强中医药国际传播人才的培养。1991 年在德国建立了"北京中医药大学—魁茨汀中医医院"，这是德国乃至欧洲第一家中医医院，也是唯一一家由德国医疗保险机构全额支付医疗费用的中医院，开创了中国大学在海外办中医医院的先例，成为中医药走向世界的典范。为推进中国"一带一路"建设，该校首创集医疗、教学、科研与文化传播于一体的海外中医中心模式，先后建立的北京中医药大学—澳大利亚中医中心、俄罗斯中医中心、美国中医中心，成为其在中国境外建设的中医药文化交流与传播基地叫。2012 年与日本合作建立中医药孔子学院，成为第一所在中国境外医科大学开办的中医药孔子学院。北京中医药大学向国家汉办申请成立了"汉语国际推广中医药文化基地（北京）"（以下简称"基地"）以适于双语传授的中医药文化知识及养生保健普及知识作为该基地中医药文化传播的载体，通过课堂讲授、实物展示、亲身体验等活动，增强汉语学习的趣味性，使学习者更深入地了解中华文化的内涵和精髓。不仅有其他国家中医爱好者到该"基地"进行短期访学，还有中国中小学生等中医文化体验团体曾到该"基地"参观体验。该"基地"已成为展示中医药文化的窗口。展示课程除了教授中医药、针灸等中医知识外，还传授太极拳、八段锦、易筋经等传统导引术和武术。北京中医药大学以海外需求为导向培养中医药国际传播人才，在中医药文化传播中融合武术文化元素，例如：太极拳、八段锦、易筋经等，与国外大学实现了合作共赢，不仅为中医药国际传播人才培养

整合到了更丰富的资源，而且为中医药国际传播人才创造了更广阔的发展空间。

（二）师承教学与现代教育相结合，同时兼顾创新教育模式

北京中医药大学强调传统文化的整体培养，注重师承教学与现代教育相结合，并兼有创新教育模式。中医药经典理论是中医药学的精髓，中医药与中医诊疗技术皆是在中医药经典理论的指导下方能发挥疗效，学好中医药经典理论在于对中医传统文化知识的掌握，中医传统文化与中医药经典理论是中医药学的两大基石①。该校将"以文化人，突出国学，强调经典不断线，构建博雅的人文素质与厚实经典功底的教育体系"作为教育理念，强调"培养的不仅是一个中医职业人，更是一个中国传统医学、传统文化的继承者和传播者。通过强化传统文化与经典著作的作用和影响，赋予学生更深厚的文化底蕴和学习继承中医精髓的能力"。此外，还增加开设了《中外美术作品鉴赏》《中外交响音乐鉴赏》《中外舞蹈艺术鉴赏》《软笔书法入门》《宋人花鸟》《电影艺术导论》等课程，以陶冶情操，提高学生对艺术与美术的欣赏水平和综合素质。

该校在注重传统文化教育的同时，"推广师承教育，实行师承全校化，将师承教育贯穿于人才培养全过程"。其师承教学有两个主要特点：一是加强中医传统文化与中医药经典理论学习，采取"一带多"的形式，即一位导师指导一个班。以班为单位，配备一名"中医传统文化导师"，负责对学生进行中医传统文化的教学；同时再配备一名"中医经典"学习导师，负责对学生进行中医药经典理论的教学。二是以早临床、多临床、反复临床为指导思想，以"一对一"的指导形式为主，以此提高学生的中医临床实践能力。即从入学开始要求学生在校内外跟随导师进行临床实践，建立了"校外师承导师"制度，要求为每一名学生配备一位"校外师承导师"，学生利用寒暑假

---

① 刘铁钢、白辰、于河：《中医经典课程学习现状调查分析》，《中医教育》2020 年第 4 期。

跟随导师学习；同时配备一位"校内师承导师"，学生利用课余时间跟随导师学习①。

该校重视复合型人才的培养，有比较成熟的培养方案和优势特色专业，形成了跨文化教学、学用统一的中医药国际传播人才培养模式。该校相关学院充分使用该校中医药优势学科的教学研究资源，致力于培养高水平复合型人才，在重视中医药专业知识教学的同时，创建了英语（医学、中医药国际传播）、法学（医药卫生）两个培养国际传播人才的特色专业。其中的中医药英语专业依托的一级学科——中医学是该校的"国家级重点学科"，这为该专业奠定了良好的教学和研究的基础。该专业的英语授课教师和中医专业授课教师不仅在该专业的教学和研究中实现了优势互补，以及共同提升了教研水平，而且该专业培养的大学生是既有中医药知识又具有英语专业水平的复合型人才。

（三）加强国际合作，为中医药国际传播人才的培养创造条件

多年来，北京中医药大学积极促进"一带一路"建设，推动中医药界的国际交流与合作，建立海外中医中心。目前已经在俄罗斯、美国、澳大利亚等国家建立了集医疗、教学、科研、文化传播于一体的"海外中医中心"，成为中医药国际化创新实践的缩影，促进了中医药的"走出去"。目前，北京中医药大学与30多个国家或地区的118所知名大学和研究机构建立了合作关系，为90多个国家或地区培养中医药专门人才达20000余人。1991年在德国建立的"北京中医药大学—魁茨汀中医医院"开创了中国大学在海外办医院的先例，成为推动中医药走向世界的典范。此外，还与英国伦敦密德萨斯大学合作办学，成为第一个在国外大学中独立颁发医学学士学位的中国高校；与新加坡南洋理工大学合作开展"中医学＋生物学"双学士学位教育，成为第一个在世界排名前五十的大学中开展中医学专业本科教育的中国高校；与西班牙巴塞罗那大学开展合作，从而使中医硕士学位教育首次

---

① 杨承芝、车轶文、孔令博：《院校教育与师承教育结合实践的认识与思考：以北京中医药大学为例》，《中医教育》2018年第6期。

进入欧盟医学教育体系。这些都为该校培养中医药国际传播人才创造了良好的条件。

## 四 我国高校关于武术国际传播人才培养策略的优化

（一）开阔文化视野，融合中医药等中华优秀传统文化知识培养体育医学人才

4 所中国高校在武术国际传播人才培养方面要开阔文化视野。多数人对武术的理解是将其局限在观赏性活动与竞技性活动的范围，忽略了武术对修习者产生的"消停侵袭"的核心功能价值。武术功法中蕴含的"阴阳相济""虚实开合"等健身养生思想对于促进人的身心健康是一种有益的功能价值观①。武术诞生于远古时代人类适应和改造大自然的过程中，具有技击防身、健身、养生等功能。武术和中医学的哲学理论基础相通，两者都蕴含着整体健康观；武术和中医技法具有互利性，凸显在中医疗法与武术功法在康复治疗中的协同作用；武术功法和中医技法在健身养生上的目的同一性贯穿于防病与治病的全过程②。中医的核心思想是"治未病"，正如《黄帝内经》中有记载："圣人不治已病治未病，不治已乱治未乱"③，这一思想与武术的核心思想"止戈为武"相契合④。而在中国古代，习武者和中医是同一的，这从"十武九医"这一民间俗语也可见一斑。当今，应通过中医药在国际上的认可度，将传统武术功法与中医疗法相结合，大力传承和发掘中国传统武术的养生、医疗康复功效，使中国传统武术在健康促进方面发挥更大的作用。尤其在"健康中国"建设的背景下，武

---

① 吕韶钧：《"一带一路"倡议下中国"文化走出去"的战略转型：以武术国际推广 3.0 时代为例》，《北京体育大学学报》2018 年第 6 期。

② 冯振伟、张瑞林、韩磊磊：《传统武术与中医融合的历史经验及其启示》，《体育学刊》2018 年第 1 期。

③ 山东中医学院：《黄帝内经素问校释》，人民卫生出版社 1982 年版，第 56 页。

④ 王丽华、苏一：《以传统文化为渠，深植学校教育之根》，《教育家》2018 年第 13 期。

术功法与中医疗法相结合是将武术由技术、技艺提升为健康服务与文化服务的转型之策，可以使之更好地融入中国社会。

北京中医药大学所建设的"汉语国际推广中医药文化基地（北京）"所展示的养生和治未病的互动体验内容中就包括中国传统武术中的太极拳、八段锦、五禽戏等。目前，对体医融合的探索越来越多地得到了国内外武术实业界的认同，在国际上推动"武医融合"进行传播的相关组织也随之增加。例如，付学理博士甚至在美国成立了"武医研究院"，并以亲身实践与经验证明，武医结合、练治结合在国外更容易推广，更易被接受。而韩国的跆拳道在各国的推广首先就是依赖于其对高水平推广人才的培养。韩国部分高校为培养跆拳道国际传播人才就开设了相关课程，比如韩国体育大学开设的跆拳道课程中包括"跆拳道与韩医学"（复合科目）等知识融合性课程[①]。因此，本研究中的 4 所高校可以通过充分发掘武术功法与中医疗法在养生、治未病等方面的互补功效促进武术人才与中医药人才的共同发展，通过与中医药院校建立深度合作，共同培养体育医学人才。

中国的武术教育要重经典和重传承，要延展武术文化教学。中国武术的发展及武术国际传播人才的培养要树立整体观、全面观。本研究中的 4 所高校要把握中华优秀传统文化"走出去"的契机，不仅使各国人民认知、认同武术文化，更应该同各国人民共享中国武术的健身养生智慧，探索武术与中医药等中华优秀传统文化的融合发展路径，以形成培养武术国际传播人才的合力。

（二）夯实武术国际教育的基础，完善武术跨文化传播的相关学科与课程体系

北京中医药大学设置的中医药英语学科以语言学、翻译学、跨文化传播学、中医学等的基本理论、方法和手段为研究基础，主要研究中医药的英译及其应用，以解决中医药学在国际文化交流中的实际问

---

① 崔怀猛、苏健蛟、赵剑平：《中、韩高校武道专业培养目标及课程设置研究：以武术和跆拳道为例》，《北京体育大学学报》2018 年第 5 期。

题，特别是中医药英译标准化和中医药服务人才英语应用能力培养的问题，其英语（医学、中医药国际传播）专业的学生在英语专业八级等各类国家考试中一直保持着较高的通过率。武术国际传播人才是实现中华文化广泛传播的关键因素，培养武术国际传播人才在国际文化交流与合作中的英语应用能力是武术国际化发展的一个前提。武术国际传播人才不仅要熟练掌握英语、具备扎实的武术技能，还要有深厚的中华文化底蕴，并要通晓其他国家的民风民俗等。因此，培养武术国际传播人才要进行全面化的学科建设。

有学者针对汉语的国际教育提出了学科建设思路，即在汉语言文学专业下按照二级学科标准进行建设，经过一段时间的学科建设，根据我国国际交流与文化发展的需求，组织专家进行评估，再作为一级学科去建设。在学科的支撑体系建设上，兼顾中华特色文化，坚持一定的开放性、跨学科性，引进交叉学科，将中医药、体育、艺术类知识融入学科体系[①]。同理，培养武术国际传播人才也应该探索将武术国际教育列入民族传统体育学的学科体系中来进行建设，逐渐融入中医药等知识来丰富武术相关学科知识体系。

基于以上，4 所中国高校可借鉴北京中医药大学人才培养方案和汉语国际推广人才培养的经验，以武术国际传播人才培养的实际需求为导向，可作以下尝试。

在完善和建设武术相关学科方面，1）可加强武术英语师资队伍建设，并尝试创造双语教学条件。双语教学的优势在于：一方面，汉语与中华优秀传统文化浑然一体，在进行汉语教学的同时也能够传承中华优秀传统文化；另一方面，英语是建立国际文化交流与合作的重要语言中介。加强中英双语教学是与时俱进地增强武术国际传播人才的文化自信，能体现武术国际传播人才海纳百川、包容开放的姿态，能使武术国际传播人才用英语更准确地表达和传播武术文化，为武术

---

① 张雷平：《中医孔子学院背景下汉语国际教育教师培养探讨》，《锦州医科大学学报》2018
年第 4 期。

国际传播奠定基础。2）可开发武术研究生课程，并进一步细化武术英语课程和研究方向。例如可分出以下三个研究方向：武术教学术语和套路术语翻译（包括：武术名词术语翻译的标准化、武术古籍及实用英语资料的翻译）、武术国际传播（包括：海外武术发展状况研究、武术对外交流与合作的研究）、武术英语教育教学（包括：武术基本理论的英语教育、武术海外教学实践）等。3）发掘武术的多种属性功能，探索开设符合武术国际传播人才培养要求的复合课程，加强跨学科知识融合。

在培养武术国际传播人才的课程设置方面，可以按照武术国际传播人才的不同类型来设置课程，比如针对武术国际竞技人才、武术国际教育人才、武术传统文化传播人才和武术表演人才开发出几个具有选择性的课程模块，并可进行组合教学：武术与中华传统文化的溯源英语、中外武术文化对比英语、武术理论英语、武术教学组织英语、武术套路英语、武术表演英语等；针对不同类型的武术国际传播人才培养的需要，选取1—2门主修课程，并因时制宜地对武术课程内容进行创新，例如："武术＋汉语""武术＋养生保健""武术＋中国书法""武术＋中医药"等。因此，本研究中的4所中国高校要与时俱进地完善武术相关学科，为培养高水平的武术国际传播人才提供有力支撑。

（三）面向国际社会，拓宽武术国际传播人才教学实习的国际平台和渠道

孔子学院较早就开始宣传并教授中医养生的相关理论与方法，通过开展中医养生讲座、举办中医药文化体验与展览来宣传中医药文化，在其所在地营造了良好的社会氛围。中医针灸被列入《人类非物质文化遗产代表作名录》且近年来在国际上"走红"，开始被一些西方国家纳入医疗保险体系。《黄帝内经》《本草纲目》等中医药经典古籍也被列入了《世界记忆遗产名录》①。据《自然》杂志中的报道称，中医

---

① 张长念、孟涛：《对我国高校关于武术国际传播人才培养的探析》，《首都体育学院学报》2021年第4期。

传统医学首次纳入"全球医学纲要",将在全球范围产生重大影响。这些都为中医药国际传播人才的培养营造了良好的国际社会氛围。

　　4所中国高校在武术国际传播人才培养上也应重视在国际社会营造武术文化氛围,把握"一带一路"建设的机遇,拓宽武术国际传播人才培养的国际合作渠道:1)可借力现有培养平台,例如发挥孔子学院等在国际文化交流中的作用,通过成立"武术特色孔子学院"和"海外武术文化中心"推广武术,既能丰富孔子学院的活动、扩大"海外中国文化中心"的影响力,又能促进武术国际传播人才培养过程中的教学相长以及国际交流。2)培养平台内部可加强横向互鉴。某一所孔子学院可通过中医药、武术等中华文化元素相互借鉴与融合,在人才培养方面形成中华文化特色,而某一所具有中华文化特色的孔子学院又能起到示范引领作用。同时,孔子学院通过形成的中华文化特色又能够在相关人才培养方面发挥平台特色优势。3)可在武术学历教育方面探索与国外大学合作办学,为学生创造英语学习环境和异域文化氛围。可借鉴北京中医药大学的做法,加强与国外知名大学或研究机构合作,拓宽学生在国外的实习培训渠道。4)可通过"国内学习、国外实践"的模式,展开与国外大学合作培养武术研究方向的硕士研究生的探索。把准武术研究方向的研究生教育的时代定位,深化创新国际交流合作方式。

# 参考文献

白晋湘、万义、龙佩林：《探寻传统体育文化之根传承现代体育文明之魂：非物质文化遗产视角下民族传统体育研究的述评》，《北京体育大学学报》2017年第1期。

蔡莉：《全球化背景下民族传统体育的国际交流与传播》，《沈阳体育学院学报》2014年第3期。

车璐、陈飞、王晓东：《武术文化传承的现实困境与路径选择》，《体育文化导刊》2020年第4期。

陈开举：《话语权的文化学研究》，中山大学出版社2012年版。

陈丽珠：《民族体育文化概论》，中央民族大学出版社2015年版。

陈龙：《媒介文化通论》，江苏教育出版社2011年版。

陈青：《民族体育跨文化融合》，民族出版社2010年版。

陈鑫：《陈氏太极拳图说》，山西科学技术出版社2006年版。

崔怀猛、苏健蛟、赵剑平：《中、韩高校武道专业培养目标及课程设置研究：以武术和跆拳道为例》，《北京体育大学学报》2018年第5期。

崔江：《中国传统体育文化分析》，《体育文化导刊》2005年第11期。

崔英敏、黄聪：《跨文化传播：武术文化传播发展的新视角》，《北京体育大学学报》2013年第7期。

当代中国与世界研究院：《中国国家形象全球调查报告2016—2017》，

2018 年第 1 期，http：//www.199it.com/archives/673248.html.2021
年 11 月 18 日。

刁振东：《民族传统体育概念界定与辨析》，《沈阳体育学院学报》2009
年第 6 期。

丁传伟、李臣：《"一带一路"战略下中国武术文化"走出去"的思
考》，《北京体育大学学报》2017 年第 3 期。

范红燕、路艳丽：《浅谈媒体对美国赢取国际话语权的影响》，《青年
科学》（教师版）2013 年第 5 期。

冯广艺：《论话语权》，《福建师范大学学报》2008 年第 4 期。

冯振伟、张瑞林、韩磊磊：《传统武术与中医融合的历史经验及其启示》，
《体育学刊》2018 年第 1 期。

高幕峰：《对全球孔子学院武术课程设置的调查》，《体育科学研究》
2013 年第 3 期。

葛耀君、张业安、李海：《媒介生态视阈下我国民族传统体育文化传
播问题研究》，《北京体育大学学报》2018 年第 10 期。

葛耀君、张业安、张胜利：《传播学视域下中华民族传统体育文化的
认同》，《北京体育大学学报》2017 年第 4 期。

古雅辉、周凰、刘昕：《PCK 视域下职前体育教师教育的反思与探究》，
《北京体育大学学报》2018 年第 11 期。

郭庆光：《传播学教程》，中国人民大学出版社 2011 年版。

郭玉成等：《中国武术与国家形象》，高等教育出版社 2015 年版。

国务院：《国务院关于加快发展体育产业促进体育消费的若干意见》，
2020 年 4 月 21 日，http：//www.gxzf：gov.cn/xwlbh/gxjkfztysy/bj-
zU201507/t20150717474681.htm。

国务院办公厅：《国务院办公厅关于加快发展生活性服务业促进消费结构
升级的指导意见》，2020 年 4 月 11 日，http：//www.mofgovcn/zheng-
wuxinxi/zhengcefibu/201511/t20151123 – 1576938.htm。

韩衍金：《中华民族传统体育文化"走出去"的核心要素与策略》，《体

育文化导刊》2020 年第 3 期。

郝家春：《新时代我国民族传统体育学学科的调适与发展》，《西安体育学院学报》2019 年第 5 期。

胡建忠、邱海洪、邓水坚：《"体育 + 旅游"视角下民族传统体育品牌赛事产业化研究》，《首都体育学院学报》2018 年第 1 期。

蒋岱：《广东省少数民族传统体育产业 SWOT 发展研究》，《武术研究》2017 年第 6 期。

蒋辉：《民族体育产业：文化产业与体育产业的经济共生体》，《运动》2017 年第 7 期。

蒋晓丽、冯乐：《文化的传媒化与传媒的文化：现状、症候与反思》，《当代文坛》2012 年第 5 期。

金宁、张铁明：《新时代民族传统体育文化共同体建构路径研究》，《北方民族大学学报》2021 年第 2 期。

冷淞等：《新形势下媒体国际传播与话语权竞争》，中国社会科学出版社 2016 年版。

李臣、赵连文：《互联网时代中国武术"走出去"的现实困境与路径选择》，《武汉体育学院学报》2017 年第 11 期。

李辰：《全球化背景下民族传统体育文化传播路径探究》，《运动精品》2020 年第 1 期。

李成：《体育院校国际化武术专业人才培养模式构建研究》，硕士学位论文，天津体育学院，2019 年。

李立国、薛新龙：《建立以人才培养定位为基础的高等教育分类体系》，《教育研究》2018 年第 3 期。

李梁成：《新媒体环境下大学生思想政治教育话语权式微及重建策略》，《教育与职业》2019 年第 7 期。

李梦卿、邢晓：《"双高计划"背景下高等职业教育人才培养方案重构研究》，《现代教育管理》2020 年第 1 期。

李明：《"一带一路"倡议下民族传统体育文化的国际传播策略研究》，

《遵义师范学院学报》2019 年第 1 期。

李伟娜：《新媒体时代电视新闻的优势》，《传播力研究》2018 年第
　　2 期。

李阳、哀金宝：《新时代中国武术教育使命的新思考》，《西安体育学
　　院学报》2020 年第 5 期。

李颖：《孔子学院武术发展策略研究》，《体育文化导刊》2012 年第
　　4 期。

梁庆婷：《新媒体语境下思想政治教育话语体系构建研究》，中国矿业
　　大学出版社 2017 年版。

林伟：《我国民族传统体育文化国际传播的 SWOT 分析——基于"一
　　带一路"视角》，《体育科学研究》2021 年第 6 期。

刘次琴、陆宇榕：《文化自信主题下民族传统体育文化传承发展研究》，
　　《广州体育学院学报》2018 年第 1 期。

刘福元：《二元维度下高校课程评价的通用指标设置——回归"评价"
　　的原初效用》，《现代大学教育》2019 年第 5 期。

刘捷：《广西民族体育产业与互联网产业的融合研究》，《当代体育科
　　技》2017 年第 7 期。

刘蕾、邓逸雯：《高校公益创业教育：评价指标体系构建与现状分析》，
　　《高校教育管理》2020 年第 1 期。

刘米娜：《融合与独立：信息化时代下体育方法学的变革——"体育
　　元理论与方法论——跨学科体育方法学建设"论坛综述》，《体育
　　与科学》2015 年第 11 期。

刘铁钢、白辰、于河：《中医经典课程学习现状调查分析》，《中医教
　　育》2020 年第 4 期。

刘永涛：《话语政治：符号权力和美国对外政策》，复旦大学出版社
　　2014 年版。

刘转青、练碧贞、刘积德：《武术国际传播的困境及对策》，《体育文
　　化导刊》2018 年第 9 期。

卢兵:《中华民族传统体育文化导论》,民族出版社 2005 年版。

陆秋明:《浅析海外华文媒体在提升中国国际话语权的作用》,《东南传播》2017 年第 11 期。

陆盛华、李臣:《中国武术当代发展的现实困境与破解理路》,《山东体育学院学报》2019 年第 3 期。

吕韶钧:《"一带一路"倡议下中国"文化走出去"的战略转型:以武术国际推广 3.0 时代为例》,《北京体育大学学报》2018 年第 6 期。

孟涛、唐芒果:《文化符号与责任担当:中华武术国际传播的话语分析》,《上海体育学院学报》2014 年第 3 期。

[英] 诺曼·费尔克拉夫:《话语与社会变迁》,殷晓蓉译,华夏出版社 2003 年版。

裴淼、李肖艳:《成人学习理论视角下的"教师学习"解读:回归教师的成人身份》,《教师教育研究》2014 年第 6 期。

邱丽元:《产业融合环境下内蒙古体育旅游产业发展思路探析》,《内蒙古科技与经济》2018 年第 2 期。

闫慧、李爱菊:《新时代民族传统体育产业融合发展研究》,《体育文化导刊》2020 年第 3 期。

[美] 塞缪尔·亨廷顿:《文明的冲突与世界秩序的重建》,周琪等译,新华出版社 2010 年版。

山东中医学院:《黄帝内经素问校释》,人民卫生出版社 1982 年版。

邵培仁:《媒介生态学研究的新视野:媒介作为绿色生态的研究》,《徐州师范大学学报》2008 年第 1 期。

隋岩:《群体传播时代:信息生产方式的变革与影响》,《中国社会科学》2018 年第 11 期。

孙程:《孔子学院在中国武术国际化推广中的作用研究》,硕士学位论文,宁波大学,2017 年。

孙磊、陆颖、李洁:《传播学视阈下中医导引国际化传播的困境与思考》,《中医药文化》2017 年第 6 期。

汤薇：《民族传统体育与新兴产业融合存在的问题及对策》，《商》2013
　　年第 16 期。

陶恩海、程传银：《民族传统体育现代化传承的内涵、现状及发展路
　　径》，《体育文化导刊》2020 年第 1 期。

童兵：《试析跨文化传播中的认识误区》，《新闻大学》2004 年第 8 期。

涂传飞：《民间体育、传统体育、民俗体育、民族体育概念再探讨》，
　　《武汉体育学院学报》2009 年第 11 期。

万秀丽：《一带一路倡议下中华优秀传统文化走出去面临的挑战与对
　　策》，《山东行政学院学报》2018 年第 2 期。

王岗、刘帅兵：《中国武术跨文化传播的研究》，《南京体育学院学报》
　　（社会科学版）2012 年第 3 期。

王岗、刘现、柯茜：《民族传统体育学的多维研究》，《武汉体育学院
　　学报》2016 年第 4 期。

王国志、张宗豪、张艳：《"一带一路"倡议背景下中国武术国际传播
　　偏向与转向》，《武汉体育学院学报》2018 年第 7 期。

王洪冲、韩玉姬、梁勤超：《少数民族传统体育文化发展的生境困境
　　与消弭路径》，《体育科学》2019 年第 7 期。

王巾轩：《基于孔子学院的我国民族传统体育国际传播路径研究》，《体
　　育文化导刊》2019 年第 9 期。

王柯、刘其龙、黄坚：《产业融合环境下内蒙古体育旅游产业发展思
　　路探析》，《体育科技》2018 年第 4 期。

王丽华、苏一：《以传统文化为渠，深植学校教育之根》，《教育家》
　　2018 年第 13 期。

王萝斋：《意无止境》，海南出版社 2014 年版。

王庆军、方晓红：《跨文化对话：中国传统体育国际化的障碍与超越》，
　　《体育科学》2010 年第 6 期。

王智慧：《民族传统体育文化自信何以成为可能？——基于文化自信
　　生成理论基础与实践逻辑的分析》，《体育与科学》2019 年第 1 期。

王宗岳：《太极拳论》，中国书店出版社 2014 年版。

习近平：《决胜全面建成小康社会　夺取新时代中国特色社会主义伟
大胜利——在中国共产党第十九次全国代表大会上的报告》，《人
民日报》2017 年 10 月 28 日第 1 版。

习近平：《在纪念毛泽东同志诞辰 120 周年座谈会上的讲话》，人民出
版社 2013 年版。

萧净宇：《超越语言学》，上海人民出版社 2007 年版。

谢伦灿、杨勇：《一带一路背景下中国文化走出去对策研究》，《现代
传播》2017 年第 12 期。

徐磊、王庆军：《新媒体时代中华武术国际话语权研究》，《武汉体育
学院学报》2020 年第 11 期。

薛宏波：《"一带一路"背景下我国民族传统体育文化国际交流研究》，
《体育文化导刊》2019 年第 10 期。

薛文忠：《"一带一路"战略下我国民族传统体育的国际传播基本体系
研究》，《南京体育学院学报》（社会科学版）2017 年第 2 期。

闫慧、李爱菊：《新时代民族传统体育产业融合发展研究》，《体育文
化导刊》2020 年第 3 期。

杨承芝、车轶文、孔令博：《院校教育与师承教育结合实践的认识与
思考：以北京中医药大学为例》，《中医教育》2018 年第 6 期。

杨春：《我国民族传统体育文化国际传播的问题与对策研究》，《中华
武术（研究）》2019 年第 8 期。

杨啸原：《中国武术英汉用语》，四川科学技术出版社 2010 年版。

姚必鲜、蔡骥：《论新媒介生态下受众、媒体和社会的多维互动》，《求
索》2011 年第 6 期。

余玲玲：《民族传统体育文化国际传播的新挑战与应对策略》，《黑河
学院学报》2016 年第 7 期。

俞鹏飞、王庆军：《新媒体时代中国冰雪运动文化传播的机遇、困境
及其路径研究》，《体育学刊》2020 年第 1 期。

俞婷、丁俊萍：《新媒体时代马克思主义意识形态话语权建构析论》，《理论导刊》2019 年第 4 期。

［美］约翰·费斯克：《理解大众文化》，王晓钮、宋伟杰译，中央编译出版社 2001 年版。

臧玲玲、刘原兵、吴伟：《高校教师参与社会服务的决策机制——一个基于扎根理论的解释框架》，《高等教育研究》2020 年第 9 期。

张长念：《武术国际传播人才素质需求研究》，硕士学位论文，苏州大学，2015 年。

张长念、孟涛：《对我国高校关于武术国际传播人才培养的探析》，《首都体育学院学报》2021 年第 4 期。

张国祚：《关于"话语权"的几点思考》，《新华文摘》2009 年第 15 期。

张建、李源、梁勤超：《"一带一路"背景下中国武术跨文化传播论析》，《体育文化导刊》2019 年第 12 期。

张江：《建设新时代社会主义文化强国》，中国社会科学出版社 2019 年版。

张雷平：《中医孔子学院背景下汉语国际教育教师培养探讨》，《锦州医科大学学报》2018 年第 4 期。

张思敏：《新时代武术文化国际传播战略构建研究》，《武术研究》2020 年第 1 期。

张文鹏：《新时代中华民族传统体育的机遇、挑战及政策建议》，《武汉体育学院学报》2020 年第 7 期。

中国社会科学院语言研究所词典编辑室：《现代汉语词典》，商务印书馆 2016 年版。

《中国武术百科全书》编撰委员会：《中国武术百科全书》，中国大百科全书出版社 1998 年版。

周惠琴、雷军蓉：《中华民族传统体育的现代困境及其对策研究》，《湖南师范大学学报》2009 年第 8 期。

周惠新：《太极拳跨文化传播》，硕士学位论文，湖南师范大学，2020 年。

周惠新、欧玉珠、周圣文：《中华民族传统体育跨文化传播助力人类
　　命运共同体研究》，《浙江体育科学》2020 年第 5 期。

周平、白晋湘：《民族传统节庆体育与旅游产业融合机理及效应——
　　以内蒙古那达慕为个案》，《西安体育学院学报》2018 年第 1 期。

周平、刘婷、熊少波：《民族传统节庆体育与旅游产业融合发展研究——
　　以黔东南苗族传统节庆体育为例》，《广州体育学院学报》2017 年
　　第 11 期。

宗庆后：《关于加强新闻媒体对外宣传力度，提高中国国际话语权的
　　建议》，《商品与质量》2009 年第 10 期。